LE PÈLERIN

Vue intérieure du Saint-Sépulcre à Jérusalem.

LE

PÈLERIN

VOYAGE EN ÉGYPTE
EN PALESTINE, EN SYRIE, A SMYRNE
ET A CONSTANTINOPLE

OUVRAGE UTILE A LA JEUNESSE ET AUX AMES PIEUSES
ET PROPRE A FACILITER L'ÉTUDE DE L'ÉCRITURE SAINTE

PAR M. L'ABBÉ DELAPLANCHE
Curé-Doyen de Livarot (Calvados), Chanoine honoraire de Bayeux.

SE TROUVE
CHEZ Mlle LEVER, LIBRAIRE
RUE D'ORBEC
A LIVAROT
1875

RAPPORT

DE M. L'ABBÉ DUBOSCQ

Bayeux, le 16 novembre 1874.

MONSEIGNEUR,

J'ai lu, par les ordres de Votre Grandeur, l'ouvrage intitulé : *le Pèlerin : Voyage en Egypte, en Palestine, en Syrie, à Smyrne et à Constantinople;* par M. l'abbé DELAPLANCHE, curé-doyen de Livarot.

L'auteur, ainsi qu'il en avertit le lecteur dans la préface, ne s'est pas proposé de faire une œuvre littéraire ou scientifique, ni un manuel de géographie ou d'histoire; il a voulu seulement raconter, jour par jour, les divers incidents de son long voyage, faire la description des lieux qu'il a parcourus, exprimer les pieux sentiments que lui a inspirés la visite de nombreux sanctuaires, surtout en Palestine; et, vulgarisant ainsi la connaissance des saints lieux, rendre plus facile à tous l'intelligence des récits de l'histoire sainte et de l'Evangile.

Le pèlerin a écrit ces pages sous l'influence de cette foi vive et de cette piété sincère qui lui ont inspiré la pensée d'entreprendre et donné la force d'accomplir ce long et pénible voyage. Les lecteurs auxquels cet ouvrage est destiné y trouveront des récits intéressants, des réflexions pieuses et édifiantes, notamment dans la partie consacrée à la Terre sainte : les impressions du pèlerin entrant à Jérusalem, visitant la vallée de la Géhenne et parcourant les stations de la voie douloureuse, feront certainement écho dans toutes les âmes chrétiennes et pieuses.

Nous regrettons que l'auteur n'ait pas indiqué, au moins par des notes au bas des pages, les nombreux endroits de nos livres saints auxquels il fait allusion dans son ouvrage : le lecteur ayant le goût des saintes Ecritures aimerait à relire dans le texte sacré les passages qui ont pieusement inspiré le pèlerin.

En ce qui concerne la partie historique, l'auteur raconte un certain nombre de faits qui ne sont ni contenus dans l'Evangile ni admis par l'autorité de l'Eglise; mais il les présente seulement comme de pieuses traditions, recueillies dans les divers lieux qu'il a visités : sans mériter la même croyance que les vérités de la religion et les faits évangéliques, ces traditions peuvent être néanmoins édifiantes pour la piété des fidèles.

Je n'ai rien trouvé, Monseigneur, dans cet ouvrage, qui soit contraire à la saine doctrine, ou qui s'oppose à ce que Votre Grandeur en autorise l'impression.

Daignez agréer, etc.

APPROBATION

DE MONSEIGNEUR L'ÉVÊQUE DE BAYEUX

Bayeux, le 18 janvier 1875.

Monsieur le doyen,

Sur le rapport qui m'a été fait par la personne à qui j'avais confié l'examen de votre ouvrage, qui a pour titre *le Pèlerin*, je vous accorde bien volontiers l'approbation canonique que vous sollicitez.

Puisse-t-il inspirer à ceux qui le liront les sentiments de foi et de piété qui vous animent, et que vous avez su y répandre!

Tout à vous en N.-S.

† FLAVIEN.

AU LECTEUR

Publier un ouvrage sur l'Orient, et spécialement sur les saints lieux, après un voyage de quelques mois, c'est assurément de ma part une grande témérité. On me pardonnera, je l'espère, lorsque j'aurai expliqué les motifs qui m'ont fait agir et le but que je me suis proposé. Aujourd'hui, dans les petits séminaires, dans les colléges, dans les pensionnats, et même dans les écoles primaires, on insiste, et avec raison, sur l'étude de la géographie et de l'histoire. On connaît la France, on connaît l'Europe; mais ces vieilles contrées de l'Orient où se sont rencontrés tant de peuples divers, où se sont élevés tant d'empires qui ont disparu; tous ces lieux si célèbres où se sont accomplis les plus grands événements qui intéressent l'humanité, on s'en forme à peine une faible idée. Beaucoup même manquent de certaines notions nécessaires à l'intelligence des livres saints, et spécialement de l'Evangile. Il en est peu qui, par des études particulières, aient acquis une connaissance exacte des temps, des lieux, des mœurs, des révolutions dont chaque page leur retrace le souvenir. Après y avoir sérieusement réfléchi, j'ai cru qu'il y avait une lacune à remplir; qu'un pèlerin qui, tantôt sous forme de récit, tantôt sous forme de description, parcourrait tous ces lieux si célèbres, intéresserait plus d'un lecteur, et donnerait un nouvel essor à l'étude des saintes Ecritures. Ce ne sera pas l'aridité, la sécheresse d'un manuel de géographie ou d'histoire; cependant, n'attendez pas du *Pèlerin* de brillantes descriptions, de nouvelles découvertes, des dissertations scientifiques. Son style sera simple, ses narrations plus ou moins intéressantes, mais toujours vraies. Je réclame, au moins pour moi, le mérite de l'exactitude. Toutes mes notes ont été écrites jour par jour, sur les lieux mêmes. Je me suis contenté d'y mettre un peu plus d'ordre et de forme. Je me suis attaché avant tout à exposer les choses de la manière la plus claire, afin que chacun puisse se former, des lieux et des faits, une idée nette et précise. Je n'ai rappelé que sommairement les événements qui se rattachent à la description des lieux, et je n'ai pas cru devoir indiquer par des notes les nombreux passages des saintes Ecritures dont je fais un fréquent usage, afin de ne pas embarrasser et interrompre mon récit, mais j'ai eu soin de vérifier tous les textes dont je me suis servi. Je n'ai pas épargné les réflexions morales et religieuses qui se présentaient à mon esprit, selon les sujets divers que j'avais à traiter. Un prêtre pourrait-il agir autrement? On me fera sans doute beaucoup d'observations, même d'objections. Je les recevrai avec plaisir; mais je prie le lecteur de se souvenir que j'expose et que je ne discute pas.

Enfin, on me dira peut-être que des voyageurs célèbres ont laissé sur l'Orient, et spécialement sur les lieux saints, d'excellents ouvrages, à côté desquels ne peut figurer ce nouveau venu. J'en conviens, et à Dieu ne plaise que j'aie la prétention de les surpasser; on conviendra cependant que leur talent même les empêche d'être populaire. Châteaubriand est un des plus remarquables, mais son itinéraire, écrit dans un style pompeux, ne peut être mis dans toutes les mains, et d'ailleurs, il a perdu de son actualité. Mgr Mislin est le meilleur et le plus complet qui ait paru; mais il est trop volumineux, rempli de longues dissertations et de digressions sans fin. Il en est une foule d'autres que les érudits peuvent consulter. Pour moi, je veux traiter ce sujet à un nouveau point de vue. Je m'adresse à ce public religieux qui veut un exposé court, clair, édifiant. Vulgariser la connaissance des lieux saints, c'est tout le but que je me propose et que je me suis efforcé d'atteindre. Le prêtre qui n'a pas le loisir de faire des études approfondies sur la Terre sainte, pourra me suivre et faire avec moi, de loin, une sorte de pèlerinage. Le jeune étudiant qui aime les voyages, m'accompagnera avec plaisir, et comprendra ensuite plus facilement les récits de l'histoire sainte et de l'Evangile. Les personnes pieuses aimeront à suivre la trace des pas de Notre-Seigneur, et les différentes scènes de sa passion. Puisse ce nouvel ouvrage pénétrer dans toutes les familles chrétiennes, et y produire quelques bons fruits!

LE PÈLERIN

PREMIÈRE PARTIE

Egypte.

CHAPITRE I

Le départ.

Depuis longtemps, je désirais faire un pèlerinage à Jérusalem et visiter les lieux sanctifiés par la présence de Jésus-Christ aux jours de sa vie mortelle. Toujours des obstacles insurmontables se sont succédé, et je suis arrivé à soixante-sept ans avant de pouvoir accomplir ce vœu si cher à mon cœur. Enfin la Providence a pourvu à tout, et le 2 mars 1873 est fixé pour le départ. Je n'ai qu'un seul compagnon de voyage, un confrère instruit, dévoué, fidèle. Nous nous sommes promis de ne pas nous séparer un seul instant. Nous faisons nos adieux à notre chère Normandie. Malgré ce désir ardent, cette volonté énergique qui nous poussent vers l'Orient, le moment de la séparation a quelque chose de pénible. Il en coûte pour interrompre ses habitudes et faire taire ses affections; et quand on voit de grosses larmes sortir des yeux de ceux que l'on aime, le cœur n'est ni de fer, ni d'airain; il est brisé. Qui sait si ce ne sera pas le suprême adieu!... Cependant la vapeur nous emporte; en vain, nous jetons un dernier regard, tout a disparu.

A Paris, nous voulons commencer la série de nos pèlerinages par le sanctuaire si vénéré de Notre-Dame des Victoires. Plus forte que les hommes et les éléments, la Vierge puissante saura bien nous protéger. A Lyon, nous ne pouvons gravir la colline de Fourvières, mais nous saluons de loin la Vierge qui nous tend les bras. Plus heureux à Marseille, nous montons à Notre-Dame de la

Garde, et nous célébrons la sainte messe à l'autel de saint Joseph. Nous sommes dans le mois qui lui est consacré, et nous le prions de nous protéger pendant notre lointain et difficile pèlerinage. Nous allons suivre en Egypte et en Palestine la trace de ses pas, et nous avons cette douce espérance qu'il daignera veiller sur nous, comme autrefois il veilla à la garde de Jésus et de Marie.

CHAPITRE II

De Marseille à Alexandrie.

L'embarquement.

6 mars. Marseille.

L'heure de l'embarquement arrive; c'est une heure solennelle, celle où l'on s'éloigne peu à peu des rivages de la patrie. Je contemple d'un œil triste, inquiet, cette terre chérie qui nous échappe, et mes derniers regards s'attachent sur l'image protectrice de Marie, de Notre-Dame de la Garde, dont les rayons du soleil reflètent au loin le diadème tout brillant d'or.

Nous sommes sur le *Mœris*, nom qui rappelle le souvenir de l'Egypte. C'est un magnifique paquebot. Le personnel est plein d'égards pour nous. Les passagers sont peu nombreux. Nous sommes les seuls prêtres. La caravane des pèlerins français ne viendra que huit jours plus tard.

Le temps est très-beau, et le soir, pendant deux heures, je marche sur le pont, contemplant le ciel sans nuages éclairé par les étoiles et la lune dans son croissant. On aperçoit sur la côte des phares étincelants qui se succèdent, comme on voyait pendant le jour une suite de montagnes qui bordent la mer. Nous avons laissé derrière nous les îles d'Hyères et la rade enfoncée de Toulon, et demain, à notre réveil, nous contemplerons les côtes abruptes de la Corse.

7 mars. En mer.

Rien de beau comme la mer, au milieu d'une nuit splendide. Réveillé à minuit, je monte sur la dunette. Là, seul, suspendu en quelque sorte entre le ciel et l'abîme, je redis avec le prophète : « Qu'ils sont admirables les soulèvements de la mer, et que ses profondeurs attestent bien la puissance de Dieu! » En face de cette immensité, que l'homme est petit! Je me laissais aller doucement à ces pensées; rien ne venait me distraire; un profond silence régnait autour de moi; on n'entendait que le bruit monotone de la machine et de la vague brisée. Je redescends; les heures de la nuit s'écoulent rapidement, et le jour avait à peine paru que j'étais de nouveau en observation. L'île de Corse était en face de nous. On voyait distinctement Bastia. Les bords de cette île française ont un aspect triste et sauvage. Peu d'arbres et de verdure ; les cultures sont rares. L'intérieur est sans doute mieux partagé. Nous avançons, et je ne sais combien de petites îles se présentent dans la journée. Ce sont des rochers, des montagnes arides dont le pied est baigné par les flots.

8 mars. Naples.

Nous approchons de Naples. Vue de la mer, cette grande ville présente un coup d'œil enchanteur. Sa baie est admirable, et tout le monde connaît ce que disent les Italiens : « *Vedere Napoli e poi mori!* Voir Naples et puis mourir! » Un autre spectacle attire nos regards. Au delà de Pausilippe qui se dresse devant nous, au delà de la ville qui semble mollement endormie, sur un espace immense, et comme couchée au bord de la mer et sur le penchant des collines, nous apercevons une montagne d'où s'élève un gros nuage de fumée : c'est le Vésuve. Tous les contours se dessinent parfaitement, et la fumée sort évidemment du cratère. A mesure que nous approchons, nous jouissons mieux du spectacle, et nous comprenons quelle scène grandiose et terrible présente, de la mer, une violente éruption, quand la fumée, les flammes et les laves embrasées sortent avec impétuosité du gouffre béant avec d'horribles détonations. J'avais vu, en 1867, le Vésuve; alors son cratère était éteint, et l'on pouvait marcher sans danger sur ses débris ; mais aujourd'hui, il me semble qu'il faut en approcher avec plus de précaution et réprimer un peu cette curiosité téméraire dont Pline l'ancien fut la victime. Nous arrivons dans la rade, le paquebot s'arrête; une barque nous conduit à terre; nous parcourons la ville, et, après un léger repas, nous rejoignons le vaisseau.

Toucher la terre quelques heures est une diversion agréable qui rompt la monotonie de la vie de bateau. La traversée paraît moins longue, et au retour, on aime à faire connaissance avec les nouveaux passagers. Bientôt on m'annonce trois pèlerins pour Jérusalem. Ce sont des Américains-Espagnols de la Colombie. Ils ont traversé le Grand Océan, ils ont parcouru toutes les provinces de l'Espagne, patrie de leurs aïeux ; ils n'ont pas oublié la France, qu'ils aiment; l'Italie, dont ils admirent les chefs-d'œuvre ; ils ont visité religieusement Rome et le Saint-Père, et ils ne veulent pas retourner dans leur chère Colombie sans avoir accompli le pèlerinage des saints lieux. Avec quel intérêt j'écoutais leurs récits si simples et si naïfs! Combien leur foi m'édifiait! Ces bons Américains ne tardent pas à devenir nos amis, de vrais amis, comme la suite nous l'a prouvé. Nous avions aussi recruté quelques Anglais ; mais quelle différence entre les enfants de la catholique Espagne et les flegmatiques citoyens de la fière et dédaigneuse Albion! Ceux-ci ont vraiment un cachet particulier qui est loin de leur attirer les sympathies de l'étranger.

9 mars. Un dimanche en mer.

L'aurore venait d'éclairer de ses purs rayons les âpres montagnes des Calabres; les côteaux apparaissaient couverts d'oliviers et d'amandiers; les villes et les hameaux se succédaient, étendus sur le rivage ou suspendus aux anfractuosités des montagnes, le littoral de la Sicile se rapprochait; le golfe de Messine se dessinait dans le lointain, et deux villes célèbres, Messine et Reggio, semblaient se donner la main; la mer, dans la majesté de son calme, était toujours belle : c'était un spectacle délicieux, saisissant, et cependant je le contemplais avec tristesse. Une pensée pénible dominait dans mon âme; c'était un dimanche, et ce jour de fête allait passer comme les jours ordinaires. C'est alors qu'on sent vivement la privation des consolations religieuses. Qu'il m'eût été doux d'offrir, sur le vaisseau, sous la voûte des cieux, en face de l'immensité, l'auguste sacrifice de nos autels! Je tournais mes regards vers la France, je pensais aux offices qui se célébraient dans mon église, et, tout en m'unissant à ceux qui me sont chers, je sentais en moi un grand vide. Je me rappelais que dans de précédents voyages j'avais passé des nuits en wagon, afin de dire la sainte messe le dimanche; et là, impossible. Je n'avais pour tout mobilier religieux que mon bréviaire et quelques livres de piété. Il est vrai, j'étais entouré de mécréants et d'indifférents; cependant, si j'avais pu célébrer, je crois que j'aurais réussi à réunir presque tout le personnel. Je voulus sonder les dispositions et des passagers, et des officiers, et des matelots, et je reconnus que plusieurs auraient été heureux d'assister au saint sacrifice, et que tous se seraient prêtés de bonne grâce à faire les préparatifs nécessaires. J'eus un instant la pensée de les réunir pour leur annoncer la parole de Dieu; il me semblait que cet auditoire si nouveau m'aurait inspiré quelques bonnes pensées. Je me rappelais que Jésus était sur une barque quand il instruisait la foule. La difficulté de m'adresser à des hommes de divers cultes et de langues différentes me retint. Je me contentai de quelques conversations. Je cherchai à jeter quelques bonnes réflexions dans le cœur d'un jeune Suisse de Genève, charmant jeune homme, rempli pour moi d'attentions. Je voulus aussi attaquer un jeune Grec; mais, si je ne me trompe, il a le cœur sec. Le schisme grec est pour ainsi dire inabordable; je l'ai remarqué dans une foule de circonstances. Je m'adressais de préférence aux marins. Leur abord a quelque chose d'âpre et de rude; mais bientôt vous gagnez leur confiance, et ils vous sont tout dévoués. Le sentiment religieux n'est pas éteint dans ces laborieux enfants de la mer, et j'ai recueilli parmi eux plus d'un consolant souvenir.

Enfin, sans les privations religieuses, c'eût été pour moi un beau jour.

10 mars. En mer.

La mer qui jusque-là avait été si calme est un peu agitée. Le tangage se fait sentir. Beaucoup sont souffrants. Je cherche quelque distraction, et je n'en trouve pas. Je me livre à mes réflexions. Je promène mes regards autour de moi, je n'aperçois plus aucun rivage. Nous sommes au milieu de la Méditerranée. C'est la mer dans sa sublime majesté; l'œil est impuissant à en mesurer l'étendue. A tous les horizons, je ne vois que la mer; et, après avoir comparé ces espaces immenses à l'éternité, je m'arrête à l'extrémité du pont, et une autre pensée se saisit de moi et m'occupe assez longtemps. Je considère le sillon que trace le vaisseau; c'est pour moi quelque chose d'intéressant. Les eaux fendues se séparent en bouillonnant; l'écume s'agite et se répand de chaque côté; mais bientôt ce ne sont plus que des bulles de savon; la route creusée à la surface de l'abîme se comble peu à peu; vous regardez, il n'y a plus rien, pas un vestige qui vous dise: là a passé le vaisseau. Et j'ajoutais: voilà une image frappante de la vie. Nous traçons tous notre sillon plus ou moins large, plus ou moins profond; nous faisons plus ou moins de bruit; mais quand nous lancerions autour de nous des flots d'écume, bientôt toute cette agitation tombe, et l'on cherche en vain la trace de nos pas. Si jamais, cher lecteur, vous traversiez la mer, vous verriez comme elle agrandirait vos idées; comme elle parlerait à votre imagination! Oh! que j'admire la mer! Si les cieux me racontent la gloire de Dieu, si le firmament m'annonce ses louanges, la mer plus rapprochée de moi me fait pour ainsi dire toucher du doigt sa puissance et son immensité. Il faut pourtant en faire l'aveu, malgré toutes ces considérations, une journée sur mer me paraît longue. Pour faire diversion, je visite tous les recoins du bateau; je fais connaissance avec les divers employés. Partout, je reçois le plus touchant accueil. L'économe veut que je lui écrive de Jérusalem. On m'invite à une petite soirée, j'accepte cette faveur; mais le soir tout change; la mer est mauvaise, et la réunion devient impossible.

11 mars. En mer.

Toujours la mer. On n'aperçoit pas même une apparence de rivage, ni les côtes de la Grèce, ni celles de l'Afrique. Candie est trop loin. Pas un vaisseau qui passe, pas un oiseau qui traverse les airs, pas même un poisson qui vienne nous distraire par ses joyeux ébats. Les passagers sont rêveurs, mélancoliques. Sur leur front, on remarque quelque chose de nuageux qui décèle l'ennui. Beaucoup souffrent du mal de mer, mal terrible qui défie tous les remèdes. Aux repas, la table est dégarnie. Au déjeuner, je me trouve seul avec les officiers. Evidemment, Dieu a pitié de ma faiblesse ; car je serais impuissant à supporter cette cruelle épreuve. Nous voguons plus lentement ; le vent qui souffle de l'est ralentit notre marche. Sans être violent, il est fort, et la mer plus agitée. Les vagues ne s'élèvent pas, n'écument pas, comme sur l'Océan ; mais elles n'en sont pas moins perfides, et il arrive assez souvent qu'une vague, qui est loin d'être une montagne, lance ses eaux au-dessus du vaisseau. Plus d'une fois, en me promenant, je me suis trouvé aspergé de manière à exciter des éclats de rire. Cependant notre bateau, long de cent mètres et large de dix, est très-élevé au-dessus des eaux et semble dominer sur la mer, comme un roi dans son empire.

Le soir, il fallait bien quelque distraction. Je voyais le capitaine, bon et excellent homme, un peu délaissé. Il me propose une partie de damier. J'accepte, malgré mon peu d'usage en cette matière. A peine avons-nous commencé que je m'aperçois que mon capitaine est beaucoup plus habile à faire manœuvrer ses marins que les pions. Je fus donc obligé de gagner la première partie. Malgré ma bonne volonté, je ne pus réussir à perdre la seconde. Enfin, en troisième lieu, après bien des combinaisons, après avoir méprisé tous les avis qui m'étaient donnés à droite et à gauche, je fus assez heureux pour assurer la victoire à notre bon capitaine, qui manifesta bruyamment sa joie que je partageais de grand cœur.

12 mars, midi. En mer.

Aujourd'hui, grande déception ! Il y a trois jours, nous espérions arriver à Alexandrie, et tout annonce que nous ne pourrons débarquer ce soir. Ce n'est pour moi qu'une bien légère contrariété. Demain, le spectacle des côtes de l'Egypte sera plus beau. Le port, la ville se montreront dans toute leur splendeur.

Ici, on s'aperçoit du changement de climat. Les rayons du soleil pénètrent plus facilement dans le salon. L'astre du jour s'approche de nous, et on le salue avec plaisir. Cependant, on aspire après la terre. Ceux-là surtout la souhaitent avec ardeur, qui souffrent du mal de mer. Vers six heures, nous apercevons le phare d'Alexandrie, et tout espoir de débarquer disparaît. Il faut se résigner à attendre l'aurore, et encore, il faut que la mer devienne meilleure ; car, depuis deux heures, le tangage est plus prononcé ; le roulis se fait vivement sentir, et des lames viennent de temps en temps tomber sur le pont et jusque sur les vitres du salon. Nous sommes donc obligés de faire lentement une longue promenade, à distance respectueuse du port. Impossible de jeter l'ancre, la mer est trop profonde. C'est vers Damiette que le vaisseau dirige sa course nocturne pour revenir ensuite devant Alexandrie. J'entends des officiers dire que, peut-être, on va apercevoir le phare de Damiette, dont les feux, à certain endroit, se croisent avec ceux d'Alexandrie.

Pour le voir, il faudrait passer une partie de la nuit, et le vaisseau est tellement agité qu'il est difficile de se tenir debout. Aussi les passagers ont déserté; tous sont rentrés dans leurs cabines. Je rentre aussi ne voulant pas rester seul.

CHAPITRE III

Alexandrie.

Débarquement. — Les Lazaristes d'Alexandrie. — Alexandrie. — Visite d'Alexandrie. — Quartier arabe. — Quartier européen. — Les santons. — Les divers cultes à Alexandrie. — Eglises et synagogues. — Mœurs des Arabes. — Culture d'un jardin.

La nuit a été longue. Le bruit des vagues, le balancement du vaisseau, le mouvement de l'équipage ne me permettent pas de goûter un seul instant de sommeil. De bonne heure, je m'élance sur le pont; le jour est encore faible. Cependant on aperçoit le phare, et bientôt la côte égyptienne, sur laquelle s'élèvent un palais isolé, puis une longue file de moulins à vent; ensuite une multitude de mâts que je prends pour une forêt d'arbres. Bientôt apparaît, dans toute son étendue, la célèbre Alexandrie, avec sa masse de maisons blanches, dont les toits aplatis sont dominés par quelques coupoles et les pointes aiguës des minarets. Pendant que je considérais cette ville si fameuse, et que je repassais dans ma mémoire les jours de sa gloire et de sa décadence, nous arrivons, et voilà qu'une foule de petites barques accostent notre vaisseau. Là, pour la première fois, nous faisons connaissance avec les Arabes. C'est à qui va s'emparer de nous, pour nous conduire à terre. Nous convenons d'un prix, et à peine étions-nous éloignés du vaisseau, qu'on nous demande le double. Nous tenons ferme, et quand on arrive sur le quai, la lutte recommence. Nous cédons un peu, et nous passons. Je ne sais s'il y a sur la terre un peuple plus avide d'argent que l'Arabe. Il demande sans cesse, et si, par ses importunités, il parvient à vous arracher une promesse, il saura bien vous forcer à l'accomplir.

Nous prenons une voiture, et nous nous présentons chez les Lazaristes, qui consentent à nous donner l'hospitalité. Nous voilà comme dans une nouvelle patrie; nous sommes avec des frères qui nous prodiguent leurs soins. Oh! qu'ils sont doux les liens que l'Eglise notre mère établit entre ses enfants et surtout ses prêtres, sur quelque rivage, sous quelque climat qu'ils se trouvent! Là, du moins, nous pouvons recueillir les renseignements les plus précieux sur cette terre d'Egypte autrefois si florissante, puis pendant de longs siècles si profondément déchue, et qui aujourd'hui semble renaître pour une gloire nouvelle. Qui peut mieux connaître le caractère et les mœurs de ses habitants que ces généreux apôtres, qui sont venus là pour leur apporter avec l'Evangile les bienfaits de la civilisation?

Je ne parlerai pas de l'histoire d'Alexandrie. Tout le monde sait qu'elle fut fondée par Alexandre, le conquérant macédonien, qui voulait en faire comme le centre de son vaste empire. Elle arriva au plus haut degré de gloire sous les Ptolémées. Du temps de saint Paul, les vaisseaux d'Alexandrie sillonnaient encore toutes les mers. Elle conserva son importance sous l'empire romain et s'embellit d'une multitude de chefs-d'œuvre. Aux premiers âges de l'Eglise, elle fut une des chrétientés les plus florissantes. Saint Marc, disciple de saint Pierre, saint Athanase, saint Cyrille et une foule d'autres illustrèrent le siége patriarcal d'Alexandrie, le second, après celui de Rome. Depuis la conquête des Turcs, cette ville, qui, aux jours de sa gloire, sous les Ptolémées, comptait près d'un million d'habitants, alla toujours décroissant, et elle se trouvait réduite, dans le siècle dernier, au chiffre très-modeste de six mille. Aujourd'hui Alexandrie a reconquis quelque importance. Depuis la conquête de Napoléon, elle a marché vite dans la voie du progrès; et maintenant elle compte environ 150,000 habitants. Si je ne me trompe, elle est à son apogée. Avant la construction du canal de Suez, elle était le rendez-vous de tous les vaisseaux de l'occident qui voulaient transporter les passagers et les marchandises à destination des Indes et de la Chine par la mer Rouge. Un chemin de fer servait d'intermédiaire entre Alexandrie et Suez; mais aujourd'hui les vaisseaux qui remontent et descendent le canal la saluent de loin et poursuivent leur course sans s'y arrêter. Le port d'Alexandrie ne sert plus d'entrepôt que pour une partie de l'Egypte, et les étrangers, qui venaient en foule s'y établir, vont de préférence au Caire. Il est reconnu aussi que le climat d'Alexandrie est malsain : le sol y est humide. C'est le réceptacle de toutes les immondices de l'Egypte.

Visitons maintenant cette ville moitié Arabe, moitié Européenne. Que reste-t-il des monuments de son ancienne gloire? Presque rien; partout où le fataliste musulman a posé le pied, il a fait le désert. De la Rome de l'Orient on ne retrouve que la colonne de Pompée, les aiguilles de Cléopâtre, quelques colonnes mutilées, des monceaux de débris, et la solitude. Nous avons vu les Bédouins du désert planter leurs tentes noires auprès de ces vieux monuments, et leurs troupeaux paître jusqu'au pied de la fameuse colonne, isolée à l'extrémité de la ville actuelle. Cette colonne, qui porte le nom de Pompée, non pas, comme l'ont avancé plusieurs voyageurs, parce que César l'éleva à la mémoire de ce général; mais plutôt parce qu'un préfet de l'Egypte, nommé Pompée, l'érigea dans le premier siècle de l'ère chrétienne à Dioclétien ou à Septime-Sevère. Cette colonne mesure environ 38 mètres de hauteur. Son fût est un monolithe d'environ 30 mètres. En face d'une œuvre si gigantesque, on reste saisi d'étonnement. Le désert qui l'entoure semble ajouter à sa superbe majesté. Elle est là, seule, sur les débris des siècles, pour attester la grandeur du passé.

Les aiguilles de Cléopâtre, situées auprès du port Neuf, sont deux obélisques de granit rouge d'Egypte d'environ 21 mètres de hauteur. L'un est encore debout, l'autre est couché et à moitié enterré à quelque distance. Voilà tout ce qui reste de la fameuse Alexandrie.

Parcourons maintenant le quartier arabe. C'est un spectacle curieux, mais désolant : Partout des rues étroites, toujours sales et dégoûtantes, non pavées, conservant encore des flaques d'eau des dernières pluies, des habitations malpropres, des magasins et des boutiques où règne un affreux désordre.

A la porte, souvent des animaux, quelquefois même des porcs, qui ont acquis le droit d'entrer partout; sur la rue, de petits ânes qui vous heurtent et semblent vous dire : « Ici, je suis roi; faites-moi place; » et, en effet, ils ne se dérangent pas; mais il faut leur rendre cette justice, qu'ils sont généralement plus propres que ceux qui les montent. Rien ne frappe les regards de l'Européen comme la saleté des habitants. Tous ont une grande robe blanche plus ou moins neuve, ou plutôt plus ou moins dégoûtante. Les enfants n'ont que cette sorte de chemise, même les petites filles, jusqu'à douze ans, âge où on les voile. De temps en temps passent, dans les rues les plus larges, de misérables chariots étroits, grossiers, sur lesquels s'entassent quinze ou vingt personnes, hommes, femmes, enfants, nègres et blancs, dont les jambes pendent de tous côtés. Les femmes sont voilées complétement. On leur voit à peine les yeux. Sur leur nez est ajusté je ne sais quel tube en cuivre, qui remonte jusqu'aux cheveux. Il est destiné à retenir un voile noir qui descend très-bas, en couvrant tout le visage. Une femme égyptienne voilée, c'est quelque chose de hideux; c'est comme une ombre nocturne, c'est un fantôme ambulant. Voyez aussi cette foule d'Arabes de l'intérieur de l'Afrique, et surtout du Soudan, qui fourmille autour de vous et dont le langage inintelligible frappe vos oreilles d'une manière aussi désagréable, que leur couleur, d'un noir plus ou moins foncé, et leur accoutrement bizarre frappent vos yeux, et vous vous formerez à peine une idée du tableau que présente un quartier arabe. C'est pour nous un monde nouveau, c'est une race dégradée. Evidemment la malédiction de Cham retombe sur ses enfants.

Dans les magasins, ou plutôt dans ces affreuses niches qu'on décore du nom de boutiques, on ne voit que des hommes; des femmes, jamais. On ne les juge pas dignes d'y siéger. Craint-on qu'elles ne soient, selon l'expression de l'Écriture, l'ornement de la maison? Impossible; car, avec leurs longs voiles, quelle caricature! La vraie raison, c'est que l'islamisme est, de sa nature, profondément défiant. La femme est une esclave; c'est la chose du maître; elle n'a pas le droit de paraître en public sans être enveloppée des pieds à la tête. Pour l'ordinaire, elle est reléguée dans l'intérieur impénétrable d'une maison, où elle est condamnée à vivre dans l'oisiveté et l'ignorance. Il ne faut donc pas être surpris qu'elle soit descendue au dernier degré de l'échelle humaine. Pauvre créature! Si le musulman fanatique et voluptueux ne te défendait pas, sous peine de mort, d'embrasser la religion chrétienne, tu recouvrerais bientôt, avec ta liberté, ta dignité et ton honneur! En faisant ces réflexions, je considérais ces hommes nonchalamment étendus dans leurs boutiques; quelques-uns même sont à peine vêtus convenablement; les autres sont de vrais déguenillés; quelques-uns sont presque nus et s'amusent à compter plutôt qu'à tuer les insectes qui les dévorent, et parfois, ô honte! à les manger. J'ai eu sous les yeux ce repoussant spectacle. Avec toutes ces misères, il y a encore du mouvement parmi cette triste population; on en voit plusieurs qui exercent des métiers et paraissent assez habiles; mais, en vérité, on a de la peine à comprendre comment le grand nombre peut se procurer la subsistance. L'Arabe n'a qu'une ressource : il est très-sobre, il sait s'imposer les plus grandes privations. Il vit donc de peu, et sa toilette n'exige qu'une faible dépense. Une simple toile suffit; tous marchent nu-pieds, même dans la ville. Une chaussure serait un objet de luxe.

Il n'est pas étonnant que la population européenne, qui n'est pas accoutumée à ce genre de vie, ait voulu s'isoler. Dans le quartier franc, on se croit au milieu d'une ville de France ou d'Italie. Allons sur la place des Consuls, et là, sur une vaste esplanade, nous trouverons une promenade agréable, plantée de beaux arbres. Aux extrémités sont deux bassins, avec des jets d'eau semblables à ceux du Palais-Royal, à Paris. Plus loin est la place Sainte-Catherine, où l'on arrive en traversant un magnifique jardin peuplé de palmiers, de bananiers et d'une foule de plantes que le climat développe admirablement, tandis que, chez nous, on les trouve maigres et étiolées, et encore dans des serres chaudes. Autour de ces places, s'élèvent de grands bâtiments, couverts en terrasses et ornementés à l'italienne.

La journée commençait à être bien remplie, et nous reprenions le chemin du couvent lorsque, en passant dans une rue, nous rencontrions un santon. Cet être extravagant, que je ne connaissais pas, m'a paru comme une bête fauve. Sa chevelure en désordre retombait sur ses épaules nues. Sa figure, moitié noire, faisait ressortir deux gros yeux qui roulaient convulsivement dans leur orbite comme ceux d'un possédé. Son habit d'arlequin, serré autour de ses reins, avait une ceinture d'où pendaient une multitude de petits grelots, qu'il faisait mouvoir dans son agitation satanique. Il s'est hasardé à venir tout près de nous, faisant force grimaces et se renfermant dans un silence qui ressemblait à celui du singe. Ces santons sont les saints du mahométisme. Plus ils font de sottises et de folies, plus on les vénère. On se fait un devoir de les nourrir. Là où ils tombent morts, on les enterre avec respect. Personne n'ose toucher à leur sépulture; et j'ai vu, dans plusieurs grandes villes de l'Orient, des espaces laissés vides, dans des rues populeuses, parce que là était le tombeau d'un santon. A Alexandrie, dans une rue, j'ai examiné une de ces tombes que vénère la crédulité musulmane. A quelques grillages en fer pendaient, comme *ex-voto*, les choses les plus ridicules : des cheveux, des chiffons, de petits morceaux de je ne sais quelle étoffe bizarre. C'était à faire reculer d'horreur.

Il est aussi un individu que l'on rencontre partout et qu'on voudrait ne voir nulle part : c'est le diable, et nous l'avons rencontré. Il était en quelque sorte incarné dans la personne d'un noir et hideux Ethiopien, qu'une vile populace accompagnait dans les rues, avec des vociférations inimitables. Le démon ne pouvait mieux choisir son personnage. Sa figure était parfaitement noire, ses cornes prononcées, les lambeaux de ses vêtements dans un désordre infernal, ses grimaces et ses hurlements semblables à ceux d'un damné; en un mot, tel que nous le représentent les peintres du moyen âge. Je demande : « Quel est ce triste personnage? » Et l'on me répond : « C'est le diable. » Est-ce une invention de Mahomet? Pas du tout, c'est une importation européenne due à la civilisation moderne. Pauvre Afrique, tu n'avais pas encore inventé assez de sottises!

Rentrés au couvent des Lazaristes, nous oublions dans de douces conversations les tristes émotions de la journée. Qu'on est heureux, sur une plage lointaine, au milieu de populations ignorantes et superstitieuses, de rencontrer des hommes de Dieu, de vrais amis! Quel bon souvenir je garde de Saint-Lazare!

Avant de recommencer nos courses, disons un mot de l'état de la religion dans la nouvelle Alexandrie. Les souvenirs chrétiens sont très-rares. Tant de révolutions successives les ont emportés! Au milieu de la ville, on montre encore la place où saint Marc fut décapité. Une église cophte conserva religieusement son corps jusqu'au jour où les Vénitiens le transportèrent chez eux et le placèrent dans cette superbe basilique qui fait encore l'ornement de leur ville. La mosquée de Saint-Athanase, qui rappelait la mémoire de cet illustre patriarche, n'existe plus. Malgré cela, les catholiques de divers rites sont nombreux, 50,000 environ. Les Latins dominent, mais on y trouve aussi des Grecs et des Cophtes, qui ont leurs églises particulières, qui célèbrent dans leur langue et qui ont un clergé de leur rite. Les Grecs schismatiques et autres abondent. Les rites anglican et écossais ont aussi leurs temples ; et là, comme partout, on rencontre des enfants d'Israël, pauvres aveugles, qui conservent respectueusement dans leurs synagogues les livres sacrés qui les condamnent.

Les Pères Franciscains, ces généreux enfants du pauvre d'Assise, qui depuis six siècles, au milieu des persécutions, ont conservé en Orient l'Eglise catholique, sont à Alexandrie les principaux pasteurs, les curés de la paroisse latine. Les Lazaristes ne s'occupent que de leur communauté, de leurs écoles et de la direction des Sœurs de Charité. Tout le clergé latin dépend d'un délégué apostolique résidant au Caire.

Les établissements français, de concert avec les Pères Franciscains, la plupart Italiens, travaillent avec zèle et ardeur à la régénération de cette malheureuse contrée. Les Lazaristes ont un nombreux pensionnat où ils reçoivent des jeunes gens appartenant à divers cultes et à diverses nations. Les Juifs mêmes et les Musulmans ne sont pas exclus. Tous reçoivent la même instruction et suivent les mêmes exercices. Les Juifs seuls et les Musulmans sont exempts de l'assistance aux offices religieux. Les principales familles, les gouverneurs même leur confient leurs enfants. Sans doute, au sortir du collége, ils ne leur permettent pas de se faire chrétiens ; mais l'instruction est donnée, les préjugés tombent, et tout annonce un avenir plus heureux. Ces jeunes gens qui, au collége, reçurent une si bonne éducation, conservent pour leurs maîtres une affection qui nous a profondément touchés, et n'est-ce pas là la raison du respect que les Musulmans manifestent pour les prêtres catholiques? L'habit ecclésiastique, loin d'être pour eux, comme pour les libres penseurs, un sujet de mépris et de dérision, est un signe religieux auquel ils ne refusent pas leurs grands saluts.

Auprès de la communauté des Pères Lazaristes, sont établies les Sœurs de Charité qui reçoivent dans leurs écoles une multitude d'enfants de tous les cultes. Quel bien immense opèrent ces saintes filles ! Quel glorieux avenir prépare à la religion l'éducation chrétienne qu'elles distribuent en diverses langues à des milliers d'enfants ! Quel honneur pour la France d'entendre ces enfants Arabes, Grecs, Juifs, Turcs parler la langue de la mère patrie ! C'est une règle dans tous les établissements lazaristes de faire usage de la langue française ; mais, comme il y a toujours plusieurs classes où l'on enseigne l'arabe et le grec moderne, il est nécessaire que les Pères et les Sœurs de Charité connaissent ces diverses langues.

Outre leurs écoles, les Sœurs de Charité desservent l'hôpital international, digne théâtre de leur héroïque dévouement. Elles ont aussi un dispensaire où, chaque jour, l'on distribue des remèdes aux malades de la ville. Plusieurs Sœurs sont là presque toute la journée, soignant les plaies les plus hideuses, les ulcères les plus dégoûtants. On ne saurait se faire une idée des misères qui assiégent la population arabe. C'est par centaines qu'on vient se faire soigner au dispensaire. Les maux d'yeux et de jambes sont si communs dans un pays où l'on marche nu-pieds, au milieu de nuages de poussière. Tout le monde connaît le chemin du dispensaire, et la Sœur de Charité est véritablement là comme sur un trône, entourée du respect et de la vénération de ces pauvres malades qui la considèrent comme une seconde Providence et l'appellent la fille du ciel. Jamais le mahométisme ni aucune secte ne pourront enfanter une Sœur de Charité. C'est une création catholique.

Il existe encore à Alexandrie un autre établissement français que nous ne devons pas oublier : c'est celui des Frères de la Doctrine chrétienne. Ces dignes enfants du vénérable de la Salle distribuent l'éducation religieuse à plus de six cents enfants de nations diverses. La lumière commence donc à luire au milieu des ténèbres; mais, hélas! souvent les ténèbres ne la comprennent pas, et il faudra encore bien des années, peut-être des siècles, pour faire d'Alexandrie une ville complétement chrétienne et catholique.

Le 14, nous recommençons nos courses à travers la ville et jusque hors les murs. Nous visitons les églises des divers rites. L'église des Cophtes unis n'a rien de remarquable; mais celle des Franciscains, admirablement située au milieu du quartier franc, est vaste et bien ornée. Son fronton, de style italien, et son dôme flanqué d'une tour carrée, produisent un bel effet. On dit que cette tour excite la jalousie des Musulmans, parce qu'elle s'élève au-dessus des plus hauts minarets de la ville. Nous sommes entrés dans plusieurs églises grecques et cophtes schismatiques. Elles sont brillantes et d'une propreté exquise. Nous avons eu la curiosité de feuilleter leurs livres, mais nous n'avons pu nous en rendre compte; il faudrait pour cela connaître le grec, l'arabe, l'abyssinien, etc.; Alexandrie est une véritable Babel religieuse.

En passant dans une rue, on nous montre une nouvelle synagogue presque entièrement construite. Nous entrons; quelle profusion de marbres! C'est magnifique. Au fond un rideau cache une riche armoire devant laquelle brûle une lampe. C'est là qu'on conserve les saintes Ecritures. Au milieu de la synagogue, s'élèvent une estrade et quelques siéges dont un est en face d'un pupitre. C'est sur ce siége que se place le grand Rabbin pour faire la lecture des livres de la loi.

Après avoir parcouru la ville, nous prenons le chemin du canal. Nous franchissons les murs, et le spectacle change. Là sont des champs incultes, où les bédouins, venus des déserts de Syrie, campent sous des tentes avec leurs troupeaux. Auprès d'une grande ville, rien de pittoresque comme cette vie nomade et pastorale. En les considérant, je me disais : Les troupeaux, assurément, ressemblent à ceux des jours anciens; mais que les pasteurs sont loin de ressembler à ces vénérables patriarches dont la Genèse nous retrace l'histoire.

Plus loin, nous traversons quelques villages arabes que l'on serait tenté de croire inhabités, tant leur aspect est triste et misérable; et l'on est tout étonné de voir sortir de ces pauvres masures une foule d'hommes, de femmes et d'enfants couverts des livrées de la misère. Il faut avouer qu'Alexandrie présente de singuliers contrastes. On y parle toutes les langues, on y voit tous les costumes, tous les types de la race humaine. Ici sont des palais, là des huttes; ici le tourbillon des affaires, là la solitude. A côté d'un homme richement vêtu marchent nu-pieds et demi-nus des Arabes au teint basané et d'une saleté dégoûtante. Auprès de dames européennes, au costume brillant, se trouvent des femmes hideuses, sans autre vêtement qu'une chemise de toile bleue, sans autre voile qu'un linge mal propre qu'elles retiennent sur le nez et la bouche, ne laissant voir que des yeux éteints qui annoncent la tristesse et la misère. Ici je n'exagère rien, je ne fais que soulever un petit coin du voile qui recouvre la plaie si profonde que l'islamisme a faite à l'humanité. Que serait-ce si nous pénétrions dans ces réduits obscurs où s'ensevelissent tant d'êtres dégradés? mais rien n'excite la compassion comme le triste sort d'une multitude d'enfants. Je ne parle pas de ceux qui fréquentent les écoles des Frères et des Sœurs, ceux-là sont comparativement heureux; mais les autres passent leurs premières années dans un état déplorable, sans soins, sans instruction, promenant leurs figures livides par les rues et les places, demandant toujours et recevant peu. Les petites filles sont surtout abandonnées, ou bien on les emploie aux plus vils et aux plus difficiles travaux, sans égard à leur âge et à leur sexe. Je me serais refusé à le croire, si plusieurs fois je n'en avais été le témoin. Ces frêles créatures travaillent du matin au soir à porter sur leurs têtes de petits paniers carrés qu'elles remplissent de terre ou de sable pour les constructions. Je les ai vues mettre du mortier dans leur corbeille et monter à la suite les unes des autres les échelles, pour les vider sur le mur en construction, ou dans des caisses faites exprès pour les recevoir. Voilà les manœuvres des maçons égyptiens! Point de repos, il faut monter sans cesse et descendre, porter et porter encore. L'entrepreneur est là avec une courbache, tout prêt à les frapper. La courbache est pour elles quelque chose d'effrayant. C'est une longue lanière de cuir d'hippopotame dont le premier coup enlève la peau, et le second fait jaillir le sang. Les pauvres enfants, quand elles ont rempli leurs corbeilles, frappent leurs petites mains en cadence, comme pour s'encourager à leur pénible tâche. Une d'elles invoque les êtres puissants, et toutes les autres répondent. J'ai voulu savoir ce qu'elles répètent dans leur chant si monotone, et il paraît qu'elles appellent à leur secours tout ce qu'elles croient capable de leur venir en aide.

Elles invoquent souvent le nom de la Vierge Marie, pour lequel les Musulmans ont le plus profond respect.

Reprenons notre course hors la ville.

Nous avançons dans la campagne, et nous arrivons à un jardin qui appartient aux Pères Lazaristes. C'est un terrain d'une fertilité prodigieuse. A la mi-mars, on y voit des légumes de toutes espèces, des salades, comme au mois de juillet, en France, de petits pois déjà récoltés, et d'autres bons à cueillir, des haricots de mai en fleur, du céleri arrivé à sa croissance, d'autres qu'on plante, et diverses productions propres à ce climat. Là travaille avec intelligence un jardinier du midi de la France qui n'a pas oublié les méthodes de sa première patrie, mais qui sait les appliquer au pays qu'il a adopté. Dans ce jardin, il y a un appendice indispensable : c'est une machine à tirer l'eau ; sans arrosements, la terre serait stérile. Les arbres varient comme les plantes ; on en voit dont les feuilles de l'année dernière ne font encore que de tomber ; des pêchers sont couverts de fleurs que la gelée n'endommagera pas. On y trouve aussi des palmiers, des oliviers, des figuiers, etc., qui poussent avec vigueur, mais dont les fleurs ne paraissent pas encore. Ce jardin est la maison de campagne des Lazaristes. Un jour, le vice-roi, accompagné de sa suite, rencontre sur sa route un pensionnat ; il s'informe, et on lui répond que c'est celui des Lazaristes. « Ils viennent sans doute de leur maison de campagne ? — Ils n'en ont pas.... — Il leur en faut, » dit-il. Il fait venir le supérieur, et lui donne ce jardin que nous venons de visiter. Un prince chrétien aurait-il mieux agi ?

CHAPITRE IV

D'Alexandrie au Caire.

Autrefois, il fallait trois ou quatre jours pour aller d'Alexandrie au Caire, par les bateaux qui remontaient le fleuve. Aujourd'hui, par le chemin de fer, on fait le trajet en cinq ou six heures. Nous prenons l'express, et à peine étions-nous sortis d'Alexandrie, longeant le canal, que j'aperçois les wagons rouler avec vitesse sur une chaussée élevée au milieu des eaux. C'est le lac Maréotis, où les Anglais, au commencement de ce siècle, introduisirent les eaux de la mer, et qui, depuis cette époque, infecte Alexandrie de ses miasmes pestilentiels. Nous sortons pour ainsi dire du sein des eaux, et nous voilà au milieu d'une immense campagne, couverte de riches moissons. C'est la Basse-Egypte, cette contrée autrefois la plus fertile du monde, et qui aujourd'hui tend à le redevenir. Elle est pour ainsi dire au même niveau que le Nil. Aucune montagne ;

à peine, de temps en temps, quelques tertres où s'élèvent les villages des fellahs, ou cultivateurs. Les terrains sont très-divisés, mais pas une seule haie, aucun arbre de haut jet. Sans la fécondité du sol, ce serait d'une monotonie désespérante. A chaque instant on rencontre des canaux qui conduisent les eaux du Nil jusqu'aux extrémités de cette vaste plaine. Il y en a une multitude innombrable qui se joignent, se croisent et se divisent pour distribuer partout leurs eaux fécondantes. Les bords du chemin de fer sont généralement des canaux. L'eau circule souvent au milieu des cultures sans s'absorber; le terrain n'est pas spongieux comme dans nos contrées. Pour le dessécher, il suffit de fermer les ouvertures des canaux avec un peu de terre, et le soleil si ardent se charge du reste. L'évaporation se fait vite. Après les inondations, l'irrigation est encore indispensable. Là où le terrain est trop élevé pour que l'eau puisse couler d'elle-même et l'arroser, deux hommes ou deux enfants attachent un vase aux deux extrémités d'un bâton soutenu au milieu par une perche enfoncée en terre, plongent les vases tour à tour dans l'eau, et les renversent dans un conduit qui forme un ruisseau, et ce ruisseau s'en va au loin distribuer ses eaux. C'est assurément un moyen simple et primitif. Ailleurs, on a déjà profité des découvertes de la science. Ce n'est pas encore une machine à vapeur, mais c'est quelque chose de moins dispendieux et tout à fait approprié aux besoins de la culture. C'est une roue avec engrenage, qui fait monter l'eau et la renverse. Un âne, un bœuf ou un chameau suffisent pour la mettre en mouvement.

Partout, dans les campagnes, on aperçoit beaucoup de fellahs. Ce ne sont pas de vrais propriétaires. Ils labourent, ils sèment, ils récoltent, mais c'est en grande partie pour le vice-roi. On ne peut même leur donner le nom de fermiers. Ils se trouvent trop heureux quand on veut bien leur donner le nécessaire. En Egypte, quand vous demandez : A qui cette maison plus élégante? A qui ce champ si bien cultivé? A qui ces beaux plants de cotonniers? on vous répond invariablement : C'est au Khédive (vice-roi). Cependant il faut rendre au Khédive cette justice, que son gouvernement, quoique despotique, a encore quelque chose de paternel. Les vexations sont moins fréquentes; les actes de cruauté, rares; l'Egypte semble sortir de la barbarie. Le gouvernement protége les étrangers, entretient l'ordre et la sécurité, et la civilisation ferait de grands progrès si la loi de Mahomet ne lui opposait une barrière infranchissable. Il n'est donc pas étonnant que, dans de pareilles conditions, les pauvres fellahs, débris des anciens habitants de l'Egypte, restent encore sous la domination de maîtres avides. Si ces populations paisibles, dociles, laborieuses, pouvaient sans danger se soustraire à la dure servitude de l'islamisme, elles ne tarderaient pas à se faire chrétiennes (1), et si la foi catholique

(1) Beaucoup de fellahs conservent encore des traces de christianisme.

dominait dans cette belle contrée, elle y apporterait, avec une douce liberté, une prospérité sans exemple.

Le Delta, où nous entrons, est bien le plus riche pays du monde; que serait-ce, s'il était exploité par les bras intelligents de nos cultivateurs français? La terre est si facile à remuer; elle se dissout comme de la poussière. Une paire de bœufs traîne facilement une charrue; plusieurs fois, nous avons aperçu un âne attelé à côté d'un bœuf ou d'un cheval, et, chose plus étrange, à côté même d'un chameau, assemblage bizarre que la photographie devrait reproduire. C'est donc à peu de frais qu'on cultive; c'est toujours sans engrais, et cependant quelle luxuriante végétation! Sans les ardeurs d'un soleil brûlant, on se croirait dans les plaines verdoyantes de la Normandie, au mois de juin. Ce sont des champs de blé qui montrent déjà leurs épis; ce sont des césames, des maïs, des orges, des cotonniers, etc. De temps en temps, sur un tertre, apparaissent quelques constructions basses, grisâtres, entourées de quelques arbres; c'est un village arabe, dominé presque toujours par l'exécrable minaret. De loin, c'est encore quelque chose de gracieux; mais, quand on en approche, c'est misérable; c'est une réunion de vraies tannières : pas de toit, une misérable cheminée en terre, une porte basse pour pénétrer dans ces réduits où mangent et couchent sur des nattes tous les membres d'une nombreuse famille. Chose étonnante! cette population couverte de haillons est active et vigoureuse. Les hommes ont des bras musculeux, la poitrine large et prononcée, la peau d'une couleur jaunâtre, assez semblable à la poussière dont ils sont couverts. Les femmes travaillent aussi, sont moins généralement voilées et paraissent un peu moins esclaves. En un mot, les pauvres fellahs, quoique pressurés par le gouvernement, sont encore plus heureux que ceux qui errent dans les villes.

Nous avons traversé la première branche du Nil, celle de Rosette, et nous arrivons à Tantah, qui est située au milieu du Delta. Cette ville fait un grand commerce de céréales. Le blé, l'orge, l'avoine, le maïs, des trèfles différents des nôtres, et d'autres fourrages y abondent. Aussi, on aperçoit dans les champs une foule de bestiaux, bœufs, moutons, chèvres, chameaux, quelques chevaux et une multitude d'ânes incalculable. Nous passons la seconde branche du Nil, et nous approchons du Caire. En Egypte, les chemins de fer sont de larges voies qu'on a su utiliser comme routes ordinaires. A côté des rails, il y a un espace suffisant pour les gens de pied, les chevaux, les mulets, les ânes, les chameaux; et, comme la vue n'est bornée ni par des arbres, ni par des montagnes, chacun a soin de se ranger pour laisser passer les trains. De même, les gares n'ont pas de clôtures. Chacun entre, sort, circule comme il l'entend. En résulte-t-il des accidents? je l'ignore; mais je pense qu'ils doivent être rares.

CHAPITRE V

Le Caire.

Arrivée. — Premières visites.

Dans la gare du Caire, nous sommes assiégés par une foule d'oisifs qui nous reconnaissent pour des étrangers et nous offrent leurs services dans un langage assez difficile à saisir. Nous acceptons pour guide un jeune Arabe qui prétend nous avoir bien compris. Il doit nous conduire chez les Frères de la Doctrine chrétienne. Comme nous sortions de la gare, voilà que tout-à-coup, l'eau tombe à flots; chose bien rare en Egypte, excepté sur les bords de la mer. Depuis deux ans, nous dit-on, il n'en était pas tombé au Caire; et à ce moment, les élèves du pensionnat des Frères, joyeux d'un pareil événement, s'agitaient, gesticulaient, jetaient leurs casquettes en l'air et se découvraient le cou pour mieux recevoir cette pluie qui s'était fait attendre si longtemps. Pour nous, cette averse et un tourbillon de poussière nous firent échapper en toute hâte dans une sorte de café ou magasin, où l'on voulut bien nous recevoir.

Ensuite, avec notre jeune guide, nous cheminons près de trois kilomètres par une grande avenue, et nous finissons par soupçonner qu'il ne nous avait pas compris. En effet, au lieu d'arriver chez les Frères, nous sommes à Boulah, chez les Sœurs du Bon-Pasteur d'Angers qui ont là un établissement, hors la ville, tandis que leurs écoles sont dans l'intérieur. Une religieuse arabe nous reçoit et nous désabuse. Quelle déception ! Il nous faut revenir sur nos pas et parcourir au moins cinq kilomètres pour trouver la maison hospitalière que nous cherchons. Je ne me sens pas le courage de faire à pied un si long trajet. La bonne religieuse, qui est au courant de la langue et des usages, me loue un de ces baudets fringants qu'on rencontre partout au Caire. Il paraît qu'il y en a au moins 40,000. Ils sont alertes, propres, bien sellés; leur poil est rasé; c'est vraiment une jolie monture que personne ne dédaigne. Je monte et je m'asseois avec plaisir sur ce charmant animal qui me rappelle la scène si gracieuse du dimanche des Rameaux, et je fais près d'une lieue, monté là, comme un triomphateur qui fait son entrée dans la capitale de l'Egypte. On n'étendait pas, il est vrai, sur mon passage, des vêtements et des branches de palmier; mais les beaux arbres touffus de l'avenue que nous parcourions semblaient incliner leurs rameaux pour abaisser sur moi leur ombre protectrice. Mon cher confrère, qui parut d'abord dédaigner cette monture patriarcale, vaincu par la fatigue, finit par l'accepter. Alors mon rôle change, je suis humblement à pied, et nous traversons ainsi le quartier arabe : un dédale de rues, un vrai labyrinthe ! Jamais, sans l'avoir vu et revu, un Français ne pourra se faire une idée de ces rues interminables, remplies d'une foule bigarrée qui se croise en tous sens. Ce sont des sinuosités sans fin, des passages introuvables, un pêle-mêle indéfinissable. Un étranger, sans guide, pourrait marcher huit jours sans trouver d'issue. Ces rues sont très-étroites, quelquefois jointes par le toit des maisons étagées en avant. Là s'agite une foule empressée qui crie à tue-tête, qui se froisse et se choque. L'âne est là dans son domaine; il marche fièrement et tranquillement, épargne ses semblables et renverse quelquefois les passants ; il entend le cri de ses guides, et bientôt tout se démêle et passe en sens divers. Pendant plus d'une demi-heure, nous marchons, au milieu de ce vacarme; mais, cette fois, notre guide avait compris sa mission et l'accomplissait de bonne foi. Nous arrivons chez les Frères, qui ont la charité de nous recevoir, malgré le peu de logement dont ils peuvent disposer.

Après avoir pris un peu de repos, nous faisons une visite au couvent des Pères Franciscains, où réside habituellement le vicaire apostolique de l'Egypte. L'évêque actuel est un Franciscain italien, d'une haute taille, d'un abord simple, mais distingué, parlant un peu le français. Sa conversation fut agréable, tout décèle en lui un homme à la hauteur de l'importante mission qui lui est confiée. Nous fîmes ensuite une promenade dans la ville, accompagnés d'un jeune Grec, élève des Frères. Nous vîmes le quartier européen et le jardin public. Je n'entreprendrai pas de décrire cette grande cité égyptienne, la seconde de l'empire ottoman : c'est une tâche difficile dont tant d'autres se sont acquittés mieux que je ne pourrais le faire. Je me contenterai d'en esquisser quelques traits, en racontant nos courses de chaque jour.

CHAPITRE VI

Le Vieux-Caire.

Etablissement pour les nègres. — Grotte de la Sainte-Famille.

Nous partons de bonne heure, montés sur des baudets, avec des guides ou moukres, précédés d'un Père de la mission d'Abyssinie. Nous traversons encore le quartier arabe, mais dans un sens différent de la veille. Au bout d'une heure, nous arrivons au Vieux-Caire, à la maison des missionnaires. On demandera, peut-être, pourquoi la mission du Soudan est établie au Vieux-Caire. En voici la raison : Il y a quelques années, un grand nombre de Pères

Franciscains entreprirent d'évangéliser les populations de la Nubie et de l'Abyssinie. Ils formèrent aux extrêmes limites de l'Egypte une mission et se mirent au travail ; mais, dès les premiers mois, le climat meurtrier en moissonna un grand nombre ; les autres, minés par la fièvre, ou succombèrent, ou furent obligés de revenir au Caire. Après bien des essais infructueux, on reconnut qu'il était à peu près impossible de lutter contre un ennemi aussi terrible que ce climat dévorant. Les Pères revinrent, abandonnant un poste si périlleux; mais la charité ne se décourage pas. Sa mission ne changea que de lieu. Au Vieux-Caire, on a établi deux pensionnats pour les nègres, l'un dirigé par les missionnaires de Vérone, l'autre par des religieuses de Saint-Joseph de l'Apparition. On prend les enfants, ou plutôt, on les achète, on les instruit et on les renvoie ensuite instruire leurs compatriotes et préparer la voie à l'Evangile. Avec ce zèle industrieux qui ne se rebute de rien, on parviendra assurément à former des chrétientés. Nous avons vu de jeunes nègres de divers âges, dont l'instruction nous étonna. De même au pensionnat des jeunes négresses, nous en avons rencontré plusieurs dont l'éducation est soignée et qui parlent même le français. Les bonnes religieuses n'oublient pas la langue maternelle. J'avoue, cependant, que la vue de ces pauvres enfants de la brûlante Afrique, a excité en moi un vif sentiment de compassion. On en instruit quelques-uns, et des milliers croupissent dans l'ignorance. Quand donc seront-ils tous chrétiens? Honneur à ces généreux missionnaires qui travaillent, au prix de tant de sacrifices, à les régénérer, à les tirer de l'état de dégradation où ils sont plongés depuis tant de siècles. Tous ces prétendus bienfaiteurs de l'humanité, qui ont sans cesse à la bouche les grands mots de liberté et de civilisation, n'iront pas les seconder dans ce rude apostolat.

Au moment où nous allions quitter cet établissement si intéressant, une pluie diluvienne, plus forte que celle de la veille, nous retient, et nous en profitons pour mieux examiner les travaux de ces étranges élèves. Enfin, nous nous dirigeons par un nouveau dédale de rues vers la grotte de la Sainte-Famille. L'Evangile nous raconte qu'Hérode voulant faire mourir Jésus enfant, un ange apparut à saint Joseph et lui dit : Prenez l'enfant et sa mère et fuyez en Egypte. Vous y resterez jusqu'à ce que je vous avertisse de revenir dans la terre d'Israël. Joseph, malgré la longueur du chemin, malgré les déserts, vint en Egypte, et la tradition a conservé le souvenir des principaux lieux où il s'arrêta et surtout de la maison qu'il habita pendant le long séjour qu'il fit sur la terre étrangère. Le pèlerin chrétien est naturellement avide de visiter ces lieux mille fois plus intéressants que les palais semi-européens que construit le vice-roi. Nous étions absorbés par ces pensées, lorsque, chemin faisant, nous rencontrons un convoi musulman.

Nous nous arrêtons pour le voir défiler. C'est assez grave, c'est même digne, au moins en apparence. A la tête marchaient les hommes, chantant continuellement sur un ton bas et monotone; de jeunes garçons venaient ensuite et chantaient de la même manière, et puis des femmes voilées. Tout indiquait que c'était quelque jeune fille qu'on portait en terre. Sur le devant du cercueil, s'élevait verticalement un bâton d'environ un mètre et demi de hauteur, recouvert de je ne sais quelle étoffe décorée du croissant. Il paraît que, lorsqu'on est arrivé à la fosse, on laisse glisser le corps par un bout du cercueil ouvert, et ce cercueil vide est remporté pour servir à d'autres. C'est une économie que nous ne connaissions pas encore.

Bientôt nous arrivons à la grotte de la Sainte-Famille. Sainte Hélène y fit élever une église dont on voit encore des restes. C'est aujourd'hui une pauvre chapelle cophte ornée de peintures grecques et de quelques sculptures sur bois assez remarquables; mais ce qui la rend vraiment vénérable, c'est qu'elle abrite le lieu même où habita pendant sept ans la sainte Famille. On est surpris de descendre un certain nombre de degrés pour pénétrer dans cet asile sacré; mais il paraît que là, comme bien ailleurs, les siècles ont amoncelé des ruines qui ont exhaussé le sol. Au premier âge de l'ère chrétienne, le Caire n'existait pas, et il n'est pas étonnant que la sainte Famile, après s'être reposé auprès d'Héliopolis, soit venue chercher un refuge dans cet asile solitaire, auprès de ce vieux Caire qui n'était pas une ville, au moins une grande ville. Avec quel respect nous sommes descendus dans cette grotte où tous les chrétiens indigènes ou étrangers ne manquent pas de faire un pieux pèlerinage. Cette grotte, soutenue par des colonnes et divisée en plusieurs petits compartiments, est sous l'église. On y a établi un autel. Dans un enfoncement semi-circulaire, la sainte Vierge avait caché l'Enfant Jésus pour le soustraire aux persécuteurs, et ce lieu est en grande vénération ainsi que plusieurs autres où elle l'avait déposé et qui sont marqués d'une croix. Ici je rapporte les traditions. Tout le monde sait qu'en Orient elles se conservent mieux que partout ailleurs. Si elles n'ont pas toute la valeur historique, elles sont du moins fort respectables, et il serait téméraire de les rejeter sans une discussion approfondie. Elles expliquent l'histoire, l'appuient et la complètent. Je suivrai la même méthode dans la description des lieux saints de la Palestine.

CHAPITRE VII

Les pyramides.

Nous reprenons notre route, et nous arrivons sur les bords du Nil. Il faut le traverser sur un bateau; mais ce bateau ne peut toucher la rive. J'examinais comment j'allais franchir cette distance, lorsqu'un vigoureux Arabe, sans me prévenir, m'empoigne et m'y transporte en un clin d'œil. Les baudets suivent et sautent lestement; ils sont habitués à cette manœuvre. Nous voilà donc sur le grand fleuve de l'Egypte, plus beau, plus majestueux que le Rhin. Là, il n'est pas divisé, il a au moins un kilomètre de largeur. Son cours est lent; à peine vous voyez le mouvement de ses eaux. En le traversant, les souvenirs bibliques se représentent en foule. C'est dans ce fleuve que furent jetés des milliers d'enfants hébreux.... C'est parmi ses roseaux qui bordent ses rives que la fille de Pharaon vit flotter la corbeille d'osier qui sauva Moïse. C'est ce fleuve qui, à la voix de Moïse devenu le libérateur de son peuple, roula des flots de sang.... Mais voilà qu'on débarque; il faut reprendre sa monture et traverser encore un défilé de maisons arabes. Enfin, nous arrivons dans la grande voie qui conduit aux pyramides. Elle est toute nouvelle et plantée d'acacias. En Egypte, aucune route n'est encaissée; on marche, on enfonce dans une couche épaisse de poussière, et quand le vent est fort, on est enveloppé d'un nuage poudreux, vrai fléau, qui occasionne une multitude d'ophtalmies, et c'est pour cette raison qu'on rencontre tant d'aveugles. Heureusement, il était tombé de l'eau, et le soleil, quoique ardent, n'avait pas encore entièrement desséché la terre. Nous traversons cette vaste plaine qui fut le théâtre de la fameuse bataille des pyramides (1798), où le général Bonaparte, avant le combat, dit à ses soldats : « Songez que du haut de ces pyramides, quarante siècles vous contemplent, » harangue plus brillante que solide.

Autrefois, le Nil couvrait de ses eaux une partie de la plaine; mais aujourd'hui la route nouvelle vous conduit jusqu'aux pieds de ces vieux monuments. Je les considérais de loin; je pensais qu'ils étaient là depuis quatre mille ans, immobiles comme des montagnes; qu'ils avaient vu passer cent générations, le monde changer dix fois de face. De toutes les merveilles antiques, c'est la seule qui reste; le temps destructeur semble vouloir l'épargner et conserver à jamais ces témoins éloquents de l'orgueil des grands de ce monde, et, en même temps, de la foi des premiers âges. Ces monuments sont des tombeaux, et sans la foi à l'immortalité, l'orgueil de l'homme n'aurait jamais conçu la pensée d'un travail si gigantesque. On n'élève pas de pareils mausolées quand on croit que tout finit au tombeau.

Dans cette plaine, la route est plus longue qu'on ne pensait d'abord. On se croit au pied des pyramides, on marche, et elles semblent s'enfuir. Arrivé aux pieds de ces gigantesques monuments, j'éprouve une vraie déception. Ils ne répondent nullement à l'idée que je m'en étais faite. Etait-ce bien la peine de venir de si loin pour contempler quelques assises de pierres dont la hauteur est dépassée par une foule de petites montagnes? Que les œuvres de l'homme sont petites en face de celles de Dieu! Le Vésuve fumant n'est-il pas mille fois plus admirable! Ces pensées et bien d'autres se pressaient dans mon esprit. C'était une illusion d'optique. Je me rappelle qu'en entrant la première fois dans Saint-Pierre de Rome, je trouvai que cette grande basilique ne répondait pas à la haute idée que je m'en étais formée, et qu'après l'avoir examinée en détail, elle m'apparut dans toute sa sublime grandeur. Nous parcourons donc le terrain pierreux et sablonneux où sont élevées les pyramides. Evidemment, c'était un vaste cimetière, couvert de tombeaux de dimensions différentes. Les rois d'Egypte avaient voulu dominer dans la mort, comme dans la vie. Autour de leurs royales tombes, s'élevaient une foule de petits monuments, destinés sans doute aux princes et aux grands. Plusieurs restent presque entiers, d'autres sont commencés; on voit des rochers déjà taillés et prêts à recevoir de nouveaux mausolées. Après avoir tout examiné avec soin et avoir fait le tour de la grande pyramide, ma première impression s'efface, et je reste plein d'admiration en face de ces géants faits de main d'homme, tout en déplorant la vanité et l'inhumanité de ceux qui les ont élevés au prix des sueurs et du sang de leurs peuples. Nous montons jusqu'à l'ouverture par où l'on pénètre dans l'intérieur. Les Arabes étaient occupés à y descendre une dame anglaise. Témoin de cette opération, je me sens guéri de cette curiosité assez naturelle qui me conseillait aussi de pénétrer dans ces profondeurs, où l'on ne trouve que quelques chambres et galeries dont les savants ne s'accordent guère à assigner la destination. J'aurais préféré aller m'asseoir sur le sommet et embrasser d'un seul coup d'œil la terre des Pharaons; mais l'escalier m'épouvanta. Chaque assise de pierre laisse en reculant une saillie sur l'assise inférieure, et forme ainsi une marche; mais ces marches, au nombre d'au moins deux cents, sont inégales; très-souvent elles ont un mètre de hauteur, ce qui aurait exigé des enjambées au-dessus de mes forces. Les Bédouins, ces rudes enfants d'Ismaël, fortement constitués, légèrement vêtus, d'une extrême agilité, sautent de gradin en gradin comme des chamois poursuivis par le chasseur. Deux ou trois auraient pu me transporter au sommet; mais cet exercice gymnastique ne convenait ni à mon âge, ni à mes forces. D'ailleurs, ce n'eût été qu'une légère satisfaction, car, du point où nous étions parvenus, nous pouvions contempler à l'aise le cours si majestueux du Nil, la vaste étendue du Caire se développant sur ses rives, les cimetières musulmans, des plaines immenses couvertes de riches moissons, et, à côté de nous, l'aridité du désert, qui forme un contraste si frappant. Cependant mon compagnon de voyage, plus fort que moi, eût été assez agile pour aller seul jusqu'au sommet. Le voilà qui s'élance; j'admire la facilité avec laquelle il gravit les premières assises, mais aussitôt j'entends les cris des Arabes. Il n'est pas permis de monter sans leur secours. De graves accidents ont eu lieu plus d'une fois, et il ne faut pas commettre d'imprudence. Donc, le confrère, parvenu à une certaine hauteur, se voit contraint de redescendre. Pendant ce temps-là, je considérais de près la pyramide, et plus je la contemplais, plus je trouvais sa masse énorme, plus je m'inclinais devant la puissance du génie qui l'a élevée et en a fait une œuvre pour ainsi dire surhumaine.

Nous redescendons, et nous retrouvons la tourbe criarde des Arabes. Quel ennui! quelle torture! Tous, grands et petits, vous assourdissent de leurs *bakchiches*, expression qui veut dire pourboire ou gratification. C'est le premier mot que l'enfant apprend à prononcer; « C'est, disait naïvement un bon frère, c'est leur *Pater noster.* » Si vous donnez à l'un, dix autres vous assiégent. Cependant, après toutes ces courses, la faim se faisait sentir. Nous prenons nos sacs pour en tirer nos petites provisions; les Arabes nous suivent. Nous cherchons un lieu solitaire et à l'abri des ardeurs du soleil; ils nous suivent encore. Nous nous plaçons à l'ombre d'un rocher, assis sur le sable, et plusieurs restent autour de nous et semblent jeter des regards d'envie sur notre table si simple et si frugale. Un d'entre eux va nous chercher de l'eau, on l'en récompense par un peu de pain et de viande; aussitôt d'autres se présentent. Que n'avions-nous de fortes provisions! quel bonheur nous aurions éprouvé à les distribuer à tous ces faméliques!

Enfin, il faut quitter ces lieux où se sont agitées depuis tant de siècles des foules innombrables, où ont passé tant de conquérants, tant d'hommes célèbres, tant de savants.

CHAPITRE VIII

Retour au Caire.

Le pont du Nil. — Le musée d'antiquités.

Nous revenons par la même voie; mais bientôt nous laissons à droite le Vieux-Caire, et nous continuons sur la rive gauche du fleuve juspu'au pont en fer. Chemin faisant, nous avons aperçu plusieurs espèces d'oiseaux qui voltigeaient dans les campagnes et venaient se percher sur les jeunes arbres qui bordent la route. Un d'eux nous a paru un oiseau de proie dont j'ignore le nom. Nous avons reconnu beaucoup de corneilles mantelées, une foule de bergeronnettes et des oiseaux au plumage blanc : ce sont des ibis, qui ressemblent à de petites cigognes. Je crois qu'on leur fait peu la guerre. C'est l'ornement de ces contrées, auprès d'une grande ville et aux abords du désert. L'ancienne Egypte les adorait.

Nous arrivons à ce fameux pont en fer, construit depuis peu d'années sur le Nil et qui a coûté des millions. C'est une œuvre hardie et solide, qui ne laisse rien à désirer sous le rapport de la largeur et de la commodité. Au milieu, est un vaste espace libre pour les voitures, les chevaux, les chameaux, etc. De chaque côté, sont des galeries couvertes où les gens de pied sont protégés contre les rayons du soleil. J'ai compté, en le traversant, près de mille pas. Ceux de Mayence et de Cologne, qui ne servent que pour le chemin de fer, sont beaucoup moins longs.

Avant de rentrer, nous avons visité, mais trop rapidement, le musée d'antiquités égyptiennes. Pour en rendre compte, il faudrait être antiquaire, et je ne le suis pas. Beaucoup de momies de toute espèce, beaucoup d'anciennes divinités, et parmi elles, le bœuf Apis tient le premier rang. C'est bien là ce que j'attendais de l'ancienne Egypte; mais je n'aurais pas cru que le bœuf entrât encore dans les superstitions de l'Egypte musulmane, et cependant on nous a raconté qu'il y a peu d'années, une éclipse de lune effraya tout le Caire, et pourquoi? C'est qu'on suppose que la terre est supportée sur les cornes d'un bœuf, et que l'éclipse a lieu quand le bœuf, fatigué, change de place ses cornes. Craint-on qu'il ne la laisse tomber dans le vide! Les mahométans en sont encore là. Quelle superstitieuse ignorance!

CHAPITRE IX

Environs du Caire.

Arbre de la Vierge. — Héliopolis. — Intérieur d'une maison arabe.

Nous ne voulions pas quitter le Caire sans faire une excursion à l'arbre de la Vierge. Nous reprenons donc notre monture de la veille; et, après être sortis de la ville, nous marchons plusieurs heures sur une route magnifique, bordée de jeunes arbres qui déjà donnent un ombrage délicieux. Ici, ce sont de longues haies d'orangers qui servent de clôture; ailleurs, des palmiers, des mûriers, des vignes dont les pousses commencent à s'allonger. Sans la poussière, véritable fléau de l'Egypte, cette route serait une des plus belles qui existent. A chaque instant, on rencontre des constructions neuves, des palais, des casernes, des magasins, etc. Au Caire, le vice-roi n'épargne rien pour multiplier ses demeures princières et former des soldats; mais ses palais sont plus brillants que solides; ce sont pour ainsi dire des châteaux de carton, et ses soldats sont loin d'avoir cette démarche guerrière, cet air martial que présente la troupe française. On voit dans leur maintien quelque chose de l'indolence turque et du sans-façon arabe.

Bientôt nous marchons sur des vestiges sacrés. Une tradition constante et fort respectable nous apprend que la sainte Famille, avant d'aller se fixer au Vieux-Caire, fit une station auprès d'Héliopolis, ville autrefois célèbre, même au temps de Joseph, et dont le nom avait dû rester gravé dans les souvenirs des enfants d'Israël. C'était alors une des plus considérables de l'Egypte, et la sainte Famille qui cherchait la solitude ne voulut pas y entrer. Elle se reposa près de là, sous un sycomore qui subsiste encore aujourd'hui, et que les mahométans aussi bien que les chrétiens appellent l'arbre de la Vierge. Il porte avec lui les plus grandes marques de vétusté. Son tronc rugueux, inégal, présente une forme ovale très-prononcée. Trois énormes branches s'élèvent de la tige, et par leurs gigantesques dimensions composent une cime étendue, dont l'aspect présente une masse énorme de feuillage. C'est sans doute une des merveilles du règne végétal; mais ce qui le rend surtout remarquable, ce sont les souvenirs religieux qui s'y rattachent. Tous les voyageurs qui le visitaient voulaient en détacher quelques parcelles pour les emporter, d'autres voulaient inscrire leur nom sur son tronc. Pour le soustraire à ces nombreuses déprédations, les musulmans qui le respectent, comme nous, l'ont entouré d'un haut grillage qui oblige les pèlerins à se tenir à distance.

Il est facile de voir qu'on a coupé successivement plusieurs branches et qu'à mesure il en a poussé à côté, sur le même tronc, de nouvelles. Ce sont sans doute ces vieilles branches coupées qui furent transportées, il y a plusieurs siècles, au couvent des Franciscains, ce qui a fait dire à un chroniqueur que l'arbre de la Vierge avait alors été coupé. Nous ne voulions pas nous retirer sans en emporter quelques feuilles, et nous ne pouvions en atteindre, lorsqu'un grand Arabe, s'armant d'une longue perche, en détache quelques petites branches que nous avons conservées précieusement. Tous les chrétiens, indigènes et étrangers, par respect pour la sainte Famille, se prosternent et prient au pied de cet arbre, vieux témoin du passage de Jésus, de Marie et de Joseph. A côté de moi, un Russe, de Moscou, probablement un pope, faisait et répétait de grandes prostrations en mettant le front en terre et en se signant de droite à gauche. Ce spectacle étrange qui, en France, eût peut-être excité le sourire, était empreint d'une telle simplicité, d'une foi si naïve qu'il me toucha. Je voulus aussi adresser quelques prières à la Vierge qui reposa sous cet ombrage, à Jésus qu'elle tenait entre ses bras, à saint Joseph, le gardien fidèle et dévoué d'un si précieux dépôt. J'ai considéré longtemps cet arbre si vénérable, dont j'ai tracé une esquisse grossière, pour mieux en garder le souvenir. Il est planté au milieu d'un jardin bien entretenu, et où l'on peut, en toute saison, cueillir des fleurs. Auprès, est une source où se désaltéra la sainte Famille, et que pour cette raison, on appelle la source de Marie. J'ai demandé à en boire ; c'est la seule eau douce qui soit en Egypte, outre celle du Nil.

Nous quittons avec regret ce lieu sacré, et nous allons visiter les ruines d'Héliopolis, une des grandes cités de la vieille Egypte. De cette ville si fameuse, il ne reste debout qu'un obélisque chargé d'inscriptions hiéroglyphiques, de figures de serpents, d'oiseaux, de crocodiles et du bœuf Apis. Il est là, seul au désert, pour perpétuer le souvenir d'une gloire éteinte. Ce monolithe, en granit rose, a au moins 20 mètres de hauteur, sans compter le piédestal et la base. Autour de cet obélisque ont dû s'amonceler de grandes ruines; car il est enfoncé bien au-dessous du sol actuel, et ce sont assurément ces ruines qui ont formé une foule de petits tertres qu'on remarque de tous côtés. Il me semble qu'avec des fouilles intelligentes, comme savent en faire nos savants antiquaires, on devrait retrouver une foule d'objets précieux qui figureraient avec avantage dans nos musées.

Auprès de ces vestiges de la célèbre Héliopolis, sont quelques huttes arabes qui remplacent les temples et les palais. J'ai eu la curiosité d'en visiter une ; je voulais voir l'intérieur d'une famille indigène. Je demande par signe à entrer, et je vois que ma demande est agréée. La porte extérieure est si basse qu'il faut se courber pour pénétrer dans cette humble demeure qui ressemble un peu à celle des anciens solitaires. Là, je trouve le père et la mère, et sept à huit enfants. Rien de plus simple que la distribution et l'ameublement. Dans la pièce principale, une sorte de fourneau ou cheminée en terre où l'on fait le pain, et le reste de la cuisine. Je n'ai aperçu aucun meuble, ni ustensile; pas un seul siége, pas de table, seulement quelques vases pour conserver l'eau. Le pain se cuit avec des mottes formées de terre et de fiente de vache, desséchées au soleil. Autour de chaque habitation, on voit un hideux étalage de ce triste combustible fraîchement préparé, et répandant une odeur fétide. La petite chambre à coucher est sans fenêtre, et l'entrée sans porte qui ferme. Il faut de l'air. C'est un dortoir commun. Pas d'autre lit que la terre recouverte de quelques nattes. Tous les membres de la famille s'étendent à côté l'un de l'autre, sans quitter leurs vêtements, la tête tournée vers la muraille. C'est à peu près, comme les brebis, dans une bergerie. Tous, petits et grands, vont les pieds nus, et, chose extraordinaire, tous paraissent forts et vigoureux. En examinant leurs visages et leurs pieds, on peut juger que leur toilette est toujours la même, et que, s'ils ont de l'eau pour boire, ils n'en trouvent pas pour se laver. A côté de ces deux appartements est un petit réduit où couche un buffle ; plus près de l'entrée, un petit trou pour une brebis, et un autre pour un porc. Voilà ce que l'on trouve aujourd'hui sur l'emplacement de la fameuse ville du Soleil.

CHAPITRE X

Monuments du Caire.

Citadelle du Caire. — Palais du vice-roi. — Puits de Joseph. Vue du Caire.

Nous rentrons au Caire; et, après notre dîner fort retardé, un des Frères nous conduit à la citadelle. Toujours, il faut traverser des rues arabes, mais elles sont moins encombrées et plus propres. Il y a des bazars que l'on visite avec intérêt. Chaque magasin est étroit. Il n'y a, pour l'ordinaire, qu'un seul Arabe, jamais de femmes. Vous entrez dans un bazar, on ne vous offre rien; vous choisissez ce qui vous convient. L'Arabe n'insiste pas, il ne vante pas sa marchandise. Au Caire, je n'ai trouvé que les moukres qui vantent chacun leur baudet, et qui souvent se battent entre eux pour obtenir la préférence. C'est un spectacle aussi embarrassant que risible. Si vous faites signe à l'un, dix autres accourent avec leur coursier, et vous vous trouvez tiraillé à droite et à gauche, au milieu d'une cohue qui ne s'apaise que quand vous avez pu mettre le pied dans l'étrier; mais poursuivons notre course. Nous arrivons à la citadelle, et nous entrons dans la mosquée. Il faut se résigner à accepter des pantoufles pour marcher sur les tapis dont le pavé est recouvert. Quelle honte pour les chrétiens d'entrer avec si peu de respect dans nos églises où habite la majesté de Dieu, tandis que les musulmans prennent tant de précautions pour pénétrer dans leurs temples vides. Cette mosquée est un édifice moderne assez semblable aux grandes mosquées de Constantinople. Dans cette immense construction revêtue de marbre, sous ces dômes imposants, rien qui élève à Dieu, aucun emblème religieux; une tribune ou chaire pour lire le Coran et l'indispensable miheah. Quand on lève les yeux, on aperçoit une forêt de cordes d'où pendent une multitude de lustres, comme si l'on était dans un vaste théâtre. L'édifice est couronné par une grande coupole flanquée de quatre demi-coupoles, avec quatre petits dômes octogones aux angles. L'intérieur est tout revêtu d'albâtre oriental, d'une blancheur éblouissante. Le grand dôme est supporté par quatre énormes piliers distants d'environ 20 mètres. Il est élevé, mais il est loin d'égaler celui de Saint-Pierre de Rome. Il existe au Caire plusieurs mosquées dans le style sarrazin; fort anciennes et couvertes de sculptures, que nos antiquaires trouveraient beaucoup plus intéressantes; mais celle de la citadelle est remarquable par ses ornements et ses vastes proportions, et en la contemplant, je disais : Si le Caire devenait chrétien, quelle belle cathédrale!

Qu'un autel serait bien placé sous ce grand dôme! Qu'elle serait douce et entraînante sous ces voûtes spacieuses l'harmonie de nos chants sacrés.

Au sortir de la citadelle, qui est une petite ville, nous entrons dans le palais du vice-roi. Les appartements sont décorés avec le luxe oriental; ils sont riches surtout en ameublement; mais ce palais n'est pas un monument; il est loin de ressembler à ceux de nos grandes capitales de l'Europe. La salle du conseil est vaste et bien disposée. Le vice-roi a établi un simulacre de gouvernement représentatif; il a ses députés qu'il réunit de temps à autre dans cette salle. Il est toujours présent; il n'occupe pas de siége particulier; il se place dans un angle. Il écoute, et puis il donne son avis, et cet avis prévaut toujours, personne ne se permettant de lui faire de l'opposition. C'est bien le gouvernement absolu coiffé d'un chapeau libéral, et c'est peut-être celui qui convient le mieux à l'Egypte à cette époque, où elle passe de la barbarie à un essai de civilisation. Le vice-roi veut transformer l'Egypte; il n'éprouve aucune opposition de la part de ses sujets, et il ménage et favorise les Européens, qui n'ont aucun motif de se plaindre.

J'ai voulu aussi visiter le puits de Joseph, ainsi appelé de Joseph Saladin; malgré la légende qui le fait remonter au fils de Jacob. Ce puits est creusé dans le roc à une profondeur de près de cent mètres. L'ouverture est immense. On descend par un escalier en spirale. Cette rampe est si douce et si large, qu'une paire de bœufs sous le joug peut la descendre pour tourner une roue qui fait monter l'eau à un palier établi vers le milieu, et d'où une autre machine mue aussi par des bœufs, la verse en haut. C'est toujours le système traditionnel, pratiqué par les fellahs, consistant en une roue à chapelets de petits pots en terre.

Je ne puis quitter la citadelle, sans contempler un instant les merveilles qui m'entourent. Quel beau panorama! A mes pieds, plusieurs plaines immenses, et au-delà, la grande capitale égyptienne qui se déploie dans tous ses détails, avec ses minarets et ses dômes; plus loin des plantations verdoyantes, et enfin le Nil, promenant dans son large lit ses eaux tranquilles. Au fond de l'horizon, les pyramides dressent leur masse imposante dans l'azur du ciel, spectacle unique au monde qui réunit les splendeurs du ciel, les richesses de la nature et la solennité du désert.

CHAPITRE XI

Du Caire à Suez.

18 mars.

Il est impossible de quitter l'Egypte sans voir le canal de Suez, la merveille des temps modernes. Il y a peu d'années, un chemin de fer conduisait directement du Caire à Suez, traversant le désert. C'était un trajet pénible, sous un ciel de feu, au milieu de tourbillons de sables que soulevaient les vents presque continuels. Ce chemin est abandonné depuis que M. de Lesseps a prolongé le canal d'eau douce par Ismailia jusqu'à Suez, et établi dans la même direction un nouveau chemin de fer. C'est un trajet de neuf heures, à cause des arrêts. Nous en sommes dédommagés par les souvenirs qui se rattachent aux contrées que nous traversons. Nous voilà dans cette terre de Gessen, la meilleure de l'Egypte, où Joseph établit ses frères, où leur postérité se multiplia d'une manière si prodigieuse, et d'où Moïse ne les tira qu'en opérant les plus grands prodiges. C'est la terre des miracles. En contemplant le Nil, il me semble un instant qu'il roulait encore des flots de sang. Je parcourais dans mon imagination les diverses plaies dont cette terre fut frappée, lorsque nous arrivâmes sur les lieux où l'on a trouvé les restes de Rhamessès, cette ville d'où partirent les Hébreux. Comme tous ces événements anciens se rajeunissent, quand on parcourt les lieux qui en furent le théâtre! L'histoire de la Bible s'illumine d'une clarté nouvelle, quand on voit que tout dépose encore pour en attester la vérité.

Cependant nous approchons d'Ismailia, ville nouvelle, construite par M. de Lesseps. La végétation a disparu; c'est le sable, c'est le désert. Sur tout le parcours jusqu'à Suez, nous n'apercevons aucune habitation, seulement quelques huttes groupées auprès des gares, qui sont au nombre de cinq à six. De temps en temps, quelques Arabes rejoignent le train et vont se placer dans des wagons où ils sont entassés sans siége, debout ou accroupis. Leur pauvreté, ou plutôt leur avarice leur interdit le confortable. Qu'on me permette de raconter un trait qui peint bien leur avidité et leur mauvaise foi. En ouvrant une petite portière du wagon, un carreau de vitre à moitié brisé se détache. Un moment après, un des employés arabes vient me le réclamer. Je ne conteste pas, j'offre de payer. «Combien? dis-je. — Dix francs,» me répondit-il. Je refuse; on insiste. Je déclare que je paierai entre les mains du chef. «C'est moi qui suis le chef,» répond l'employé. Je propose cinq francs. On n'accepte pas. Je tiens ferme, en ajoutant que je paierai à Suez. Nous arrivons à Suez, et je me vois entouré d'une nuée d'agents qui réclament dix francs. J'écarte tous ces importuns, et je m'adresse à un chef qui trouve que les cinq francs proposés suffisent. Aussitôt chacun me réclame cinq francs, et on ne me laissa tranquille que lorsque j'eus demandé le chef de gare et déposé entre ses mains la somme convenue. L'Arabe est d'une finesse extrême pour saisir tous les moyens d'exploiter l'étranger, et si vous lui cédez sur un point, ses exigences deviendront insatiables.

A notre arrivée à Suez, il était nuit, et nous fûmes assez heureux pour trouver une généreuse hospitalité chez les bons Pères Franciscains. Suez, avant l'ouverture du canal, était une grande ville, et aujourd'hui, elle est presque dépeuplée. Les vaisseaux ne s'y arrêtent plus. Le canal et le port sont éloignés de plusieurs kilomètres. La mer Rouge enveloppe la moitié de Suez, et le canal ne fait sa jonction que plus loin. Cependant cette ville jouit aujourd'hui d'un avantage immense dont elle était privée autrefois. Le canal d'eau douce lui fournit en abondance de l'eau potable qu'elle était obligée de faire venir à grands frais, à dos de chameau, d'une distance considérable, car il fallait la prendre au Nil, à ce fleuve qui désaltère toute l'Egypte.

CHAPITRE XII

Les fontaines de Moïse.

Lieu du passage de la mer Rouge par les Hébreux.

Dans un instant, nous allons franchir la ligne qui sépare l'Afrique de l'Asie, et nous allons parcourir une faible partie de ce désert, où s'engagèrent les Israélites, après avoir vu les flots de la mer s'entr'ouvrir pour leur livrer passage et se rejoindre pour engloutir les Egyptiens ; nous allons aux fontaines de Moïse. Nous prenons une barque pour traverser le petit golfe de Suez et le canal, et nous embarquons deux baudets pour nous porter dans le désert, et un nègre pour nous guider. Pendant plus d'une heure, nous naviguons avec une voile et deux marins qui, au lieu de rames, se servent, je ne sais pourquoi, d'une longue perche pour faire avancer la barque. C'est chose curieuse, de voir la régularité de leurs mouvements et d'entendre leur langage cadencé qui ressemble à une litanie, dont le refrain monotone est mille et mille fois répété. Après quelques ennuis, que nous dévorons en silence, nous voilà déposés sur la terre d'Asie. Montés sur nos modestes coursiers, nous pouvons plonger nos regards dans le vaste désert de l'Arabie-Pétrée qui se déploie devant nous, sans autre borne que l'horizon. Notre nègre ne suit aucun sentier; il prend la ligne la plus courte; il marche rapidement, toujours nu-pieds, sur un sable tantôt un, tantôt hérissé de pierres. Ses pieds se sont durcis comme la peau du chameau. Le ciel est sans nuage, et bientôt le soleil darde ses rayons enflammés. Une ombrelle est indispensable ; mais dans l'été, qu'elle doit être insuffisante !

Rien n'est trompeur et désespérant, comme une course dans le désert ! à chaque instant, on croit approcher du but, et il s'enfuit. Que les heures paraissent longues, lorsque rien ne vient distraire la vue ! Enfin, nous arrivons à ces fameuses fontaines. C'est une véritable oasis, où les Israélites, délivrés de toute crainte, purent passer tranquillement la nuit et se reposer des émotions de la veille. Arrivés au premier îlot, nous mettons pied à terre, et notre nègre nous conduit à toutes ces sources qui ont fait sortir du sable stérile une magnifique végétation. C'est une suite de jardins plantés de palmiers, d'oliviers, de grenadiers, d'une sorte d'acacias ou plutôt minosas et de myrtes. On y cultive aussi un peu de blé et autres céréales, divers légumes, parmi lesquels figurent avec honneur les oignons si regrettés des Hébreux. On y trouve quelques maisons arabes assez propres. Après en avoir visité une, nous nous sommes installés sous une espèce de hangar, décoré du nom d'hôtellerie. On nous a présenté de l'eau saumâtre des fontaines, quelques pains ou galettes arabes, et enfin, le café non filtré et en très-petite quantité, comme il est d'usage en Orient. C'était un repas assez frugal, et cependant notre nègre n'a pas voulu en accepter la moindre parcelle; il s'est tenu constamment couché à côté de nous, comme le chien fidèle qui attend son maître. Pauvre peuple, digne d'un meilleur sort! Ce que nous avons trouvé d'Arabes exilés au milieu de ce désert, nous a paru bon, simple, bienveillant. Parmi les sources que nous avons visitées, j'en ai remarqué deux ou trois assez abondantes. Vers le milieu du bassin, on voit jaillir l'eau qui sort de terre, ou plutôt du sable. Quelques petits ruisseaux se forment et vont arroser les plantations; mais bientôt l'humidité s'absorbe, et la végétation disparaît.

Parmi les nombreux palmiers qui s'élèvent dans ces lieux enchantés, il en est plusieurs qui portent des signes incontestables d'une grande vétusté; plusieurs qui, peut-être, ont été les heureux témoins des prodiges anciens. Quelques auteurs ont cru reconnaître là les douze sources d'Elim, où Moïse trouva soixante-dix palmiers; mais c'est une erreur manifeste, puisque la Bible nous dit expressément que les Israélites au sortir de la mer errèrent pendant trois jours dans la solitude de Sur, sans trouver d'eau, qu'ils arrivèrent ensuite à Mora, où l'eau était d'abord impotable, et que ce fut après qu'ils parvinrent à Elim, où il y avait douze fontaines et soixante-dix palmiers. Ce qu'on appelle aujourd'hui fontaines de Moïse, est à environ une demi-lieue de l'endroit où les Hébreux passèrent la mer Rouge, et il n'est pas possible qu'ils soient revenus à leur point de départ. Elim était donc beaucoup plus éloigné et très-probablement situé sur la mer Rouge, à l'entrée du désert de Sin.

Des fontaines de Moïse, nous nous dirigeons vers le rivage de la mer, à l'endroit même où, à la voix de Moïse, elle entr'ouvrit ses flots qui demeurèrent suspendus à droite et à gauche, comme de véritables murailles, pour laisser un passage libre aux Israélites, et qui se rejoignirent ensuite pour engloutir Pharaon avec les Egyptiens. Le lendemain, les Hébreux purent contempler les grandes merveilles que Dieu avait opérées en leur faveur. Le rivage était couvert de cadavres, de chevaux et de cavaliers; des chariots flottaient encore sur les eaux. Toute la multitude qui les avait poursuivis était descendue dans l'abîme, comme une pierre qui tombe de son propre poids. Pour nous, arrivés sur ces bords, nous avons en vain cherché des cadavres égyptiens; la mer et les siècles ont depuis longtemps détruit ou emporté leurs derniers débris; mais nous avons fait en peu de temps une jolie collection de coquillages, regrettant de ne pouvoir en recueillir et en emporter davantage.

Nous avons considéré attentivement ces lieux si mémorables, et nous avons reconnu qu'ils s'accordaient parfaitement avec le récit de Moïse, en sorte qu'il nous a paru impossible de placer ailleurs le passage de la mer Rouge. En effet, Moïse nous dit que les Hébreux, partis de Rhamessès, marchaient constamment à l'orient, en inclinant vers le sud pour camper à Socoth, près de l'endroit où s'élève aujourd'hui la ville d'Ismaïlia. De là, ils se dirigèrent vers Etham, sur la limite de l'Egypte et de l'Arabie. En continuant cette route, ils pouvaient éviter la mer Rouge; mais Dieu voulait faire éclater sa puissance, et il ordonna à son peuple de retourner vers l'occident, et d'aller camper devant Phihahiroth qui est entre Magdal et la mer, vis-à-vis de Béelsephon, aujourd'hui Suez. Les Egyptiens les poursuivirent, et les voilà acculés sur le rivage de la mer. Impossible de revenir sur leurs pas, les Egyptiens les pressent; impossible d'aller ni à droite, ni à gauche, ce sont de hautes montagnes, et ils sont dans la vallée qui les sépare; impossible d'avancer, la mer est en face. On comprend alors cet immense cri de détresse qu'ils poussèrent dans leur frayeur, et qui, répété par l'écho des montagnes, parvint jusqu'aux Egyptiens. Dieu les avait conduits là; c'est là qu'il les attendait pour faire éclater sa puissance. Moïse étendit la main, et la mer docile se sépara et livra passage. En considérant attentivement et les bords de la mer, et cette vallée, et ces montagnes, et la configuration des lieux voisins, on est forcé de s'écrier : C'est bien là que s'est accompli ce grand événement, tant célébré dans nos livres saints, et que toute la science moderne essaiera en vain d'obscurcir. Ce lieu du passage des Hébreux est à trois ou quatre lieues de Suez, et la mer a une largeur d'environ une lieue et demie à deux lieues. Qui ne serait saisi d'un saint respect, d'une mystérieuse admiration, en contemplant ces lieux, témoins de si grands prodiges ! Nous nous retirons silencieux, méditant ces paroles du psalmiste : « La mer a vu, et elle a fui. O mer, pourquoi as-tu fui? C'est que tu avais senti la présence de ce Dieu qui ébranle la terre, fait tressaillir les montagnes et remonter le Jourdain vers sa source. Quel charme dans ces souvenirs religieux ! Qu'ils sont à plaindre ceux qui parcourent l'Orient, avec le doute dans le cœur et l'incrédulité sur les lèvres? »

CHAPITRE XIII

Le port et la ville de Suez.

Nous pouvons à peine nous imaginer que nous sommes là, à Suez, entre l'Afrique et l'Asie, dans ces lieux qui, malgré leur désolante aridité, ont vu passer tant de nations. Cette barrière de sable ne peut arrêter les conquérants. Sésostris, Cambyse, Alexandre, les Romains, Napoléon même, ont traversé cette route de la gloire; mais il était réservé à notre époque de voir s'accomplir un événement merveilleux, mille fois plus digne de la postérité. Un Français a eu assez de génie et de persévérance pour tracer à travers ces sables une route nouvelle aux vaisseaux, mettre ainsi en communication deux grandes mers, et rapprocher de moitié l'Europe de l'extrême Orient. Je voyais avec plaisir deux grands vapeurs qui, de loin, semblaient glisser sur le sable pour aller gagner le large et s'engager jusqu'au bout du monde. Ce spectacle est d'autant plus beau que, dans ces contrées, la vue se prolonge indéfiniment. Autour de Suez, ce sont des espaces immenses où l'on ne rencontre que quelques montagnes, pas un arbre, pas un arbrisseau, pas un brin d'herbe. Suez est couchée sans abri, entre deux petits bras de la mer qui l'entourent presque entièrement. Des barques et quelques petits vapeurs y séjournent; mais le grand port est à trois kilomètres. Une chaussée qui sert de chemin de fer y conduit. Ce port est vraiment beau. On a construit deux énormes bassins, où de nombreux vaisseaux peuvent se mettre à l'abri des tempêtes, et sortir pour s'engager, soit dans le canal, soit dans la mer Rouge. Du grand port j'aperçois de plus près la côte égyptienne, et entre deux hautes montagnes je distingue parfaitement la vallée où étaient campés les Hébreux, quand les Egyptiens les acculèrent à la mer. Cette vue me confirme pleinement dans mes appréciations de la veille. Ici je me rappelle encore que certains incrédules ont osé avancer que les Hébreux avaient traversé la mer au moment où elle était basse. Pour quiconque a examiné les lieux, c'est une hypothèse absurde. J'ai vu la mer basse à Suez, et il est impossible de la traverser à pied sec, pas même à cheval; et, à trois lieues plus loin, comment plus de 600,000 hommes, avec tous leurs bagages, auraient-ils osé affronter un passage, où ils auraient trouvé une mort certaine? C'est donc, avec raison, que Moïse célèbre en termes si magnifiques la gloire et la puissance de Dieu, et la vengeance terrible qu'il tira des Egyptiens.

Après avoir visité le port, nous avons exploré rapidement la ville. Elle est triste, comme toutes celles de l'Orient, et plus triste encore; car elle est placée au milieu de la solitude. Le port seul peut lui conserver quelque importance; mais depuis que le canal ou la mer emportent presque tous les vaisseaux à mesure qu'ils arrivent, le mouvement s'est ralenti, la population décroît, les étrangers s'enfuient. Suez a cessé d'être l'entrepôt des marchandises de l'Orient et de l'Occident.

A Suez, les Pères Franciscains tiennent une école pour les garçons, et les Sœurs du Bon-Pasteur d'Angers, pour les filles. On est heureux de rencontrer, dans chaque ville de l'Orient, un couvent où les généreux enfants de saint François d'Assise conservent le feu sacré de la science et de la vertu. Depuis plus de six siècles, sentinelles avancées de l'Eglise, ils sont restés fermes à leurs postes. On les retrouve partout; on les distingue encore mieux par leur bonté et leur simplicité, que par leur habit. Pauvres de Jésus-Christ, ils se sont faits, au milieu des nations infidèles, les pères des pauvres. Ils distribuent gratuitement l'instruction à tous, sans distinction de race et de culte. Généralement, les Arabes les respectent; ils se familiarisent avec eux, et quelquefois à l'excès, mais la gravité et la bonté des Pères les retiennent dans certaines limites. On les voit souvent entrer et rôder dans les couvents, avec le même sans-façon que s'ils étaient chez eux, et les Pères se contentent de les congédier avec toute sorte d'égards et le sourire sur les lèvres. Pour le moindre petit service rendu, ils s'installent sans invitation dans un coin et vivent aux dépens du couvent; ils savent parfaitement que les Pères ne veulent pas les avoir pour ennemis. C'est à peu près la même chose dans toutes les contrées de l'Orient. L'Arabe est le même partout. Malgré ces inconvénients, on peut dire que les couvents sont l'asile de la prière, du silence, de la règle et de l'étude, ce que je me plais à constater une fois pour toutes. Dans ces retraites sacrées, on respire un calme, une paix qui contrastent singulièrement avec le mélange bizarre des mouvements et du tumulte du dehors. Tout, dans ces couvents, jusqu'aux animaux domestiques, semble avoir pris des habitudes d'ordre et de régularité. Toujours, le chien fidèle, chargé de prévenir les surprises, est à son poste. Il connaît très-bien les heures de la règle, et il est plusieurs points, où il se montre d'une exactitude scrupuleuse. Avant le repas, les Pères vont faire un exercice religieux à la chapelle; le chien n'arrive jamais des derniers, et pendant qu'on fait les prières, il est là, immobile, couché toujours à la même place. Il semble, à sa manière, rendre ses hommages à son Créateur et lui demander le pain de chaque jour. Presque toujours un chat non moins intelligent vient se placer à côté de lui, et comme ils ont appris à vivre en bonne union, ils observent le même silence. Ils connaissent si bien la fin des prières qu'ils ne manquent jamais à partir à la minute réglementaire, pour se rendre au réfectoire, où leur docilité ne se dément jamais. Ils savent qu'il ne faut pas troubler la lecture; mais le repas est à peine fini que vous les trouvez à la salle de récréation, où ils s'empressent de prodiguer à chacun leurs plus tendres caresses. Les mêmes scènes se reproduisent à peu près dans plusieurs maisons lazaristes. Je l'avoue, ces animaux si dociles, si intelligents, m'intéressaient beaucoup; et, outre leur utilité dans ces contrées, ils sont une charmante distraction pour ces exilés volontaires qui se sont privés des joies de la famille et des douceurs de la patrie.

CHAPITRE XIV

Départ de Suez.

Ismailia. — Le canal.

En quittant Suez par le chemin de fer, nous avons à droite le canal d'eau douce, et à gauche cette chaîne de montagnes, derrière lesquelles marchaient les Hébreux, lorsqu'ils eurent reçu l'ordre de Dieu de revenir vers l'occident. Ces montagnes sont presque toujours les mêmes jusqu'aux approches d'Ismailia. Nous avons dit que la terre de Gessen se trouve sur les bords du canal d'eau douce entre le Delta et Ismailia. Autrefois, une branche du Nil traversait cette terre, la meilleure de l'Egypte, pour aller se décharger à Péluse; mais depuis longtemps, le Nil l'ayant abandonnée, elle est devenue en grande partie aride et stérile, et le canal qui la traverse ne portera pas avec lui la même vertu fécondante.

Ismailia est une ville nouvelle fondée par M. de Lesseps, qui a voulu lui donner le nom du vice-roi régnant. Elle est bâtie sur une vaste place, qui probablement ne sera jamais remplie. Il y a une assez jolie église catholique avec un très-modeste clocher; cette vue réjouit le cœur chrétien; et, ce matin, j'ai éprouvé une douce émotion, en entendant la petite cloche qui envoyait ses sons argentins aux quatre vents du désert, pour les inviter à saluer avec l'ange, la Vierge, reine du ciel et de la terre; mais une pensée triste m'a saisi tout-à-coup. Cette cloche, me suis-je dit, a trouvé plus d'écho dans les airs que dans les cœurs; car ici, encore plus qu'ailleurs, il est bien petit le nombre de ceux qui aiment Jésus et Marie.

Nous ne sommes sortis que vers quatre heures après midi. La chaleur était excessive, écrasante. Le thermomètre marquait, à l'ombre, 20 degrés Réaumur. Nous avons parcouru les rues bien alignées, mais presque désertes de cette cité nouvelle qui attend des colons Européens; car les Arabes n'ambitionnent pas ces belles maisons construites comme en France, ils se contentent de quelques huttes à l'entrée de la ville. La plupart des rues sont plantées d'acacias et d'autres arbres de l'Orient; mais les plantations sont jeunes et ne donnent encore qu'un faible ombrage. Pas de terre, il faut aller la chercher au loin; du sable et toujours du sable. Nous avons visité avec le plus vif intérêt un magnifique jardin appartenant à un Français. C'est un véritable Eden placé dans le désert. Là, mon confrère a goûté toutes les jouissances réservées aux botanistes, et dont ma parfaite ignorance m'a privé. Que de noms français, grecs ou latins il a appliqués aux fleurs, aux plantes, aux arbres! Je lui en laisse l'explication, et je me résume en deux mots. Beaucoup de productions qu'on n'obtient que dans les climats chauds, même des ananas; une distribution admirable; des allées, des bosquets, de petits lacs, des pièces d'eau, des tuyaux sans nombre portant de tous côtés l'eau si fécondante et si rafraîchissante du Nil, puisée au canal. Sans eau, on n'obtient rien, absolument rien; et ce vaste jardin a dû coûter des sommes fabuleuses.

22 mars.

Dès cinq heures, je célébrais la sainte messe, il fallait partir par le vapeur pour descendre le canal maritime, et nous savions qu'une cinquantaine d'Anglais et d'Américains devaient, comme nous, aller à Port-Saïd. Nous nous acheminons vers le lieu de l'embarquement avec un bon maronite, au service des Pères Franciscains; mais nous n'avions pas compté avec le vent, qui pendant la nuit avait soufflé de l'est avec violence et qui soulevait les vagues du lac Timsah. On nous renvoie plus loin, à une lieue, à l'endroit où le canal quitte le lac, et où la tempête ne peut plus sévir. Quel désappointement! Combien je regrettai de ne pas avoir à ma disposition quelque baudet dont j'aurais fait si volontiers l'ascension.

Enfin, nous voilà sur le canal maritime. Il est si connu aujourd'hui que je n'en dirai que quelques mots. Sa longueur d'une mer à l'autre est de 160 kilomètres, sa largeur de 100 mètres à la surface, et de 22 mètres à sa base, et sa profondeur de 8 mètres. Pas une seule écluse, le niveau des deux mers étant identique. Sur le parcours, il y a plusieurs stations. A la station d'El-Guisr, on a bâti une chapelle en l'honneur de la sainte Vierge, parce que, d'après une tradition fort ancienne, la sainte Famille s'est reposée en cet endroit, dans sa fuite en Egypte. Je la saluai de loin, regrettant de ne pouvoir aller y déposer ma prière.

D'Ismailia à Port-Saïd, toujours des sables; pas la moindre verdure, sinon dans plusieurs stations où l'on trouve des plantes et des fleurs cultivées par des Européens. Partout c'est la sécheresse et l'aridité d'un désert brûlant. On dit pourtant que, depuis que le lac est creusé, il tombe de l'eau plus fréquemment, au grand étonnement des Arabes qui étaient habitués à passer plusieurs années successives sans en recevoir une seule goutte. Il est fort douteux, néanmoins que ce désert, malgré la pluie et l'eau douce du canal, devienne jamais le jardin du Seigneur.

Un autre spectacle fort intéressant attirait de temps en temps nos regards. Nous apercevions s'avançant à notre rencontre de gros vaisseaux anglais à destination des Indes. Ils traversaient avec facilité et même assez rapidement le canal. Les mouvements de leurs énormes machines bouleversaient et faisaient écumer les eaux, et nous nous éloignions humblement pour laisser passer ces monstres, dans la crainte qu'ils ne fissent chavirer notre frêle embarcation. Lorsque deux gros bâtiments doivent se rencontrer; sur l'avis du télégraphe, l'un d'eux s'embosse dans une station jusqu'à ce que l'autre soit passé, et par là, on évite tout accident.

CHAPITRE XV

Port-Saïd. — Départ pour Jaffa.

Nous arrivons à Port-Saïd, et nous sommes accueillis avec cordialité par les Pères Franciscains. Ce fut pour moi une bonne fortune. L'eau du Nil, la seule que nous puissions boire, depuis notre entrée en Egypte, le changement subit de climat, la mauvaise nourriture, tout avait troublé mon organisme; je pouvais à peine me traîner, et un jour de repos m'était devenu bien nécessaire. Il paraît que tous les étrangers qui arrivent en Egypte, sont condamnés, au bout de quelques jours, à payer un tribut au Nil. L'eau qu'il fournit seul et qui paraît si douce et si rafraîchissante produit presque toujours un effet extraordinaire, même quand on y mélange du vin. La peau de la tête et des mains se soulève; des éruptions paraissent; c'est ce qu'on appelle, dans le pays, les boutons du Nil. Quelquefois même, un dérangement plus grave se manifeste. Rien de plus incommode, et j'ai hâte de quitter la terre de Cham, cette terre maudite, pour entrer dans la terre promise.

Après une nuit tourmentée, affreuse, sans sommeil, je trouve encore assez de courage pour me lever et célébrer la sainte messe. C'était un dimanche. Je me couche de nouveau; et, après quelques instants de sommeil, j'éprouve un peu de soulagement; mais il reste un malaise inquiétant. Je parcours lentement la ville à laquelle son heureuse situation et son port magnifique promettent un brillant avenir, aux dépens d'Alexandrie. Chemin faisant, j'entre chez un pharmacien français; je prends quelques remèdes contre les plaies de l'Egypte, et je pars. Sur le vaisseau, nouvelle déception! pas de cabine, tout est occupé, tant l'encombrement est grand! Le pont, d'un bout à l'autre, est couvert d'Arabes et de Lévantins aux costumes variés. C'est un spectacle des plus bizarres. Les uns sont couchés sur leurs sacs, les autres accroupis ; beaucoup font entendre des chants langoureux et monotones. Quelle fatigante musique ! Je remarque aussi beaucoup de Grecs qui vont en pèlerinage, quelques maronites, enfin la caravane française composée de dix-huit personnes, douze hommes et six femmes. Tous s'étaient installés à l'avance ; et nous, les derniers venus, nous étions exposés à passer une nuit sur le pont ou dans le salon. Enfin, l'obligeance d'un employé finit par me procurer un lit dans une cabine, et là je pus reposer en compagnie d'hérétiques et de schismatiques dont je n'eus pas à me plaindre.

DEUXIÈME PARTIE

Palestine.

CHAPITRE I

Jaffa ou Joppé.

Antiquités de Jaffa. — Séjour à Jaffa. — Visite des jardins.

24 mars.

Quel beau jour! Voilà que nous allons entrer dans la Terre sainte, cette terre, objet de tous nos vœux. L'aurore commençait à illuminer de ses plus purs rayons les flots azurés de la mer, lorsque tout à coup retentit sur le pont un cri de joie. Jaffa! oui, c'est Jaffa, cette charmante ville, bâtie sur une petite colline, en forme d'amphithéâtre, qui se présente toute entière à nos regards, avec ses vieux murs crénelés et ses terrasses arrondies en forme de coupole. De la mer, le coup d'œil est féérique; c'est comme un bouquet resplendissant au milieu d'une forêt. Sur le rivage, de blanches maisons étagées et qui paraissent bien plus belles qu'elles ne le sont en réalité; autour de la ville, des jardins, des bosquets immenses, et un peu plus loin, le désert.

Le paquebot s'arrête à une certaine distance, en face de la ville. Les barques seules peuvent vous conduire à terre. Le port est petit, en partie ensablé. Les bâtiments même d'un faible tonnage sont obligés de se tenir dans la rade, et encore, la rade est fort dangereuse, car le fond n'est qu'un banc de rochers qui s'étend le long de la côte. Tout autour de la ville, apparaissent à la surface de la mer des brisants qui laissent à peine quelques petites passes pour les barques.

Notre bateau est à peine à l'ancre que nous sommes témoins d'un spectacle vraiment curieux. Voilà une multitude de barques montées par des Arabes qui accourent, se précipitent, luttent entre elles pour arriver des premières. On voyait ces trop hardis marins, au risque de tomber dans la mer, se cramponner à quelques cordages pour attacher leurs barques et sauter dans le bateau, afin d'avoir plus de passagers à descendre et gagner un peu plus d'argent. On eût dit autant de corsaires affamés qui venaient nous dévaliser. Rien de plus importun que ces Arabes avides qui se disputent les voyageurs et qui, quand ils vous conduisent à terre, vous demandent le double ou le triple du prix convenu. Il est prudent aussi de ne pas se presser; car l'Arabe, alléché par la soif du gain, entasse le plus de passagers qu'il peut, et ce n'est pas toujours sans danger. Quelques jours plus tard, on nous racontait qu'une barque trop chargée, sortant de Jaffa pour gagner un paquebot, avait chaviré sur les brisants, et que quinze à vingt personnes avaient péri avant que les chaloupes pussent les sauver.

Après deux heures d'attente, nous parvenons à retirer nos billets qui doivent nous servir pour le reste du voyage, et voilà que nous touchons enfin cette terre si désirée Malgré mon état de souffrance, je sentis en moi de bien vives émotions. Mille souvenirs du passé m'assiégeaient; et j'aurais été heureux si, dès le premier pas, j'avais pu me prosterner et baiser respectueusement ce sol sacré; mais voilà une foule tumultueuse qui s'agite autour de nous, et nous avons de la peine à entrer dans le couvent des Pères Franciscains, situé là, tout près, sur le bord de la mer. La caravane française avait pris les devants et y était déjà installée; mais la charité est ingénieuse, et elle nous trouve un logement au haut du monastère, dans une chambre où l'on arrive par un dédale d'escaliers et de terrasses. A cause de la colline qui, en cet endroit, est très-escarpée, le couvent n'a que son rez-de-chaussée sur le bord de la mer, et il s'étage en arrière, de telle façon qu'il se trouve presque de niveau avec la ville haute. C'est un site très-pittoresque; mais la construction est loin d'être magnifique, et je suis convaincu que le pauvre d'Assise y reconnaîtrait la simplicité primitive de ses enfants. Des terrasses, la vue se prolonge agréablement sur la mer; elle s'étend même un peu sur la terre et jusqu'aux déserts.

Que de souvenirs se rattachent à Jaffa ! C'est la ville des pèlerins; c'est Joppé si célèbre dans les saintes Ecritures; Joppé, une des plus anciennes villes du monde. On dit même qu'elle fut bâtie avant le déluge et que c'est là que Noé construisit son arche. Elle fut le partage de la tribu de Dan. Ce fut à Joppé qu'arrivèrent les cèdres du Liban pour la construction du temple de Salomon. C'est à Joppé que Jonas, fuyant la face du Seigneur, vint s'embarquer pour Tharsis. C'est là qu'eurent lieu plusieurs combats livrés successivement par Judas Machabée et ses frères.

Joppé fut une des premières à recevoir l'Evangile. Bientôt on y compta un grand nombre de disciples. Saint Pierre y ressuscita Thabithe. On montre encore hors de la ville l'endroit où habitait cette sainte veuve. C'est la propriété d'un Musulman, et il est difficile d'y pénétrer. Saint Pierre, après avoir ressuscité Thabithe, demeura plusieurs jours à Joppé, chez un corroyeur nommé Simon. Là, il eut la vision si célèbre qui lui enjoignait de porter l'Evangile aux

Gentils; là il reçut les serviteurs du centurion Corneille qui vinrent le prier de se rendre à Césarée, ville bâtie par Hérode, sur la côte, entre Jaffa et le mont Carmel. Nous avons visité cette maison de Simon que le prince des apôtres honora de sa présence. C'est aujourd'hui une grande salle voûtée dont on a fait une petite mosquée. Elle n'existait pas du temps de saint Pierre; mais elle est construite sur l'emplacement de la maison qu'il habitait, et elle est située en face de la mer, comme le disent les Actes des apôtres.

Jaffa a subi bien des révolutions, bien des destructions; mais, à cause de son heureuse situation, elle s'est toujours relevée de ses ruines. Napoléon lui-même, lors de sa triste expédition de Syrie, y laissa des souvenirs déplorables. On montre encore dans le couvent arménien non uni la salle où il fit empoisonner les pestiférés. Ce fait, affirmé par des auteurs dignes de foi, est nié par quelques-uns, entre autres M. Thiers.

25 mars.

La caravane française part pour Jérusalem, et nous restons; mon état de santé ne me permet pas de la suivre.

C'est un usage assez général parmi les pèlerins français de prendre à Jaffa un costume plus approprié aux exigences du climat. Je suis loin de blâmer cette précaution hygiénique; mais ce n'est pas moins un spectacle assez bizarre. Les prêtres surtout subissent une transformation qui prête à rire. De même que David se sentait mal à l'aise avec les habits et les armes de Saül, ainsi les prêtres revêtus de grandes robes blanches, avec un fusil en bandoulière, sont visiblement embarrassés de leur personne. Un jeune ecclésiastique, bien rasé et revêtu de ce nouveau costume, paraissait complétement désorienté, et un monsieur qui était à côté de nous nous le dépeignit par un mot assez piquant. « C'est, dit-il, un pêcheur à la ligne. » Ce jour-là, ce fut pour nous une résolution inébranlable de ne jamais abandonner l'habit ecclésiastique.

Dans le cours de la journée, nous avons visité à loisir les jardins de Jaffa, ce paradis terrestre de la Palestine. Pour un européen qui ne les a pas vus, il est difficile de se former une idée exacte de ces magnifiques bosquets arrosés par mille canaux et où la végétation se développe d'une manière extraordinaire. En les décrivant, on n'a pas à craindre de tomber dans l'exagération. Donnez donc un libre cours à votre imagination. Figurez-vous une enceinte d'une étendue de plus de deux milles, toute plantée des plus beaux arbres : c'est une forêt verte et odorante d'orangers chargés de fleurs et de fruits, de grenadiers dont les pommes le disputent en éclat aux fleurs qui les ont produites, de bananiers au feuillage large et satiné, de figuiers de toute espèce, d'amandiers, de pêchers, d'abricotiers, de pruniers et de palmiers s'élevant au-dessus de cet Eden enfermé dans des haies de nopals.

Depuis quelques années, ces jardins se sont beaucoup agrandis. De toutes parts, on aperçoit au loin de nouvelles plantations; et si l'on avait des bras laborieux et intelligents, la majeure partie de la plaine se convertirait en un immense jardin. On trouve l'eau à quelques mètres de profondeur, et en l'élevant à la surface, comme on le pratique déjà dans les endroits cultivés, on obtiendrait un arrosage suffisant pour tirer de ce sol fertile des trésors inappréciables.

Les orangers ont surtout attiré notre attention. Ils atteignent une hauteur prodigieuse et forment une cime plus étendue, mais moins épaisse que les plus beaux pommiers de Normandie. Leurs longues branches fléchissent sous le poids des fruits dont les uns sont mûrs et d'autres encore verts. Ce n'est pas tout; ils sont couverts de fleurs qui répandent partout une odeur telle que vous croyez respirer continuellement un flacon d'eau de fleur d'orange. Nous marchons longtemps dans une vaste et belle allée où, à droite et à gauche, pendent par milliers ces fruits merveilleux que la vue ne se lasse pas de contempler. Aussi les oranges de Jaffa sont répandues dans tout l'Orient.

Après avoir parcouru ces jardins enchantés, nous faisons une visite à notre vice-consul qui nous reçoit avec la plus cordiale bienveillance. Il occupe hors de la ville une charmante habitation, au milieu d'une propriété qu'il cultive lui-même avec toute l'intelligence qui caractérise les Français. Il était alors occupé à former un nouveau plan, et je remarquai que les fosses étaient très-profondes, et il m'expliqua que si les racines étaient trop près de la surface, elles n'auraient pas d'humidité dans un climat si chaud et que l'arbre se dessécherait. M. le vice-consul nous reçut au milieu de sa famille; et, selon l'usage, il nous offrit un verre de son plus vieux vin de Chypre, le meilleur que j'aie trouvé en Orient. Il nous fit don d'une orange monstre qui mesurait, dans un sens, quarante-deux centimètres, et dans l'autre, trente-deux. Jamais je n'en avais vu de pareille, et j'ai regretté de n'avoir pu la rapporter en France.

CHAPITRE II

De Jaffa à Jérusalem.

Départ de Jaffa. — Plaine de Saron. — Ramleh. — Tour des Quarante-Martyrs. — De Ramleh à Jérusalem. — Souvenirs bibliques. — Abougoche. — Vallée de Thérébinthe. — Approches de Jérusalem.

La nuit avait été mauvaise. Le matin, de très-bonne heure, j'entendais les sifflements du vent; c'était une vraie tempête. Je me lève et je vais sur la terrasse du couvent. C'est un spectacle effrayant, mais grandiose. La mer pousse des rugissements épouvantables; les vagues se brisent avec fracas contre les rochers qui bordent la rade. Un vaisseau qui n'aurait pu tenir la haute mer aurait échoué contre ces écueils. La rade de Jaffa n'est pas sûre; elle est fréquente en naufrages. Après la tempête, voilà que la pluie commence à tomber, et dans la matinée elle devient si intense que nous remettons notre départ à l'après-midi. Quelques pèlerins de diverses contrées se joignent à nous. Nous voilà donc montés chacun sur notre âne, avec nos bagages; mais nos armes, comme un meuble inutile, restent ensevelies dans nos sacs, tant le danger nous paraît improbable. C'est alors que nous commençons à reconnaître l'affreuse incommodité des selles arabes. Elles semblent faites pour exercer la patience du cavalier. Vous avez beau prendre des précautions; si vous n'avez pas une selle européenne, vous êtes condamné à subir une véritable torture. Que faire? se résigner et partir.

Nous suivons le chemin ombragé qui traverse les jardins de Jaffa, et pendant près d'une heure nous marchons au milieu d'une forêt d'orangers couverts de fleurs et de fruits. Nous entrons dans la plaine de Saron, si célèbre dans les saintes Ecritures. Cette vaste plaine se développe devant nous dans toute sa magnificence. Partout de riches moissons, des blés et des orges en épis parmi lesquels on distingue une grande variété de fleurs. Les bords même de la route en sont couverts. Les tulipes, les lis, les roses blanches, les narcisses, les anémones s'y épanouissent dans leur beauté native et forment un tapis comme n'en a jamais eu Salomon dans toute sa gloire. Cette terre féconde où coulent encore le lait et le miel nourrit aussi de nombreux troupeaux de bœufs, d'ânes, de chèvres et de brebis. Les voyageurs qui ont fait de cette plaine un désert, ne l'ont pas vue assurément, aux beaux jours du printemps. On prend cependant peu de peine pour la cultiver. Deux bœufs traînent facilement une sorte de charrue faite d'un morceau de bois recourbé, au bout duquel on a fixé un fer aigu. Un Arabe la tient d'une main et suit nonchalamment ses bœufs. La terre est à peine remuée à une profondeur de six à sept centimètres. Quels trésors elle produirait si elle était préparée par des mains plus habiles! Sur cette route on retrouve de beaux plants d'oliviers, de figuiers, d'orangers, surtout aux approches de Ramleh, petite ville, connue dans l'Ecriture sous le nom d'Arimathie.

Ramleh est dans une position admirable. Autrefois populeuse et fortifiée, elle joua un grand rôle au temps des croisades. C'était la principale ville de la Palestine avec Jérusalem. Elle avait un château, douze portes et des bazars bien fréquentés, et aujourd'hui ce n'est plus qu'un amas de misérables maisons où se logent environ 4,000 habitants.

Auprès de Ramleh, est la tour des Quarante-Martyrs que nous

avions aperçue d'assez loin. Elle est vraiment belle, haute, carrée, gothique, de l'époque des croisades et non du temps des martyrs de Sébaste. A côté de la tour sont les grandes ruines d'un couvent de templiers. On y remarque les fondements d'une église; et un peu plus loin, en descendant une trentaine de marches, on se trouve dans des galeries souterraines dont il est assez difficile d'assigner l'usage. Il y a aussi d'immenses galeries supérieures encore en partie debout; mais partout les ruines s'amoncellent, la tour même est entamée, et il ne faudra pas un siècle pour que ce monument disparaisse. Ce monastère devait être une sorte de forteresse placée en sentinelle, à l'approche des montagnes, et qui, par sa position, était à l'abri d'un coup de main.

Auprès de la ville se trouve le couvent des Pères Franciscains, bâti sur l'emplacement de la maison de saint Nicodème. Il y a une petite chapelle qui, d'après une tradition fort respectable, occupe la place même de la maison du saint. Aussi, en y célébrant la sainte messe, j'ai ajouté à l'oraison des saints le nom de saint Nicodème, patron de ce lieu, et je me suis rappelé avec plaisir ce passage de l'Evangile où, à l'occasion de l'ensevelissement de Jésus, il est dit : Nicodème vint aussi apporter des parfums. *Venit et Nicodemus...*

27 mars.

Le voilà enfin arrivé ce beau jour où nous allons voir Jérusalem. La route est encore longue, mais elle est praticable. C'est toujours la plaine de Saron jusqu'aux montagnes. Ce n'est pas un chemin étroit et solitaire; c'est une grande voie à laquelle il ne manque qu'un encaissement bien entretenu. Je n'ai rencontré qu'une seule charrette, pas une voiture; mais, à la place, beaucoup d'ânes, de mulets, de chameaux et quelquefois des chevaux arabes qui passaient comme un trait. Cette route est très-fréquentée, surtout à l'époque des pèlerinages. A des distances assez rapprochées, on trouve des tours de gardes, où l'on peut faire manger les chevaux et boire un verre d'eau plus ou moins limpide. On peut même y passer la nuit, si l'on est surpris par l'heure; mais sans autre lit que la terre, à la façon des Arabes. Voilà les hôtelleries de la Palestine.

En traversant lentement, comme nous le faisions, cette vaste plaine de Saron, que de souvenirs bibliques se sont représentés à ma mémoire! Je foule aux pieds, me disais-je, une terre presque inhabitée aujourd'hui, mais où ont passé cent peuples divers. A la place de ces chétives masures s'élevaient des villes célèbres. Que de lieux mémorables il faut laisser de chaque côté de la route! Là, tout près, était Thamna, où Juda, fils de Jacob, se rendit pour tondre ses brebis; où Samson descendit pour se marier, dans le voisinage de laquelle il brûla les blés des Philistins et déchira le jeune lion.

A droite, au couchant, j'aperçois le pays des Philistins, et je comprends que cette riche plaine pouvait nourrir ces milliers de combattants dont parlent si souvent les livres saints. Je me rappelle ces villes fameuses, Jamnia, Accaron et surtout Azot où était le temple de Dagon dans lequel fut placée l'arche du Seigneur; Azot, où saint Philippe alla enseigner l'Evangile après avoir baptisé le trésorier de la reine d'Ethiopie. Là aussi était Geth, patrie de Goliath; Saraa où naquit Samson, et à une assez faible distance, le champ de bataille où l'arche fut prise et où périrent les enfants d'Héli avec des milliers d'Israélites.

Cependant le terrain devient inégal et pierreux; nous approchons des montagnes. Nous faisons une halte. Nous pouvons nous procurer quelques verres d'eau, et nous mangeons nos petites provisions dans une sorte d'hôtellerie où nous retrouvons le consul espagnol de Damas que nous avions déjà vu à Ramleh. C'est un homme instruit, parlant bien le français, excellent catholique, qui fait le pèlerinage de Jérusalem avec toute sa famille. Un de ses petits enfants était placé sur une mule, avec sa bonne qui le tenait entre ses bras, sous une tente improvisée pour le préserver des ardeurs du soleil. La route devient pénible, et cependant notre moukre suit, nu-pieds, comme la veille, et il fera tout le trajet, neuf lieues, à travers les cailloux, sans se plaindre. Pour un peu d'argent, que ne fait-on pas?

Je suis sur la route de Jérusalem, et tout m'intéresse. Les montagnes mêmes ne sont pas muettes. Ils ont leur langage qui parle des prospérités du passé et de la désolation présente. J'ai remarqué des restes de travaux que les Juifs avaient élevés pour les rendre fertiles. Beaucoup présentent l'aspect d'étages successifs où l'on pouvait planter la vigne, l'olivier ou d'autres arbres. En certains endroits, on voit encore de vieux oliviers assez vigoureux; mais, évidemment, la malédiction pèse sur cette terre ingrate. Presque partout, la roche nue se montre à travers quelques plantes sauvages ou quelques maigres buissons qui croissent d'eux-mêmes. Aucune trace de culture : quel contraste avec la plaine de Saron! Pendant plusieurs lieues, on monte, on monte toujours sans apercevoir aucun village, pas même une hutte d'Arabe. Jérusalem est à plus de sept cents mètres d'élévation. La route est parfois affreuse, malgré les redressements et les réparations qu'on y a faits. Quelquefois elle serpente autour des rochers et au fond d'un torrent. Des pierres tantôt aiguës, tantôt arrondies et glissantes la recouvrent dans toute sa surface. Je ne m'arrêterai pas davantage à décrire ces tristes lieux, où l'on se demande comment tant de villes célèbres ont pu s'élever; car, autour de moi, il n'y a presque aucune montagne qui n'ait été habitée par une population laborieuse. Je suis dans le voisinage de Nicopolis, de Nob, de Bethsanies, etc., je suis presque au centre de la Judée, entre la mer Morte et la grande Mer. J'aperçois les possessions antiques des tribus d'Éphraïm, de Benjamin et de Juda, et pour m'expliquer l'affreux changement qui s'est opéré, j'ai besoin de me rappeler les malédictions des prophètes et surtout d'Isaïe.

Après avoir gravi les coteaux pierreux de ces tristes montagnes, nous atteignons un sol élevé sur le revers duquel est assis le village de Kariath-el-Enab, village aux raisins. Il porte aujourd'hui le nom d'Abougoche, que lui a valu ce fameux brigand qui dévalisait les voyageurs et s'était rendu redoutable dans toute la contrée. Il jouit maintenant avec sa famille du fruit de ses rapines, dans une sorte de palais qu'il s'est bâti sur la montagne. et il laisse passer en toute liberté les pèlerins. Ce village est l'ancienne Kariathiarim de la tribu de Juda, si célèbre par le séjour qu'y fit l'arche du Seigneur; c'est, du moins, l'opinion la plus commune. Lorsque les Philistins l'eurent rendue, les habitants de Bethsanies, frappés d'une grande plaie pour avoir porté des regards indiscrets sur ce monument de la gloire du Seigneur, demandèrent à ceux de Kariathiarim à le recevoir chez eux. Elle fut placée dans la maison d'Abinadab où elle resta vingt ans. On voit encore, à Kariathiarim, une grande église sous l'invocation du prophète Jérémie. Elle est à trois nefs et de style gothique. Depuis que les barbares avaient massacré, pendant une nuit, tous les religieux du couvent, l'église était convertie en écurie; mais bientôt, sans doute, elle reparaîtra dans son premier éclat. Cette année même, notre ambassadeur, M. le comte de Vogüe, l'a fait rendre à la France, et elle sera restaurée et respectée. Elle pourra devenir un lieu de station pour les pèlerins allant de Jaffa à Jérusalem.

A une petite distance, sur le sommet d'une montagne, on aperçoit le village de saint Samuel, connu dans la bible sous le nom de Rama ou Ramathaim-Sophim. Il est habité par quelques Arabes qui ont transformé en mosquée le tombeau de Samuel. Non loin de là, étaient Maspha, Gabaa, Socho, etc. Toutes ces villes sont égalées au sol, et l'étranger demande où sont leurs ruines.

Après une marche pénible, nous descendons par un chemin escarpé dans la vallée de Thérébinthe, où passe un torrent célèbre dans l'Ecriture par la victoire de David sur Goliath. Cette vallée, assez étroite, est une des plus fertiles et des plus riantes de la Palestine. Le Thérébinthe, qui lui a donné son nom, est un bel arbre dont la feuille ressemble à celle du laurier. C'est de la résine de cet arbre qu'on extrait la thérébenthine. Nous traversons le torrent sur un mauvais pont. Je descends au fond de son lit pour choisir et emporter cinq pierres polies, en souvenir de celles que David prit pour combattre le géant. Au fond de ce torrent, il coulait encore un filet d'eau claire; mais, dans les pluies, il doit se grossir énormément; et tout annonce, sur ses rives, qu'il parcourt en mugissant ces lieux solitaires.

Ensuite il nous faut gravir et descendre plusieurs montagnes qui ressemblent, de loin, aux murs d'enceinte d'une forteresse. Partout où la vue peut s'étendre, on n'aperçoit que des pierres; on dirait qu'un immense volcan a couvert de ses laves cette terre désolée. La nature entière semble s'attrister; les chemins même sont plus âpres et plus sauvages. Toute végétation a disparu. Encore, çà et là, quelques pâles oliviers, quelques pauvres villages au flanc des montagnes; mais rien, absolument rien de ce qui annonce le voisinage d'une grande ville : le désert, et puis le désert. Quand on se rappelle que les prophètes ont épuisé ce que le langage humain a de plus sublime pour célébrer la gloire de Sion, on se demande : Est-ce donc là, au milieu de ces rochers arides, de ces affreux ravins, que Dieu a placé cette ville d'une beauté si parfaite? *Hæccine est urbs perfecti decoris?* Il y a là un mystère profond que le chrétien seul peut découvrir. Ce n'est plus la cité du grand roi, c'est la cité déicide.

D'autres pensées viennent m'agiter plus puissamment encore. Je me rappelle cette parole de l'Evangile : *Ecce ascendimus Jerosolymam :* voilà que nous montons à Jérusalem. Et en effet, pour arriver à Jérusalem, soit que l'on vienne du nord ou du midi, du levant ou du couchant, il faut monter sans cesse, jusqu'à ce qu'on trouve cette cité célèbre, cachée comme un nid d'hirondelles, au milieu de sa ceinture de montagnes. Nous montons donc à Jérusalem; je vois de loin blanchir la cime des oliviers, et à côté, j'aperçois des tours, des murs, des dômes : c'est Jérusalem.... Ce qui se passa alors dans mon âme, je ne puis le rendre. Je descends; je veux entrer à pied dans cette cité sainte où mon Sauveur a porté sa croix. Une émotion profonde me saisit; mes idées se confondent; je vois la gloire passée de cette cité chérie de Dieu, dont on a raconté tant de choses merveilleuses; je vois l'affreuse ingratitude de cette malheureuse ville qui demanda que le sang du juste retombe sur elle et sur ses enfants; et puis, j'ai sous les yeux le triste tableau de son éternelle désolation, *statuta desolatio.* Malgré cela, je t'aime, ô cité coupable, qui expies dans les humiliations le crime de tes pères; je t'aime parce que tu as été le tabernacle du Très-Haut, l'institutrice de la foi, la gloire du peuple chrétien. Je t'aime, parce que les plus grands mystères se sont accomplis dans ton enceinte et que tu montres encore à toutes les nations le sépulcre glorieux de mon Sauveur. Je t'aime, et je suis venu te chercher de bien loin, et je regarde comme le plus beau de mes jours celui où j'ai le bonheur de pénétrer dans tes murs, et je puis bien répéter avec Chateaubriand : Quand je vivrais mille ans, jamais je n'oublierai ce désert qui semble respirer encore la grandeur de Jéhovah et les épouvantements de la mort.

Cependant le soleil baisse; les ombres noircissent la cime des montagnes; nous sommes aux constructions russes, et nous faisons notre entrée dans la ville sainte, par la porte de Jaffa, où nous passons sans aucune formalité. En quelques minutes, nous arrivons à la Casa-Nuova, hôtellerie des Pères de Terre-Sainte, brisés d'émotions et de fatigues. Nous sommes reçus comme des amis, et un bon Frère nous installe chacun dans une jolie cellule. Il était trop tard pour aller se prosterner au saint Sépulcre. L'église était fermée, et les clefs sont consignées entre les mains des gardiens turcs.

CHAPITRE III

Jérusalem.

Situation de Jérusalem. — Ses diverses révolutions. — Son état actuel.

L'impression avait été profonde; le sommeil fut court et léger. Cette pensée, je suis à Jérusalem, dominait toutes les autres. Je me disais : N'est-ce point un rêve, une illusion? Je me lève, je monte sur la terrasse du couvent; je porte mes regards autour de moi, j'examine : oui, c'est bien Jérusalem, voilà le mont des Oliviers, voici la vallée de Josaphat, voici la coupole du saint Sépulcre, le mont Moriah, la mosquée d'Omar; voilà bien la forteresse de David et le mont Sion. Mon cœur avait deviné tous ces lieux, avant que mes yeux ne pussent les apercevoir. Je les avais vus en imagination toute ma vie, et je les voyais en réalité, et je ne pouvais me lasser de les contempler. Pouvais-je espérer tant de bonheur, au déclin de l'âge! Je suis donc à Jérusalem, et cette cité que les musulmans eux-mêmes appellent la Sainte (El-Kods), renferme tant de lieux remarquables, qu'après les avoir visités et examinés avec soin, je sens le besoin d'en parler avec ordre et méthode. Je ne raconterai donc pas jour par jour ce que j'ai vu à Jérusalem. Je vais essayer, dans une série de petits articles, de passer en revue ce qui m'a paru le plus intéressant. Nous ferons même une excursion en dehors des murs et sur le mont des Oliviers. A chaque article, nous rattacherons ce qui, dans le voisinage, peut offrir quelque intérêt.

Je ne crois pas qu'il y ait dans le monde une situation pareille à celle de la ville de Jérusalem. Quand on considère cette ceinture de montagnes presque inaccessibles qui l'entourent de tous côtés à plusieurs lieues de distance, on a de la peine à comprendre comment on a pu choisir un lieu semblable pour bâtir une grande ville, et l'on est forcé de convenir que Dieu, qui avait voulu séparer son peuple de tous les autres peuples, avait voulu aussi, par une providence spéciale, cacher sa capitale dans un lieu protégé par les accidents de terrain les plus étranges. Outre cela, cette ville est assise sur un sol fort inégal, dont la plus forte inclinaison va du nord-ouest au sud-ouest. Par trois côtés, elle est entourée de ravins profonds. C'est comme une presqu'île qui ne tient à la terre que par le nord-ouest. Elle repose sur trois collines Sion, Moriah et Acra, dont les terrains ont été mille fois tourmentés par les constructions et les destructions successives. Une vallée, appelée *Tyropœon*, divise la ville et les collines. Quoique ses fondements, selon l'expression du prophète, reposent sur les saintes montagnes, elle est dominée par plusieurs sommets. Au levant, le mont des Oliviers élève sa cime majestueuse et semble montrer le ciel. Au midi, les monts du Scandale et du mauvais Conseil présentent leurs vertes pentes désertes, aux teintes brunes et grisâtres. Au couchant, le mont Gihon, et au nord, le Scopus ferment cette immense circonférence, et ne laissent, pour approcher de la ville, qu'un étroit passage où se trouve la porte de Jaffa. C'est par ce côté que sont entrés tous les conquérants.

Au temps d'Abraham, un prêtre du Très-Haut, Melchisédec, jetait, sur une montagne, appelée ensuite Acra, les fondements d'une ville dont il fut le roi, d'une ville qui serait célèbre dans le monde, où s'accompliraient les plus graves destinées du genre humain ; d'une ville dont le nom serait des millions de fois répétés par les échos de tous les lieux et de tous les siècles, c'était Jérusalem. Cinquante ans après, elle tomba au pouvoir des enfants de Zébus, fils de Chanaan, qui bâtirent une forteresse sur le mont Sion.

Sous Josué, les Israélites conquirent Jérusalem ; mais les Jébuséens restèrent dans la forteresse de Sion, jusqu'à David qui s'en empara. Ce fut aussi David qui éleva un autel sur le mont Moriah, dans l'aire d'Ornan, pour éloigner le fléau de la peste qui affligeait son peuple, et c'est dans ce même lieu que Salomon, son fils, bâtit le fameux temple qui porta son nom. Par cette construction, le mont Moriah se trouva joint à la ville. Quatre siècles après, un châtiment terrible tomba sur Jérusalem, toujours infidèle, malgré les avertissements de ses prophètes. Nabuchodonosor vint fondre sur elle, détruisit son temple et s'empara de ses trésors. Les Israélites captifs allèrent pleurer sur les fleuves de Babylone, et Jérémie resta presque seul pour exhaler sa douleur sur les ruines de sa patrie. Qui n'a pas éprouvé un sentiment de tristesse profonde, en entendant ces paroles : *Quomodò sedet sola civitas!* Comment donc est-elle devenue solitaire cette grande ville ?...

Après soixante-dix ans, les Juifs revinrent à Jérusalem, le temple fut rebâti; la ville sortit de ses ruines. Sous la protection d'Alexandre et des Ptolémées, des jours de prospérité et de gloire s'écoulèrent encore pour elle. La tyrannie d'Antiochus arriva, et elle eut à subir de nouveaux désastres ; mais la valeur des Machabées lui rendit sa liberté, jusqu'à la conquête des Romains sous Pompée. Hérode lui-même, le cruel Hérode, la dota de plusieurs beaux monuments et rebâtit le temple, avec une magnificence extraordinaire. Jésus-Christ vient, il honore Jérusalem et son temple de sa divine présence et de l'éclat de ses miracles; mais cette ville ingrate n'a pas connu le temps de sa visite; elle mit le comble à ses forfaits par un horrible déicide; et, quelques années après, l'an 70, Titus, à la tête des légions romaines, assiége Jérusalem, brûle le temple et détruit la ville. Ce fut sa dernière désolation prédite par Daniel. Depuis cette époque, le Juif n'a plus de patrie.

En l'an 136, Adrien releva quelques-unes de ses ruines et lui ôta son nom. Il l'appela Celia. En 326, sainte Hélène orna le saint Sépulcre et y bâtit une basilique. Jérusalem sembla renaître; mais, au commencement du VIIe siècle, Chosroès détruisit cette église. Omar vint ensuite, se montra plus tolérant, et, pour ôter aux musulmans l'idée de s'emparer du saint Sépulcre, il bâtit cette fameuse mosquée qui porte son nom. Au XIIe siècle, les Croisés prirent Jérusalem et en firent la capitale de leur royaume éphémère. Pendant le peu de temps qu'ils occupèrent la Terre sainte, ils élevèrent une foule de monuments, dont plusieurs subsistent encore. Depuis six siècles, Jérusalem gémit sous l'oppression des musulmans. Le nombre des chrétiens a diminué; les ruines se sont accumulées. Cependant, depuis quelques années, la situation est devenue plus tolérable; la tyrannie tend à disparaître, et le chrétien peut parcourir, sans être inquiété, les rues de Jérusalem et prier partout où il lui plaît, pourvu qu'il ne franchisse pas les barrières de la mosquée d'Omar.

Au milieu de tant de révolutions, il n'est pas étonnant que la population de Jérusalem ait beaucoup varié. Au temps d'Alexandre, elle comptait 150,000 habitants. Quand Titus l'assiégea, les Juifs des environs y avaient cherché un refuge; la nation presque entière avait reflué dans la capitale... Tacite en compte 600,000; mais Josèphe, mieux instruit, assure que 1,100,000 périrent dans le siége; ce qui porte, en cette circonstance, la population à un chiffre extraordinaire; mais, il ne faut pas oublier que Jérusalem fut assiégée au temps de la pâque. En considérant l'emplacement de Jérusalem, on est porté à se demander comment une pareille fourmilière d'hommes pouvait s'abriter dans ses murs. Dans nos contrées occidentales, ce serait un problème insoluble; mais en Orient, et spécialement en Palestine, la chose me paraît possible. Les Juifs n'étaient pas plus difficiles que les Arabes d'aujourd'hui, et nous voyons que le luxe et le bien-être n'entrent nullement dans leurs habitudes. Un petit appartement garni de nattes suffit pour coucher dix à douze personnes. Les terrasses des maisons servent souvent au même usage; et, dans les grandes réunions, les rues, les cours et les places ne sont pas dédaignées. Je suis même convaincu que, pendant le siége de Titus, beaucoup de Juifs passaient la nuit, près des murailles, dans l'intérieur, et peut-être même au dehors. Ces terrains, où l'on ensevelit aujourd'hui les morts, pouvaient alors servir de lits aux vivants qui, là, étaient à l'abri des traits, témoin cet homme qui faisait le tour des murailles, en plein jour, en criant : Malheur à la ville ! Quoi qu'il en soit, on reconnaît aujourd'hui l'emplacement des armées assiégeantes ; on peut mesurer l'étendue de la ville, et d'un autre côté, il est impossible de contester les chiffres que les historiens assignent à la population, pendant ce siége mémorable. C'est donc un fait qu'il faut admettre, malgré tout ce qu'il a de contraire à nos mœurs et à nos habitudes. Les explications que je viens de donner me paraissent suffisantes pour répondre à toutes les difficultés. Aujourd'hui, la population de Jérusalem est à peine de 20,000 habitants, et elle peut se mouvoir à l'aise, à travers ses ruines. Vue de loin, la ville a quelque chose d'imposant; mais l'intérieur est triste, sombre, silencieux. Les rues sont étroites, sales, mal pavées. On ne rencontre pas une seule voiture. Les bazars sont mal tenus, les habitants vêtus pauvrement, sauf les étrangers qu'on reconnaît facilement. On rencontre pourtant çà et là quelques maisons qui annoncent l'aisance; mais presque toujours, elles sont occupées par des fonctionnaires, ou bien ce sont des couvents. Il ne faut donc pas aller à Jérusalem pour jouir de l'aspect d'une cité brillante; des motifs d'un ordre supérieur réclament notre présence dans la ville sainte.

CHAPITRE IV

Mont Sion.

Tour de David. — Maison de saint Thomas et d'Anne. — Eglise de Saint-Jacques. — Maison de Caïphe. — Le saint Cénacle. — Tombeau de David. — Pente du Sion. — Les lépreux. — Quartier des Juifs. — Maison de Jean-Marc et prison de saint Pierre.

Venez, allons à cette sainte montagne de Sion, dont le nom retentit plus de deux cents fois dans les saintes Ecritures ; à cette sainte montagne, image de la gloire du Seigneur et de la beauté de l'Eglise, son épouse; à cette montagne où David et Salomon se montrèrent dans toute leur puissance, où ils élevèrent tant de monuments dignes de passer à la postérité ; à cette montagne de Sion, dont le nom seul, après tant de siècles, respire toute la suavité de la divine poésie des prophètes. J'avance, je regarde autour de moi. La tristesse oppresse mon âme, et pour rendre le sentiment pénible qui m'agite, je ne trouve que cette parole de Jérémie : *Viæ Sion lugent*... Les rues de Sion sont désolées ; elles pleurent.

Sans les souvenirs religieux qu'on retrouve à chaque pas au milieu des ruines du passé, je ne sais si l'on aurait le courage de parcourir ses sentiers solitaires. Visitons les lieux les plus remarquables.

Auprès de la porte de Jaffa, sur le sommet de Sion, s'élève la citadelle, bâtie sur l'emplacement de l'ancien château de David. Elle domine toute la ville. C'est bien là la forteresse que David prit aux Jébuséens, et où il éleva cette tour inexpugnable à laquelle l'Eglise compare la sainte Vierge, *Turris Davidica*. Les fondements des tours et des murailles actuelles, formés, jusqu'à une certaine hauteur, d'assises de pierres énormes en bossage, appartiennent incontestablement à l'architecture des Hébreux, et sont avec raison attribués à David. Titus avait conservé une partie de cette vieille citadelle pour attester aux siècles futurs la valeur des Romains qui avaient pu s'en emparer; et, pour mieux faire ressortir la gloire de son héros, Tacite, son historien, nous assure que, si Jérusalem eût été située dans une plaine, elle n'aurait pu être mieux défendue par tous les travaux que l'art de la guerre avait alors inventés.

Ce fut près de cette forteresse que David éleva son palais; ce fut là qu'il fit transporter, au milieu des chants d'allégresse de tout le peuple, l'arche d'alliance de la maison d'Obédédom où elle était déposée, dans un tabernacle qu'il avait dressé et où elle demeura quarante-quatre ans. Ce fut là qu'il commit et pleura sa double faute. On montre encore la fenêtre d'où il aperçut Bethsabée, dont la maison était proche; et, à la vue de ces lieux, ne semble-t-il pas qu'on entend les gémissements du prophète qui arrosait sa couche de ses larmes et exhalait sa douleur dans de sublimes cantiques, témoins éternels de son repentir? C'est encore sur cette partie du mont Sion que Salomon bâtit cette maison de bois du Liban, toute brillante d'or, toute resplendissante de beauté. Et de toutes ces merveilles, il reste à peine quelques vestiges.

Aujourd'hui, le premier objet qui frappe la vue, c'est le temple protestant qui étale son isolement sur une des hauteurs de Sion. Il est splendide; c'est un établissement moitié anglais, moitié prussien. Nous l'avons visité, nous avons été reçus avec beaucoup de courtoisie; et, chose étrange, malgré nos questions auxquelles on répondait d'une manière assez vague, jamais nous n'avons pu nous rendre compte du culte qu'on y professait, de la doctrine qu'on y enseignait, des cérémonies qu'on y célébrait; mais une remarque qui m'a singulièrement frappé, c'est que ce temple de l'erreur est bâti sur l'emplacement du palais d'Hérode, de cet Hérode qui ajouta à tous ses autres crimes le massacre des innocents. J'ai de la peine à comprendre que l'hérésie, allant se poser en face de la vérité sur le berceau du christianisme, ait voulu placer son premier lit sur un lieu souillé de sang et de honte.

Plus loin est l'emplacement de la maison de saint Thomas, où les

Croisés reconstruisirent une église qui subsiste encore. Les Musulmans l'ont convertie en mosquée, mais ne la fréquentent pas, parce qu'ils croient qu'elle porte malheur.

A quelque distance de là, après divers détours, on entre par une porte en fer dans le couvent des Sœurs de Charité arméniennes non unies, et l'on y trouve une église bâtie sur l'emplacement de la maison du grand-prêtre Anne. C'est dans une petite chapelle de cette église qu'on montre le lieu où Notre-Seigneur, interrogé par le grand-prêtre, reçut un soufflet d'un de ses valets, et fit cette réponse si grande et si digne : Si j'ai mal parlé, rends témoignage du mal ; mais si j'ai bien parlé, pourquoi me frappes-tu ? Leçon admirable qui confondra à jamais l'hypocrite servilité.

A un des angles extérieurs de cette église, la tradition montre quelques pierres de la maison d'Anne ; et, à côté, de petits oliviers, rejetons de celui auquel fut attaché Notre-Seigneur, pendant qu'on délibérait pour le faire mourir.

De là, nous allons visiter la cathédrale arménienne de Saint-Jacques. Sur un vaste emplacement qui s'étend jusqu'à la porte de Sion, s'élevaient les établissements religieux des Arméniens non unis, les plus beaux de Jérusalem. Ce sont de vastes et magnifiques constructions servant de patriarcat, de couvent et de séminaire. Dans l'église, on montre le lieu où Hérode-Agrippa fit trancher la tête à saint Jacques le Majeur, pour se rendre agréable aux Juifs. Le corps de saint Jacques fut transporté dans la suite à Compostelle. La vénération, que les Espagnols ont toujours eue pour saint Jacques, ne leur permettait pas d'oublier le lieu où il avait répandu son sang, et à l'époque des Croisades, ils élevèrent cette église dont ils ont été dépossédés par les Arméniens.

Maintenant franchissons la porte actuelle de Sion, et explorons la montagne en dehors des murs. C'est un espace très-considérable, qui, autrefois, était compris dans l'enceinte. Il n'y a plus aujourd'hui qu'un couvent d'Arméniens et le Cénacle.

Le couvent des Arméniens occupe l'emplacement de la maison de Caïphe qui était peu éloignée de celle de son beau-père Anne. Dans l'intérieur de l'église, près du maître-autel, on montre le lieu où Notre-Seigneur était attaché pendant cette cruelle nuit qu'il passa dans la maison de Caïphe.

L'autel principal a pour table la pierre qui fermait le saint Sépulcre. J'ai mesuré cette pierre ; elle a environ 2m 80 de longueur ; elle est de forme semi-circulaire, et dans sa plus grande largeur elle a environ 1 mètre. En faisant le tour de l'autel, on peut la voir à nu en trois endroits différents. Cette pierre avait servi longtemps d'autel dans la partie orientale de l'église du saint Sépulcre, avant d'être transportée sur le mont Sion.

Ce fut aussi dans le même lieu, dans la cour de Caïphe, que saint Pierre renia son Maître ; c'est là que le chant du coq vint frapper son oreille et lui reprocher son crime; c'est là que Jésus porta sur son apôtre infidèle un regard qui pénétra jusqu'à son cœur. Pierre sortit, et, dans son amère douleur, il alla à quelques centaines de pas, dans un lieu solitaire, pour y pleurer son péché. Les fidèles y avaient construit une chapelle qui a disparu; mais on y remarque encore la caverne, où il s'enfonça pour donner un libre cours à ses larmes.

Plus nous avançons, plus nous marchons sur des lieux consacrés par les plus saints mystères. Quelle haute et sublime idée nous nous sommes accoutumés dès l'enfance à nous faire du saint Cénacle. Nous aimions à contempler Notre-Seigneur entouré de ses apôtres, faisant avec eux la dernière cène, dans cette vaste salle, ornée avec soin, image et modèle de nos églises. C'est là que Jésus-Christ institua le plus auguste des sacrifices, la divine Eucharistie. C'est là qu'il se ceignit d'un linge pour laver les pieds de ses disciples; qu'il prédit à saint Pierre son reniement et à Judas sa trahison. C'est là qu'il prononça, après la cène, cet admirable discours où il épancha son cœur avec la plus sublime doctrine. C'est là qu'il apparut à ses disciples le jour même de sa résurrection et que, huit jours après, il fit toucher ses plaies à saint Thomas. C'est là qu'après l'Ascension les disciples se réunirent avec Marie, Mère de Jésus, pour recevoir l'Esprit consolateur. Le Cénacle fut la première église chrétienne; car, d'après une opinion respectable, le sacrement de confirmation y fut établi; saint Jacques le Mineur y fut choisi pour évêque de Jérusalem; saint Mathias y fut élu pour remplacer Judas; saint Etienne et les autres diacres y furent ordonnés, et enfin, c'est de là que les apôtres se séparèrent pour aller prêcher l'Evangile par toute la terre.

Il paraît assez probable que le Cénacle était la propriété de Joseph d'Arimathie qui ensevelit Notre-Seigneur. Après le Calvaire et le saint Sépulcre, y a-t-il à Jérusalem de lieu plus saint et plus vénérable? Les premiers chrétiens eurent pour lui un profond respect. Selon saint Epiphane, il ne fut point détruit par Titus. Sainte Hélène y éleva une belle église. Sainte Paule y trouva et y vénéra la colonne de la flagellation, encore teinte de sang, comme elle l'affirme. Détruit et rétabli à plusieurs époques, le Cénacle était toujours à deux étages, comme au temps de Notre-Seigneur. Ce fut au XIVe siècle que les Franciscains, se servant des matériaux des églises précédentes, reconstruisirent l'église que nous y voyons aujourd'hui. C'est pourquoi on remarque un mélange de pierres de différentes espèces dans les colonnes et les pilastres.

Il n'est pas un chrétien qui n'aspire après le bonheur de visiter ce saint lieu et de prier là où prièrent Jésus, sa sainte Mère, les apôtres et les disciples; mais quand on y pénètre, quelle cruelle déception! Quelle tristesse s'empare de l'âme! Le Cénacle est converti en mosquée!... Mahomet a usurpé la place du Christ! Les

Turcs ont profané le plus auguste des sanctuaires!... Pour entrer dans le Cénacle, il faut passer par une écurie; ensuite, on monte un escalier qui conduit à une petite cour pavée, et puis on entre dans une ancienne église changée en mosquée. C'est le Cénacle!... En considérant le délabrement de cet édifice et en me rappelant les grands mystères qui s'y sont accomplis, j'éprouvais je ne sais quel saisissement que je ne puis définir; je voulais descendre dans l'étage inférieur; on s'y opposa. C'est un harem! et je sortis plein d'indignation en me disant : Un harem au Cénacle!... N'est-ce pas l'abomination de la désolation dans le lieu saint? Cette pensée me poursuivait sans cesse, et partout où je me rencontrais, je ne pouvais m'empêcher d'exprimer ma surprise et ma douleur. Pourquoi, me disais-je, les nations chrétiennes et surtout la France, après la guerre de Crimée, n'ont-elles pas racheté, au poids de l'or, s'il le fallait, ce lieu si saint pour le soustraire à la profanation des Musulmans? La Turquie, dans l'état d'affaiblissement où elle languit depuis bien des années, aurait-elle eu le courage de refuser ce léger sacrifice, et n'eût-elle pas été encore assez forte pour comprimer le fanatisme de ses coreligionnaires? Il paraît que les Turcs tiennent à conserver le Cénacle, parce que, disent-ils, dans une des chambres basses, se trouve le tombeau de David qu'ils ont en grande vénération.

Le tombeau de David, construit sur le mont Sion, par Salomon, était d'une grande magnificence. Il existait encore du temps de Notre-Seigneur, puisque saint Pierre, en parlant aux Juifs du prophète David, leur disait : « Et son sépulcre est parmi nous jusqu'à ce jour. » Saint Jérôme, écrivant à Marcella, fait dire à sainte Paule et à sa fille : « Quand est-ce qu'il nous sera donné d'entrer dans le tombeau du Sauveur, et de prier dans le mausolée de David? Un manuscrit conservé au couvent de Saint-Sauveur, et écrit au XIVe siècle, dit que le tombeau du prophète-roi était situé au couvent des Pères Franciscains. Or, à cette époque, le cénacle et le couvent qui y était joint appartenaient aux Franciscains, puisque ce ne fut qu'en 1555 que les Musulmans massacrèrent les religieux et convertirent l'église en mosquée. Mais le tombeau de David est-il bien ce que montrent aujourd'hui les Musulmans? Est-ce ce sarcophage recouvert de tapis précieux que Mgr Mislin, par une faveur spéciale, a pu visiter? C'est fort douteux, puisque Quaresmius assure que, de son temps, le souterrain était entièrement comblé, et que Mgr Mislin lui-même n'a rien remarqué dans ce local étroit et obscur qui rappelle l'antiquité. On ne peut donc voir le véritable tombeau de David. Peut-être un jour de nouvelles recherches, faites avec intelligence, parviendront à le découvrir.

Non loin du Cénacle, auprès du cimetière américain, on remarque un petit terrain qui est l'emplacement de la maison qu'habitait, après la mort de Jésus, la sainte Vierge avec l'apôtre saint Jean. J'aurai occasion d'en parler ailleurs. Nous avons fait une excursion sur les flancs escarpés du mont Sion : pas une seule habitation, beaucoup de ruines et des champs cultivés, des blés magnifiques. *Sion quasi ager arabitur, et Jerusalem in acervum lapidum erit* : Sion sera labouré comme un champ, et Jérusalem sera un monceau de pierres. (JÉRÉMIE, XXVI, 18.)

Et en effet, la charrue se promène dans ces lieux autrefois couverts de palais et de maisons somptueuses. A peine rencontre-t-on quelques pauvres, couverts de misérables haillons, là où le prophète reprochait aux filles de Sion de se montrer dans de riches et brillantes parures. Comme on est frappé sur les lieux de l'accomplissement des prophéties !

Nous rentrons par la porte de Sion, et voilà un autre spectacle non moins hideux qui s'offre à nos regards. Au pied des murailles, est une quantité de misérables cabanes en terre, d'où nous voyons sortir des lépreux qui nous poursuivent, en nous tendant la main. Quelle horrible maladie ! la peau calleuse est couverte d'ulcères rongeants, quelquefois blancs ; les yeux sont enflammés, la voix rauque, le visage chargé de boutons, les pieds enflés. Je l'avoue, j'éprouve une véritable répulsion ; jamais l'humanité ne m'avait apparu sous des formes plus dégoûtantes.

Nous jetons à ces malheureux quelques pièces de monnaie, et nous nous retirons consternés des ravages que fait encore cette affreuse maladie. J'ai compris que la loi de Moïse avait raison de les séquestrer, puisque aujourd'hui cette même nécessité se fait encore sentir. Ces lépreux étaient en petit nombre, mais nous n'avions sous les yeux que les moins affligés, les autres étaient retenus dans leurs huttes et ne pouvaient se montrer. Le péché doit être bien horrible, puisque la lèpre en est la plus parfaite image !

Nous sommes dans le quartier des Juifs, le plus populeux. Huit à dix mille Juifs vivent entassés entre le mont Sion et l'emplacement du temple, sur un espace très-resserré. Ce sont presque tous des étrangers qui ne viennent à Jérusalem que dans un âge avancé, pour mourir dans la terre de leurs pères et être ensevelis dans la vallée de Josaphat. Qui pourrait comprendre l'aveuglement de ces malheureux enfants de Jacob, qui s'obstinent encore à attendre un Messie, malgré tous leurs malheurs, malgré l'accomplissement des prophéties, en face de Jérusalem désolée, du temple détruit, après une captivité de dix-huit siècles ? Mais, tout en déplorant leur aveuglement, j'éprouve un sentiment de compassion, à la vue de ces débris d'Israël, qui viennent pleurer sur les ruines de leur patrie, et chercher un tombeau, au milieu des tombeaux de leurs pères.

Tout près du quartier des Juifs, nous trouvons le couvent des Syriens Jacobites, où demeure l'évêque syrien de cette nation. L'église du couvent est bâtie sur l'emplacement de la maison de

Marie, mère de Jean, surnommé Marc. C'est là que se rendit saint Pierre, lorsqu'un ange le délivra de la prison où Hérode-Agrippa l'avait enfermé pour le faire mourir après la Pâque. La prison de saint Pierre était évidemment hors la ville, puisque, après avoir passé la première et la seconde garde, ils arrivèrent à la porte de fer qui conduit à la ville et qui s'ouvrit d'elle-même. Il est très-probable que cette porte de fer était la porte de Genath qui fit partie de la première enceinte et dont on retrouve encore un arc en grosses pierres, ce qui prouve que cette partie de la ville actuelle, ainsi que l'emplacement du saint Sépulcre, qui en est à quelques pas, se trouvaient hors des anciennes murailles.

CHAPITRE V

Mont Moriah.

Notice historique. — L'esplanade. — Mosquée d'Omar. — Plaque des clous en or. — Grotte sous la roche. — Mosquée El-Aksa. — Colonnes d'épreuve. — Lieu de la Présentation. — Salle d'armes des Templiers et écuries de Salomon. — Pont des Ames. — Porte Dorée. — Trône de Salomon. — Muraille des Pleurs.

Aujourd'hui, avec une autorisation que le consul peut facilement obtenir du gouverneur, il est permis de visiter le Moriah, et même la mosquée d'Omar que les Musulmans regardent comme un de leurs plus célèbres sanctuaires. Le jour fixé, un cavas du consulat français vint nous prendre à la Casa-Nuova. Nous formions un petit groupe de visiteurs; un jeune missionnaire chinois, un vieux prêtre anglais, et deux religieuses autrichiennes faisaient partie de notre société. Nous avions pris pour drogmann un habitant de Jérusalem, fort instruit et parlant bien le français. Arrivés à une des portes de l'Esplanade, il nous faut subir la formalité des pantoufles.

Il est bon de remarquer que les Musulmans ne laissent jamais pénétrer dans leurs mosquées avec les chaussures ordinaires; il faut accepter, à l'entrée, des pantoufles, qu'on paie, car rien ne se fait gratuitement, ou marcher pieds nus. Ce n'est point une cérémonie religieuse, mais un point d'étiquette dont on ne se départ jamais. Ensuite nous procédons tranquillement à notre intéressante visite.

Pour bien suivre le récit qui va suivre, quelques notions préliminaires ne seront pas inutiles. Le Moriah est une montagne si célèbre, depuis tant de siècles, qu'il n'est pas permis de traiter ce sujet légèrement.

C'est sur le Moriah qu'Abraham voulut immoler son fils Isaac, ou sur le Calvaire qui en est très-rapproché. Abraham était à Bersabée lorsqu'il reçut l'ordre d'immoler son fils, et c'est le troisième jour que, levant les yeux, il aperçut la montagne désignée. Or, Bersabée est à trois petites journées de Jérusalem, et le nom de Moriah a toujours été plus spécialement appliqué à cette hauteur où fut bâti le temple de Salomon.

Les lieux et les distances ne sauraient mieux s'accorder avec la tradition et l'Ecriture. C'est sur le Moriah que David éleva un autel, dans l'aire d'Ornan le Jébusite. Cette aire où les quatre fils d'Ornan battaient le blé lui fut vendue six cents sicles d'or. Quand l'autel fut élevé, le feu du ciel descendit sur l'holocauste, et l'ange du Seigneur qui avait frappé le peuple, remit son épée dans le fourreau. Pendant ce temps-là, l'arche d'alliance était sur le mont Sion. Ce fut alors que David résolut de bâtir un temple au Seigneur, à la place de l'autel, dans l'aire même d'Ornan. Salomon exécuta ce grand projet; et, sur cette montagne, parut une des merveilles du monde. Mais cette montagne était irrégulière, et il fallut l'aplanir. Du côté de la vallée, il fut obligé d'élever un mur d'une grande hauteur, pour soutenir les terres, et agrandir la surface du terrain. La plate-forme avait six cents coudées, et était entourée d'un mur d'une solidité à toute épreuve. Tout le monde connaît la description de ce temple, le seul consacré au vrai Dieu. Cet auguste sanctuaire, qui faisait l'admiration de l'univers, fut réduit en cendres par Nabuchodonosor. Cyrus permit de le rebâtir, mais ce second temple, reconstruit par Zorobabel, était loin d'égaler celui de Salomon, et les vieillards d'Israël, qui avaient vu le premier, pleuraient en voyant le second. Il subsista jusqu'à la dix-huitième année d'Hérode, qui le fit reconstruire avec une grande magnificence. Pendant le siége de Jérusalem, Titus, témoin des prodiges qui se manifestaient, voulait conserver le temple ; mais un soldat romain, poussé par une force divine, jeta par une fenêtre un tison ardent, et le feu se communiqua avec une rapidité effrayante. Titus fut impuissant à le conjurer, et les Juifs poussèrent des cris de désespoir. Quelques objets précieux avaient été enlevés du temple et servirent au triomphe de Titus. On les voit encore aujourd'hui, à Rome, représentés sur l'arc érigé à Titus, pour immortaliser sa victoire. Ce sont le chandelier aux sept branches, la table des pains de proposition, les encensoirs et les cymbales, etc...

Trois siècles après, Julien l'apostat entreprit de faire mentir les prophéties et les vérifia à la lettre. Il convoqua les Juifs à Jérusalem et leur ordonna de rebâtir le temple. Tous se mettent à l'œuvre, avec une ardeur frénétique ; ils ôtent les anciennes fondations ; mais, quand ils veulent en placer de nouvelles, il sort de terribles tourbillons de flammes qui rendent ce lieu inaccessible. C'est alors qu'il n'y resta plus pierre sur pierre. L'emplacement du temple fut abandonné dans les deux siècles suivants, et devint méconnaissable. Seulement, les chrétiens édifièrent une magnifique église, dans la partie méridionale du parvis, au lieu où la sainte Vierge avait été présentée au temple.

Vers l'an 636, Omar, s'étant emparé de Jérusalem, demanda où était la pierre sur laquelle Jacob reposa la tête, quand il eut la vision de l'échelle mystérieuse. On lui désigna l'emplacement du temple, sous un tas d'immondices; et Omar, sans songer que la vision de Jacob avait eu lieu à Béthel, fit nettoyer ce lieu où il y avait effectivement une roche, peut-être quelque reste du vieux temple. Omar voulut y faire bâtir une belle mosquée, qui, après avoir était détruite et reconstruite plusieurs fois, continua à porter son nom. Les croisés en firent une église et y établirent un couvent de chanoines augustins. Après les croisés, l'église redevint mosquée, et elle l'est encore actuellement.

Entrés par une des portes de l'ouest sur la grande Esplanade du mont Moriah, nous marchons vers le nord, et nous arrivons auprès de la caserne turque, bâtie sur l'emplacement du palais de Pilate. A côté s'élevait la tour Antonia, cette tour que Tacite nous dit avoir été d'une hauteur remarquable, *conspicuoque fastigio turris Antonia....* On en voit encore les fondations formées de pierres énormes, parfaitement taillées, et sur lesquelles s'élèvent des murs modernes. En face de ces débris, on se reporte naturellement à l'époque de ce siége où la tour Antonia résista si longtemps aux efforts des Romains. Nous parcourons l'Esplanade, et notre drogmann s'arrête à chaque instant pour nous faire des rapprochements entre le temple de Salomon et les constructions musulmanes. « Là était, dit-on, le parvis des gentils, le parvis des Juifs, l'*atrium* des prêtres, et le *sancta sanctorum.* Tout était ici ou là, à peu près, car il est impossible de fixer un lieu précis. Voici l'emplacement de l'aire d'Ornan; mais partout règne l'incertitude. Depuis que Julien a fait disparaître les dernières ruines du temple, il ne reste pas pierre sur pierre. » Alors je me rappelai ce passage du saint Évangile où les disciples montraient de loin à Notre-Seigneur les vastes et gigantesques constructions du temple, et entendirent sortir de sa bouche divine cet arrêt formidable : Vous voyez tous ces beaux édifices, tout sera détruit, il n'en restera rien. En effet, quand on parcourt ces lieux, on se demande : que sont devenus ces immenses blocs de pierres, entassés là par les siècles, ces prodigieux travaux dont la solidité semblait défier l'action du temps? L'oracle divin s'est accompli; il ne reste plus que l'ouvrage d'Omar, fort remarquable, sans doute, mais qui n'a aucun rapport avec le vieux temple détruit.

Nous montons, par de beaux escaliers, sur la plate-forme, qui est au milieu de l'Esplanade. On l'appelle le haut parvis. Elle est élevée d'environ cinq mètres au-dessus du sol. Nous entrons dans la mosquée par la porte du nord, qu'on appelle la porte du Paradis. Elle était autrefois en si grande vénération, parmi les Musulmans, qu'ils n'y passaient jamais.

Quand nous pénétrons dans l'intérieur de la mosquée, quelle surprise ! au centre nous apercevons une roche énorme, entourée d'un grillage et de deux rangées de belles colonnes et surmontée d'une coupole qui se distingue par ses proportions et forme un ensemble imposant. C'est cette roche que les Musulmans appellent Sakhrah, et dont ils racontent des aventures puériles. Il faut écouter, sans rire, toutes ces histoires plus ou moins ridicules, autrement vous exciteriez le fanatisme des gardiens qui vous conduisent.

La roche est un grand bloc de pierre calcaire, non taillé, ayant assez la forme d'un bouclier. Sa surface est nue, inégale, et percée d'un trou rond, taillé perpendiculairement. Ce bloc peut avoir de neuf à dix mètres de longueur sur une largeur égale. Du côté du nord, il repose sur le roc, tandis que, vers le sud, ses bords s'appuient sur des ouvrages en maçonnerie. Les guides ont soin de vous faire remarquer qu'autrefois la roche se soutenait d'elle-même, et qu'on ne l'a appuyée que parce que les femmes turques enceintes étaient trop effrayées, en la voyant suspendue sans aucun soutien. Au-dessus de la roche, à hauteur d'homme, est établie une espèce de tente en soie verte et rouge. Elle rappelle, aux croyants, la tente que Dieu donna à Adam, lorsqu'il eut retrouvé Eve sur une montagne, près de la Mecque, après l'avoir cherchée cent ans. Je répète cette histoire au vieux prêtre anglais, qui était à côté de moi, et qui, à cause d'un peu de surdité, n'avait pas compris. Je lui souffle donc ces quelques mots à l'oreille. Toute sa gravité britannique l'abandonne, et il éclate de rire. Je le contiens, car les gardiens jetaient déjà sur lui un regard indigné.

La roche Sakhrah, disent les fidèles du Koran, est une des roches du paradis. Pour la rendre plus vénérable, on a prétendu que Mahomet y avait mis le pied, en venant, par les airs, de la Mecque à Jérusalem, monté sur le cheval que lui avait donné l'ange Gabriel. La pierre, s'étant penchée sous le pied du prophète, en conserva l'empreinte. On voit encore, à l'extrémité ouest du rocher, une autre empreinte, comme d'une main. Elle est attribuée à l'ange Gabriel ; voici cette fable : Mahomet, monté sur El-Borak, jument blanche, dont l'ange Gabriel lui avait fait cadeau, partit pour le ciel, afin d'y traiter d'affaires importantes. Le Sakhrah se souleva, voulant suivre le prophète ; mais Dieu ne voulut pas priver le monde de ce rocher béni. Il envoya l'ange Gabriel, qui, d'une main, le retint, et l'empreinte y resta. Je répète ces traditions musulmanes à mon Anglais. Cette fois, il est pris d'un fou rire ; mais cette explosion excita heureusement une toux prolongée, ce qui détourna l'attention des gardiens. Au sud, on voit l'étendart du prophète enroulé autour de sa lance, et le drapeau déployé d'Omar, et de plus les selles d'El-Borak, qu'on ne distingue pas parfaitement, car ce sont tout simplement des morceaux d'une corniche en marbre blanc.

Devant la porte du Paradis, dans la première enceinte circulaire, on voit encastrée dans le pavé, et un peu plus élevée que le pavé, une belle plaque de jaspe où il y a eu vingt-trois clous en or, fixés par Mahomet lui-même. Ces clous marquaient le temps que devait durer le monde. Vers la fin de chaque siècle, un clou se détache et va consolider le trône d'Allah (Dieu). Un jour, le malin esprit entra par la porte du Paradis et se mit à détacher et à voler ces clous; mais, surpris par l'ange Gabriël, il fut battu et à jamais chassé de ce glorieux sanctuaire. Trois clous et demi y restent encore, et y resteront sans doute longtemps, car on veille à leur conservation. Voilà les misérables puérilités qu'on débite sérieusement et dont se repaît le pauvre peuple. Faut-il être surpris que mon Anglais se détournât de nouveau, pour donner un libre cours à ses gestes dédaigneux!

Il est temps d'entrer dans la grotte sous la roche; on y descend par un escalier de quinze marches. Cette grotte peut avoir deux mètres de haut, sur cinq à six de longueur et un peu moins de largeur. C'est le Sakhrah qui sert de plafond. La partie du rocher qui fait saillie, au-dessus de l'entrée, s'appelle *langue*, parce qu'elle daigna répondre à l'exclamation de joie d'Omar, quand il découvrit ce prétendu oreiller de Jacob. Omar s'écria: « Salut à toi... », et le rocher répondit: « A toi salut. » Les guides nous montrèrent les niches et les autels où Abraham, David, Salomon, Jésus, l'ange Gabriël, saint Georges se tenaient et faisaient leur prière. Pendant que je les considérais, voilà qu'un gardien frappe un grand coup de pied au milieu de la grotte, et le rocher rendit un son creux. C'est là, d'après les Musulmans, le puits des âmes. Chaque semaine, disent-ils, du dimanche au lundi et du jeudi au vendredi, les âmes des Musulmans se réunissent dans ce puits, pour y adorer Dieu. Il y a là probablement quelque ancienne citerne, car il est certain que le mont Moriah avait été creusé dans bien des endroits, et qu'il y avait beaucoup de citernes et de souterrains. Tacite lui-même affirme que les montagnes recouvraient des souterrains, et qu'il y avait beaucoup de piscines et de citernes: *Cavati sub terrâ montes, et piscinæ, cisternæque servandis imbribus.*

Nous quittons la mosquée d'Omar, et nous nous dirigeons vers la mosquée El-Aksa. En y entrant, on reconnaît la disposition intérieure d'une église chrétienne. C'est assurément l'emplacement de cette magnifique basilique que Justinien fit élever en l'honneur de la Mère de Dieu, et qui fut appelée l'église de la Présentation, parce que c'est vers cette partie de l'ancien temple que les parents de Marie l'offrirent au Seigneur. Cette église dût subir bien des changements à l'époque où les Sarrasins la convertirent en mosquée. Vers le neuvième ou le dixième siècle, elle fut presque entièrement rebâtie, et ce fut alors que la longueur fut diminuée et sa largeur augmentée. Pendant le règne des croisés, outre l'église, il y avait le palais du roi, et plus tard l'habitation des Templiers. Aujourd'hui, la mosquée El-Aksa a près de quatre-vingts mètres du nord au sud et de cinquante de largeur. Elle a sept nefs formées par quarante colonnes environ et plusieurs piliers. Les colonnes sont en marbre et viennent de monuments plus anciens. Au milieu, est une coupole fort élevée, qui donne à l'édifice un caractère imposant. Dans la nef du milieu, est une pierre rectangulaire qui couvre, disent les Musulmans, les tombeaux des fils d'Aaron. Tout le monde sait que les fils d'Aaron sont morts au désert, et n'ont jamais vu la terre promise, mais qu'importe aux Musulmans! Non loin du *Mihrab*, vers lequel ils se tournent pour prier, se dresse un *Menbar*, belle chaire que le sultan Nour-ed-Din fit sculpter à Alep, et que Saladin fit placer dans cette mosquée, qu'il avait purifiée avec de l'eau de rose, pour la consacrer au dieu d'Islam. Le mahométisme est vraiment un mélange informe de paganisme, de judaïsme et de christianisme. Non loin de cette chaire admirable, dont je viens de parler, est une chapelle à deux *Mihrab*. Le plus voisin de la chaire est dédié à Moïse, et l'autre à Issa (Jésus). Dans ce dernier, on remarque l'empreinte dite d'un pied de Jésus-Christ, que les Mahométans ont en grande vénération. A l'endroit de l'ascension, il manque une empreinte, mais il est fort douteux que ce soit celle-là.

C'est dans cette mosquée que se trouvent les colonnes d'épreuve : ce sont deux colonnes très-rapprochées l'une de l'autre, et un homme d'une grosseur ordinaire peut à peine y passer. Heureux celui qui y passe! Après sa mort, il ira droit au Ciel. Malheur à celui qui ne peut y passer! Où ira-t-il? Le passage s'est déjà agrandi par le frottement; le chemin du Ciel, par conséquent, est devenu plus facile. Malgré cela, je n'ai pu passer. Où irai-je? Mon compagnon, plus heureux, a pu effectuer ce beau passage; mais mon gros Anglais s'est contenté d'en rire et n'a pas même essayé.

C'est à peu près dans ce lieu que, selon la tradition, habita la sainte Vierge, après sa présentation au temple. C'est là que la prophétesse Anne, fille de Phanuel, à la vue de Jésus, célébrait les louanges de Dieu et parlait de cet enfant à tous ceux qui attendaient la rédemption d'Israël. C'est là que le vieillard Siméon pressait l'enfant entre ses bras et invoquait la mort, parce que ses yeux, après avoir contemplé le Sauveur, la lumière des nations, n'avaient plus rien à voir en ce monde.

A l'extrémité de ces nefs s'étend une grande salle, divisée par un rang de piliers, qui supporte la voûte. C'est l'ancienne salle d'armes des Templiers.

Je passe sous silence une foule d'objets moins intéressants, plusieurs petits édifices construits çà et là sur la surface de l'Esplanade, et que les Musulmans ont destinés à divers usages religieux. En sortant de la mosquée El-Aksa, nous nous dirigeons à l'angle sud-est du Moriah, et nous allons visiter les chambres souterraines qu'on appelle ordinairement écuries de Salomon. On y descend par un escalier de trente-deux marches; et, en descendant, les gardiens nous montrent ce qu'ils disent être le berceau de l'Enfant-Jésus. C'est une niche en pierre, sculptée en coquille. Elle est sous un dais soutenu par quatre colonnettes de marbre, c'était au moyen âge une chapelle, nommée le Berceau de Jésus. Là, nous dit la tradition, habita saint Siméon; et la sainte Vierge, après l'offrande de son fils, resta quelques jours auprès de ce saint vieillard.

Comme nous l'avons vu dans cet article, le mahométisme a défiguré les traditions chrétiennes les plus respectables; il y a mêlé une foule de fables; mais la vérité projette une lumière qui la fait toujours discerner de l'erreur. La contre-façon porte avec elle le caractère indélébile du mensonge; et, malgré tout ce que le mahométisme a pu inventer, le mont Moriah n'en reste pas moins un des lieux les plus intéressants et les plus vénérables pour le chrétien. Poursuivons notre excursion, et nous trouverons encore plus d'une occasion de nous en convaincre.

La mosquée El-Eksa repose, du côté de la vallée, sur d'immenses constructions voûtées, à plein cintre, et soutenues par quatre-vingt-seize piliers. Quand on se promène dans ces souterrains, vastes, profonds, solitaires, à la lueur de quelques flambeaux qui projettent au loin une lumière vacillante; quand on examine ces énormes blocs de pierre dont les voûtes soutiennent une montagne d'édifices, on se demande comment et pourquoi les hommes ont entrepris un si grand ouvrage. On nous dit que ces galeries souterraines ont été construites par Salomon, pour exhausser le Moriah, qui, de ce côté, avait une dépression considérable.

Il est vrai, et la dimension des pierres, et le mode de construction, et surtout la grandeur de l'entreprise conviennent parfaitement à ce grand roi; mais, assurément, il y a eu des restaurations postérieures. Il est resté même dans ces souterrains une quantité énorme de matériaux et de décombres. Ces souterrains avaient une issue dans la vallée; on remarque des portes qui n'avaient pas été construites dans un but utile, et je serais porté à croire que ces vastes souterrains servaient à contenir les grands approvisionnements du Temple, qui était, comme une ville, entourée d'une multitude de constructions à l'usage des prêtres et des lévites. Ces souterrains, où l'on retrouve encore des vestiges de piscines, ne pouvaient-ils pas être en communication avec le Temple? tous les anciens auteurs nous attestent que le mont Moriah recélait dans ses entrailles d'immenses cavités creusées de main d'homme. Il est certain aussi que l'aqueduc de Salomon amenait sur le mont Moriah les eaux de la fontaine scellée dont nous parlerons plus loin. Le frère Liévin nous assure qu'en 1868, après quelques réparations aux conduits, l'eau de cette fontaine y arriva de nouveau, en sorte que, si l'on réparait convenablement les ouvrages du grand roi, Jérusalem serait admirablement pourvue d'eau, comme aux beaux jours de sa gloire.

Nous continuons à longer le mur est de l'Esplanade, bâti sur le bord de la vallée de Josaphat. Il est élevé, et la vallée est très-profonde. C'est comme un abîme. Le mont des Oliviers se dresse devant vous et semble creuser encore la vallée. Nous arrivons au pont des âmes. On y voit un *Mihrab* et une colonne couchée horizontalement, dépassant la muraille du côté de la vallée, à peu près commme une gargouille ou une pièce de canon, braquée vers le sommet des Oliviers. Le pont part de cette colonne et est attaché au sommet des Oliviers; vous ne le voyez pas. Rien de surprenant; car, disent les Musulmans, il est plus fin que le fil d'un rasoir; mais, pour certains croyants, il est visible. Après que les mérites et les péchés auront été pesés dans une balance suspendue à quatre arcades d'un portique qui est en face de la porte sud de la mosquée d'Omar, les âmes viendront sur ce pont où elles doivent se promener. Les justes n'auront rien à craindre, car leurs anges les soutiendront, les autres perdront l'équilibre, tomberont dans la vallée de Josaphat et seront engloutis dans l'enfer. On voit encore ici comme l'erreur se plaît à défigurer la vérité.

Nous continuons à marcher vers le nord, et nous arrivons à une petite forêt de cactiers d'où s'élève, en forme de forteresse, la Porte dorée. Là, les souvenirs religieux se représentent en foule. C'est par cette Porte dorée que, le jour des Rameaux, descendant la montagne des Oliviers, Notre-Seigneur fit son entrée triomphante dans Jérusalem. C'est par cette porte qu'il passa plusieurs fois avec la sainte Vierge, ses apôtres et la foule de ses disciples. Nous nous précipitons à genoux, et nous faisons une prière, nous souvenant de cette parole : « Dites à la fille de Sion que son Roi vient à elle plein de douceur, non pas comme les puissants de la terre monté sur un char de triomphe, mais avec la simple et modeste monture qui convenait à ses patriarches et à ses anciens rois. » Ce fut aussi par cette porte que passa l'empereur Héraclius quand il entra dans la ville, pour porter la vraie croix au Calvaire. Cette porte est murée du côté de la vallée, parce que les Musulmans croient que c'est par cette porte que les chrétiens rentreront en vainqueurs dans la cité de David.

Un peu plus loin, on rencontre une petite mosquée que les Musulmans appellent trône de Salomon, parce qu'ils croient qu'il mourut là sur son siége. La grille extérieure est couverte de chiffons que les Musulmans y déposent par dévotion à ce grand roi :

triste hommage rendu à sa mémoire. Nous ne quitterons pas le Moriah sans dire un mot du mur des pleurs.

A l'angle sud-ouest de la grande enceinte, se trouvent les restes d'une muraille que les Juifs regardent comme ayant appartenu au temple de Salomon. Ils vont prier, pleurer devant ce mur tous les vendredis, excepté celui qui fait partie de la fête des Tabernacles. Autrefois, cette nation désolée allait prier et pleurer sur l'emplacement de son temple; mais, depuis qu'Omar a élevé sa mosquée, elle doit se contenter de répandre ses larmes devant ce mur extérieur de l'enceinte, sur une petite place dallée, longue d'environ cinquante mètres et large de quatre. Il serait difficile d'assigner l'époque précise à laquelle remonte ce vieux pan de mur; mais il est probable qu'il a été construit par Salomon ou les rois de Juda. Il est fait avec des pierres de deux à trois mètres de long, en bossage, et bien travaillées. A mesure que les assises s'élèvent, la dimension des blocs diminue, et les assises sont en retraite sur les précédentes.

Le vendredi de la passion, le jour de la compassion de la sainte Vierge, je voulus jouir de ce triste spectacle de tout un peuple pleurant sur les ruines de sa patrie. Nous descendons par des rues étroites et sinueuses aux pieds du mont Moriah, et nous nous trouvons en face de cette place des pleurs qui était toute couverte d'hommes et de femmes assez proprement vêtus, tantôt priant et lisant tout haut, quelquefois gémissant. C'est un spectacle curieux, mais lamentable. Les hommes, debout contre la muraille, avec leur bible hébraïque, la tête posée contre une pierre, la retirant et la rapprochant en prononçant des paroles sacrées, quelquefois redisant les mêmes paroles. Les seules que j'aie pu saisir sont : *amen, alleluia*. Les femmes comme les hommes occupent une partie de cette muraille, ou se tiennent à une faible distance, les unes debout, faisant des salutations mélancoliques, ou tristement accroupies lisant dans leurs bibles, ou gémissant; vous n'en voyez pas une seule se détourner, ni donner le moindre signe de légèreté, malgré les curieux qui circulent et les regardent. Que disent-ils dans leurs prières? ils se lamentent, ils lisent les psaumes et Jérémie. Ils demandent que Dieu fasse cesser le châtiment qui pèse sur eux, et tous répètent en gémissant ce cri de douleur : « Combien de temps encore, ô Dieu! » Ce spectacle a produit sur moi un vif sentiment de compassion, et il me semble que, malgré le temps et l'espace, je les vois, je les entends encore. Pauvre peuple aveugle, qui lit sa condamnation sur les seules ruines qui restent debout auprès de son temple détruit. Depuis dix-huit cents ans, il semble dire à Dieu : « Pourquoi nous as-tu abandonnés? Quand donc rétabliras-tu le royaume d'Israël? » Et dans ses mains il tient le livre divin, comme s'il voulait sommer Dieu de tenir sa parole, et il ne voit pas qu'il accomplit lui-même cette divine parole et la malédiction qu'il a invoquée quand il disait : « Que son sang retombe sur nous et sur nos enfants. »

CHAPITRE VI

Le Golgotha ou Calvaire.

Etat du Calvaire à la mort de Jésus-Christ. — Soins des premiers chrétiens à conserver le souvenir des lieux saints. — Sainte Hélène reconnaît tous les lieux saints.

Avant de traiter ce sujet, le plus intéressant de tous pour la piété chrétienne, jetons un coup d'œil rapide sur l'état de cette partie de Jérusalem au moment de la mort de Notre-Seigneur Jésus-Christ et spécialement sur les transformations successives qu'a subies le saint Sépulcre jusqu'à nos jours. Sans ces notions, il serait difficile, même à ceux qui font le pèlerinage de Jérusalem, de se rendre compte des lieux sanctifiés par les douleurs et le sang de Jésus-Christ.

Tous les auteurs sérieux conviennent que l'enceinte de Jérusalem n'a pas toujours été la même, et que les murailles qui l'entouraient ont embrassé un espace plus ou moins étendu selon les circonstances où elles s'élevaient.

Le Golgotha où eut lieu le grand sacrifice de la croix était incontestablement hors de la ville. Sur ce point, le Nouveau Testament, s'appuyant sur l'Ancien, est formel. Aujourd'hui, ce lieu si vénéré est entouré de rues nombreuses et enfermé dans l'enceinte des murailles actuelles, et le pèlerin qui arrive à Jérusalem, considérant la configuration de la ville, trouve qu'il était tout naturel d'y renfermer cette partie, et il a de la peine à comprendre qu'elle en ait jamais été séparée. Il faut donc retrouver la ligne de démarcation et reconstituer, pour ainsi dire, la Jérusalem du temps de Notre-Seigneur.

Je n'entrerai dans aucune discussion scientifique, ce n'est pas mon but; je me contenterai d'exposer l'opinion qui me paraît la plus certaine, peu importe que la ligne que je tracerai soit un peu plus ou un peu moins rapprochée ou éloignée, pourvu qu'elle laisse, en dehors de la ville, les saints lieux qui furent le théâtre de la mort de Jésus-Christ et de sa glorieuse résurrection.

Depuis Salomon jusqu'à Jésus-Christ, Jérusalem ne contenait que trois collines : *Sion*, ville haute, *Akra*, ville basse, et *Moriah*, lieu choisi. Ce ne fut que dix ans après la mort de Jésus-Christ qu'Hérode-Agrippa jeta les fondements d'un mur d'enceinte qui réunit à la ville le mont Bézétha et le mont où se trouve le lieu du

Calvaire, et que Jérémie désignait sous le nom de Gareb (JÉRÉMIE, 31-39). Ce mont Gareb, sur lequel se trouve le lieu du Calvaire, est situé au nord-ouest de la ville et est séparé au levant d'Akra par la *vallée des Cadavres*, ainsi appelée par Jérémie. Du temps de Notre-Seigneur, les murailles de la ville partant de la porte Saint-Etienne traversaient la vallée Tyropœon, qui sépare l'Akra de Bézétha. Là, elles faisaient un petit retour vers le sud, et ensuite remontaient la colline Akra jusqu'à la porte Judiciaire dont il reste encore des vestiges. Alors elles reprenaient la direction du sud jusqu'à la rencontre de la muraille de Manassès et d'Ezéchias. Cette dernière muraille ajoutait quelque chose à la ville et passait assez près du Golgotha pour aller rejoindre les autres murailles auprès de la citadelle de Sion.

Au temps de Notre-Seigneur, le Golgotha était donc en dehors de la ville, mais très-rapproché. Il y avait là des jardins et peut-être même quelques maisons semées çà et là. Joseph d'Arimathie en possédait une partie considérable. Je me représente ce lieu comme beaucoup d'autres qui environnent Jérusalem, cultivé en certains endroits, et, dans d'autres, montrant des rochers plus ou moins élevés; mais ces rochers, composés de pierre calcaire, se taillaient facilement. On y avait creusé des cavernes qui subsistent encore.

Le rocher du Calvaire avait dû être respecté dans tous les temps; car une tradition fort ancienne regardait ce lieu comme ayant renfermé dans une grotte le crâne du premier homme; et c'est pourquoi on l'appelait Calvaire, lieu du crâne : *Calvariæ locus*.

Plus d'une fois, monté sur le Calvaire actuel, penché sur la balustrade, j'ai contemplé à loisir les lieux qui m'environnaient, les distances qui séparaient le tombeau du Golgotha; et, repassant dans ma mémoire ce que les siècles en ont raconté, je cherchais à les rétablir dans leur état primitif et à me les figurer tels qu'ils étaient au moment de la mort de Notre-Seigneur; et, malgré le changement complet qu'ils ont subi, j'ose le dire, j'étais étrangement frappé de la vérité du récit évangélique. Là, me disais-je, était le Calvaire; je puis encore aujourd'hui toucher de mes mains le lieu où fut plantée la croix. Là, était Marie, Mère de Jésus, avec saint Jean. C'était bien sa place. Auprès du lieu où il fut crucifié était un jardin, et dans ce jardin un tombeau. Voilà bien, à la distance voulue, le sépulcre; je puis y pénétrer. Autour de moi, sont des murs, des maisons, un quartier habité; mais alors tout cet espace était vide, et la foule du peuple pouvait environner le Calvaire pour jouir des derniers soupirs de la Victime agonisante. Il y avait bien place aussi pour cette troupe de femmes qui pleuraient et se lamentaient à la vue d'un si triste spectacle.

Passons maintenant en revue les diverses transformations qu'a subies le Calvaire jusqu'à nos jours.

Lorsque Jésus-Christ expira sur la sainte montagne, de grands prodiges effrayèrent toute la ville. La fureur des Juifs fut obligée de se contenir. Les disciples du Sauveur jouirent d'une ombre de liberté. Avec quel sentiment de respect ils durent visiter le Calvaire et le tombeau! Joseph d'Arimathie, les apôtres, les saintes femmes, tant de généreux disciples dont le nombre croissait chaque jour ne devaient-ils pas marquer chacun des lieux teints du sang de Jésus-Christ et conserver précieusement tout ce qui pouvait en rappeler le souvenir. Qui oserait jamais les accuser d'indifférence ou d'une crainte pusillanime, eux qui bravaient pour Jésus-Christ les prisons, les tourments, la mort.

Jusqu'au siége de Titus, l'Eglise de Jérusalem, qui florissait au milieu des persécutions, conserva avec soin le souvenir palpitant des scènes de la passion. Quand vint le temps de fuir, les chrétiens, sous la conduite de Siméon, leur évêque, successeur de saint Jacques, et appelé aussi le frère du Seigneur, se retirèrent au delà du Jourdain, à Pella, pour laisser passer la colère du Seigneur. Après le départ de Titus, ils revinrent prendre possession des ruines de Jérusalem. Leur premier soin fut de reconnaître et de vénérer le calvaire et le tombeau du Sauveur. Après une pareille tempête, Jérusalem, couchée dans un linceuil, ne présenta plus qu'un immense sépulcre où régnaient le silence et la mort. Les chrétiens en profitèrent pour se grouper autour des lieux qui leur étaient chers; et, cinquante ans après, l'empereur Adrien, pour les empêcher de vénérer ces précieux monuments de leur foi, employa un moyen qui, contre son attente, servit puissamment à les conserver et à les faire reconnaître. Il fit amasser une grande quantité de terres et de pierres au-dessus du saint Sépulcre, de manière à ce qu'il fût complétement enseveli; il en fit paver la surface et construisit dessus un temple à Vénus. Pour chasser les chrétiens de ce lieu sacré, il ne fallut rien moins que l'idole de la plus infâme divinité. Sur le Calvaire, Adrien plaça l'idole de Jupiter. Combien les chrétiens durent être affligés d'une pareille profanation! Les pères transmettaient à leurs enfants, avec leur sainte indignation, la description la plus minutieuse des lieux qu'ils avaient vénérés, en sorte que, au jour du triomphe, la mémoire des chrétiens en était toute remplie.

Cent quatre-vingts ans après, Constantin donna la paix à l'Eglise, et sa vénérable mère, à l'âge de plus de quatre-vingts ans, se transporta en Palestine pour satisfaire sa piété et mieux surveiller l'exécution des ordres de son fils. A son arrivée, la Jérusalem chrétienne tressaillit de joie; on se met à l'œuvre, les édifices consacrés aux idoles sont renversés; l'empereur voulut qu'on en jetât fort loin les démolitions. Il commanda même de creuser la terre qui avait été souillée par l'impiété des sacrifices, et de la transporter ailleurs. Quand on fut arrivé à l'ancienne hauteur de la terre, on vit, dit Eusèbe, contre toute sorte d'attente, le très-saint et très-auguste tombeau d'où le Sauveur était autrefois ressuscité, et Constantin donna l'ordre d'y bâtir une magnifique église. Il voulait y prodiguer ses trésors et en faire le plus beau monument de l'univers. En dix ans, ce grand ouvrage fut achevé. Les évêques de l'Orient se réunirent pour en faire la dédicace solennelle. Cette basilique était immense; elle englobait le Calvaire, le Saint-Sépulcre et les autres sanctuaires qui l'environnent.

Vers l'an 614, Chosroès, roi de Perse, s'empara de Jérusalem et renversa l'église du Saint-Sépulcre; ce fut un pauvre moine nommé Modestus qui entreprit de relever ces ruines, mais il ne put, comme Constantin, recouvrir d'une seule et immense basilique l'ensemble des saints lieux; il dut se borner à construire sur chaque lieu vénéré une église ou sanctuaire en rapport avec ses ressources. Vers l'an 636, Omar entra dans Jérusalem, après avoir conclu, devant les portes de la ville, un traité qui garantissait aux chrétiens la possession de leurs églises. Depuis cette époque, les chrétiens de Jérusalem eurent à subir de cruelles épreuves, jusqu'au moment où Charlemagne inaugura en Orient la protection française et obtint quelques années de calme et de paix.

Les lieux saints eurent ensuite bien des dévastations à subir et à réparer. En 1099, les croisés entrèrent triomphants dans la ville sainte, et, quelques années plus tard, ces généreux conquérants reprirent l'œuvre de Constantin et parvinrent à réunir dans un seul monument tous les sanctuaires isolés. C'est cette église qui subsiste encore aujourd'hui, gardée par les Franciscains, au prix de mille sacrifices; c'est cette église dont on veut les déposséder peu à peu, et qu'ils ne consentiront jamais à abandonner qu'après que le sang du dernier d'entre eux aura coulé sur les dalles du vénéré sanctuaire dont on leur a confié la garde.

CHAPITRE VII

Eglise du Saint-Sépulcre.

Les sanctuaires de l'église du Saint-Sépulcre. — Gardiens turcs. — Chapelle de l'Apparition. — Sacristie latine. — Prison de Notre-Seigneur. — Chapelle de Saint-Longin. — Chapelle de la Division-des-Vêtements. — Chapelle de Sainte-Hélène et de l'Invention de la Vraie-Croix. — Colonne de l'Impropère.

L'église du Saint-Sépulcre ne ressemble à aucune autre. C'est, dans son ensemble, la même qui fut construite par les croisés, pour remplacer l'œuvre de Constantin. Elle l'égala peut-être par l'étendue, jamais par la richesse des marbres et des dorures; tout cet appareil extérieur qui éblouissait les regards a disparu. On ne voit plus ces places, ces magnifiques galeries qui donnaient à la basilique du grand empereur cette imposante majesté qui faisait dire à Eusèbe : « J'ai vu la nouvelle Jérusalem descendre sur la terre, toute resplendissante de beauté; ses murs étaient de pierres précieuses, ses tours brillantes comme des perles, ses portes étincelantes de saphirs et d'émeraudes. » Rien de tout cela ne reparut. Cependant l'ouvrage des croisés fut grand et solide comme leur foi. La nouvelle basilique semblait défier les injures du temps, mais elle n'était pas à l'abri des fureurs, des profanations, des insultes des barbares. Vers le milieu du treizième siècle, les Karesmiens y commirent plus de dégâts et de profanations qu'on n'en avait vus aux plus mauvais jours. Cependant, dans son ensemble, elle échappa à la destruction. Le duc de Bourgogne la restaura à la fin du quinzième siècle. Au milieu du dix-septième, elle fut de nouveau restaurée par les patriarches; mais ce fut surtout en 1719 que se fit la restauration la plus remarquable. La grande coupole menaçait ruine, et la France obtint pour les religieux l'autorisation de la reconstruire. Ce fut au milieu des plus grands obstacles et au prix d'énormes sacrifices que les pauvres religieux accomplirent cette grande œuvre, qui fut détruite un siècle après par l'incendie de 1808. C'est la plus triste époque de l'histoire du Saint-Sépulcre, dans tous les temps si lamentable. Un grave soupçon a pesé sur les Grecs et les Arméniens. Des écrivains consciencieux n'ont pas craint d'affirmer que le feu avait été mis à dessein par eux, parce qu'ils savaient que les Latins étaient alors sans ressources, et que la reconstruction faite par eux leur donnerait un droit de co-propriété : ruse sacrilége, abominable, digne de la perfidie des Grecs.

Cependant, par une disposition admirable de la Providence, l'incendie, qui dévora toute la partie du temple occupée par ces audacieux profanateurs, respecta, à la grande admiration de tous, les autres parties appartenant à nos religieux, surpris et consternés. On eût dit, selon l'expression de M. Eugène Boré, d'un jugement du feu, ménagé par le Christ sur les légitimes gardiens de son tombeau.

Voici ce qui fut sauvé : presque toute la façade; la pierre de l'onction; le Saint-Sépulcre, où l'on retrouva jusqu'à un tableau peint sur toile; la chapelle de l'Ange; celle de Sainte-Marie-Madeleine; la sacristie et le couvent des Franciscains. L'incendie ne s'étendit que sur la moitié du Calvaire; il épargna le lieu du crucifiement, l'oratoire de Notre-Dame des sept Douleurs et les chapelles souterraines de Sainte-Hélène, de l'Invention de la sainte Croix, de l'Impropère et de la Division des vêtements.

Tout ce que l'incendie a épargné est évidemment de style byzantin, notamment les deux portes d'entrée, celle de droite est aujourd'hui murée.

Devant la basilique, est une petite place environnée de bâtiments servant de couvents qui appartiennent à diverses nations. Cette entrée, isolée du reste de la ville, conserve quelque chose d'important et de majestueux. A gauche, s'élève un vieux clocher, dont on a diminué la hauteur, parce qu'il menaçait ruine. Devant soi, on aperçoit le grand dôme tout nouvellement reconstruit et présentant une belle coupole, et à droite le petit dôme qui surmonte le chœur des Grecs.

Là, je me rappelais la place du Vatican et l'entrée de Saint-Pierre de Rome, et je me disais : Le tombeau des disciples est plus beau que celui du Maître ! le pêcheur de Galilée est plus honoré que celui qui a proclamé le Christ, le Fils du Dieu vivant. Il est vrai, Saint-Pierre de Rome est le monument le plus grandiose de l'univers; il représente admirablement l'Eglise universelle; mais la basilique du Saint-Sépulcre convient mieux à un tombeau, représente mieux le Calvaire, et en y entrant, au lieu d'admirer les œuvres des hommes, on pense à cette grande œuvre de la rédemption qui s'est accomplie dans ce lieu à jamais vénérable.

Le premier objet qui m'a frappé, avant d'entrer dans l'église du Saint-Sépulcre, c'est une pierre tumulaire dont l'épitaphe est encore très-facile à lire. Cette pierre recouvre la dépouille mortelle de Philippe d'Aubigny, dont la famille est restée célèbre dans nos contrées. C'est un Français, un Normand, qui a voulu, après sa mort, sentinelle avancée, monter pour ainsi dire la garde, auprès du tombeau de Notre-Seigneur. Ce n'est pas sans une vive émotion que l'on pénètre pour la première fois dans cette église du Saint-Sépulcre qui recouvre les lieux les plus chers à notre foi. Si jamais cette parole : Tremblez à l'approche de mon sanctuaire, saisit l'âme d'un religieux effroi, c'est quand on pénètre sous ces voûtes antiques où se sont accomplis les plus augustes mystères.

Plein de ces pensées, j'ai fait à peine quelques pas, que, cherchant en vain un bénitier, pour y plonger la main et tracer sur mon front le signe de la rédemption, j'aperçois, tout près, à gauche, sur un divan, quatre ou cinq gardiens turcs. Ils sont là, à moitié couchés, causant, entretenant du feu dans un réchaud, fumant le narghileh et prenant le café. Ce sont eux qui ont la clef de cette sainte basilique, et qui l'ouvrent, chaque fois que cela est réclamé par une des trois nations grecque, arménienne et latine, et toujours au prix d'une redevance qu'ils regardent comme une branche de commerce. Je n'ai pu franchir une seule fois ce seuil sacré, sans être vivement choqué de la présence de ces figures infidèles et sans me demander si une pareille honte serait toujours infligée à la chrétienté. Laissons là ces odieux gardiens, et parcourons les vénérés sanctuaires renfermés dans la sainte basilique. Je suivrai l'ordre de la procession que font chaque jour les Pères Franciscains.

Je traverse donc la basilique, et je commence par l'église des

Latins, située au nord, et qu'on appelle la chapelle de l'Apparition.

La tradition chrétienne nous dit que la sainte Vierge ne quitta pas le saint Sépulcre, pendant que son divin Fils y fut renfermé; mais, à cause des soldats préposés à sa garde, elle se tenait à une certaine distance. C'est là que Notre-Seigneur lui apparut, dès le premier instant de sa résurrection, pour l'empêcher, dit sainte Thérèse, de succomber à son martyre. C'est dans ce même lieu qu'une morte qu'on portait au cimetière fut rendue à la vie, en touchant la croix du Sauveur, retrouvée par sainte Hélène.

Cette grande chapelle ou église a trois autels, celui de l'Apparition, où l'on conserve le saint Sacrement; un autre, à droite, appelé l'autel des Reliques, parce qu'on y conserva jusqu'en 1557 un morceau de la vraie croix; l'autre, à gauche, le premier en entrant, qu'on appelle l'autel de la Flagellation, parce qu'on y conserve un morceau de la colonne où fut flagellé Notre-Seigneur.

En sortant de la chapelle de l'Apparition, pour rentrer dans la basilique, on remarque, sur la gauche, la sacristie latine, où l'on conserve les éperons et l'épée de Godefroy de Bouillon. Les éperons sont en cuivre; les molettes sont d'une grandeur démesurée. L'épée est droite et a la garde simple. Avec quelle attention j'ai considéré ces restes précieux du plus grand des héros chrétiens! Quand donc un nouveau Godefroy viendra-t-il saisir de son bras vigoureux cette noble épée, rouillée dans son fourreau, pour chasser de la terre sainte les barbares qui l'envahissent?

Nous quittons la sacristie, et nous nous dirigeons par la nef appelée les sept arceaux de la Vierge, et nous arrivons à une chapelle sombre, bâtie, d'après la tradition, sur l'emplacement d'une grotte qui servit de prison à Notre-Seigneur, pendant qu'on faisait, sur le Calvaire, les apprêts de son supplice. Cette chapelle appartient aux Grecs. On ne peut, sans éprouver un certain frémissement, pénétrer dans ce lieu ténébreux, où fut enfermé Celui qui venait délivrer le genre humain.

A environ douze mètres de la prison de Notre-Seigneur, est la chapelle dite de Saint-Longin. Saint Longin était ce soldat qui perça de sa lance le côté de Notre-Seigneur. Mais, à la vue des prodiges qui s'opérèrent à sa mort, la grâce toucha son cœur, il reconnut la divinité de Jésus-Christ. Il vint en ce lieu pleurer sa faute, et s'étant ensuite retiré en Cappadoce, il y souffrit le martyre. Heureux soldat qui fut sauvé par le sang innocent qu'il avait répandu, dont le cœur fut guéri par la blessure qu'il avait faite au cœur de Jésus.

A deux mètres plus loin, on voit qu'il y a eu autrefois une porte de la basilique, c'est celle par laquelle entraient les chanoines de saint Augustin, au temps des croisades. Elle fut fermée par ordre de Saladin, et il ne resta que la porte méridionale dont nous avons parlé.

A une égale distance, on se trouve en face de la chapelle arménienne, bâtie sur le lieu où les soldats se partagèrent les vêtements du Sauveur.

L'Evangile raconte, avec une noble simplicité, ce trait saisissant ; pour atténuer l'horreur qu'il inspire, il a soin de rappeler que les prophètes l'avaient annoncé dans les plus minces détails. De ses vêtements, dit-il, ils firent quatre parts ; et sa robe sans couture, ils la tirèrent au sort. Ces objets si précieux ne restèrent pas entre leurs mains. Les disciples du Sauveur trouvèrent les moyens de les retirer et les conservèrent avec un saint respect. La sainte tunique fut retrouvée à Jaffa en 590. Elle était dans un coffre de marbre, elle fut transportée solennellement à Jérusalem et déposée près de la vraie croix. Aujourd'hui on vénère cette sainte relique à Argenteuil, et la sainte robe à Trèves. Dans ce lieu même où les bourreaux ne voulurent pas déchirer la robe de Notre-Seigneur, cette robe, image fidèle de l'unité de son Eglise, par un contraste affligeant, on voit une foule de dissidents qui viennent prier en ce lieu, sans penser qu'ils se montrent plus cruels que les bourreaux ; qu'ils déchirent sa robe sacrée, en déchirant le sein de leur mère la sainte Eglise, l'épouse bien-aimée du Sauveur.

Nous voilà arrivés à un escalier qui descend dans la chapelle souterraine de sainte Hélène. Il a vingt-neuf marches, et de cette chapelle on descend encore par un autre escalier de treize marches dans la chapelle de l'Invention de la sainte Croix. Avant la mort de Jésus-Christ, ces souterrains avaient été creusés pour servir on ne sait trop à quel usage, mais très-probablement de citernes. Ils devaient être complétement sous le rocher du Calvaire. Une partie des voûtes et même quelques marches des escaliers sont encore taillées dans le roc. La pierre calcaire qui compose ce rocher doit être blanche dans l'intérieur, puisque les parties exposées à l'air conservent encore çà et là une teinte blanchâtre. Le sol de cette chapelle qui forme un carré à peu près régulier, dont un côté peut avoir quinze mètres, se trouvait enclavé dans la première basilique élevée par Constantin. Modestus y bâtit une église à part qui fut restaurée par les croisés. On voit dans l'angle sud une fenêtre située sur le lieu où sainte Hélène priait pendant qu'on faisait les fouilles pour retrouver la vraie croix.

D'après les indications qu'elle avait recueillies, elle espéra, contre l'attente générale. Et, quand on fut parvenu au fond de la seconde grotte, on aperçut tous les instruments du crucifiement et de plus les croix des deux larrons. La sainte impératrice était au comble de la joie. Tout le monde sait ce qui arriva ensuite. Mais il faut avoir visité ce saint lieu pour comprendre toute l'impression qu'il produit dans une âme chrétienne. Jamais je n'entrais dans l'église du Saint-Sépulcre sans descendre dans ces profondes chapelles où furent conservés, pendant plus de trois siècles, les objets les plus dignes de notre vénération et de notre respect ; et, chaque fois, le passé revivait devant moi ; il me semblait que je voyais la pieuse Hélène priant et suivant de l'œil ces ouvriers qu'elle encourageait, et je cherchais à me représenter l'immense joie dont ils furent tous saisis, au moment de la précieuse découverte ; et puis je me prosternais et je baisais avec amour le lieu où avait reposé la vraie croix.

Le cœur le plus indifférent, le plus dur, pourrait-il ne pas être brisé, en descendant sous ces voûtes du Calvaire, à la lueur de quelques lampes qui scintillent au fond de la grotte, en pensant que là fut la croix de Celui qui a racheté le genre humain, et qui, en mourant, brisa ce rocher, dont on voit encore, jusque dans ces grottes, se prolonger une large déchirure.

Quand on est sorti de ces deux chapelles souterraines, on trouve sur la gauche celle de l'Impropère. Sur l'autel de cette petite chapelle, il y a un tronçon de la colonne de marbre gris sur laquelle Notre-Seigneur était assis au prétoire, quand il fut abreuvé d'injures par les soldats de Pilate, au moment où ils rassemblèrent toute la cohorte, où ils jetèrent sur ses épaules un manteau de pourpre, lui mirent un roseau à la main, et une couronne d'épines sur la tête, etc. Est-il étonnant que les pèlerins de toute nation s'empressent de toucher et de faire toucher cette colonne que toucha de si près Notre-Seigneur, cette colonne qu'il arrosa de son sang, et où il souffrit, pour notre amour, de si cruelles indignités.

CHAPITRE VIII

Le Calvaire.

Description du Calvaire. — Fente du rocher du Calvaire.
Chapelle d'Adam. — Pierre de l'Onction.

Montons maintenant sur le Calvaire, sur ce lieu si saint qui a été inondé du sang de Jésus-Christ, qui a vu couler les larmes de la sainte Vierge. Montons sur le Calvaire; et, qui que nous soyons, nous n'y passerons pas une heure sans nous écrier avec le centurion et les soldats qui gardaient Jésus : « Cet homme était vraiment le Fils de Dieu. »

Peut-être quelques-uns, dans notre siècle de doute, voudraient-ils retrouver le Calvaire tel qu'il était sous Ponce-Pilate ; mais les siècles de foi qui nous ont précédés, n'entendent pas comme nous le respect dû aux lieux saints.

Ils ont conservé ce qui pouvait être l'aliment de la piété, et ils ont embelli le reste. Pourrions-nous leur en faire un reproche? Parcourons le Calvaire tel qu'il est aujourd'hui, et nous leur rendrons justice. Il n'est pas rare qu'on se fasse du Calvaire une fausse idée. Souvent, on se le représente comme une montagne, mais jamais l'Ecriture ne lui a donné ce nom. Toujours elle dit : le lieu du Calvaire, *Calvariæ locus*. C'est une petite élévation, ou simplement un rocher. Aujourd'hui, après toutes les transformations qu'a subies le sol qui l'environne, il ne s'élève que de cinq à six mètres du niveau du Saint-Sépulcre, et de douze mètres au dessus de la chapelle de l'Invention de la sainte Croix. De l'église du Saint-Sépulcre on accède au Calvaire par plusieurs escaliers plus ou moins rapides qui ont de douze à dix-huit marches. On se trouve alors sur une plate-forme d'environ quinze mètres carrés, divisée en deux parties par des piliers. La chapelle méridionale s'appelle du Crucifiement, parce que c'est là que Notre-Seigneur a été attaché à la croix; l'autre s'appelle la chapelle de la Plantation de la Croix. L'Evangile de saint Jean nous dit : « Jésus, portant sa croix, alla au lieu appelé le Calvaire, en hébreu, Golgotha, où ils le crucifièrent. » C'est donc *ici*, dans ce trou, placé sous cet autel que la croix se dressa, que des mains barbares l'élevèrent, au milieu des cris forcenés d'un peuple en délire. C'est ici que s'est consommée l'œuvre de la rédemption ; c'est ici que Jésus-Christ, du haut de sa croix, étendit les bras sur le monde, comme pour l'embrasser dans son immense amour ; c'est ici qu'il pria pour ses bourreaux, qu'il promit le paradis au bon larron. C'est ici, du haut de cette croix, que, tournant ses regards vers sa Mère, il nous dit : Voilà votre mère. Elle était là, tout près ; sa place est marquée. Si, le vendredi saint, nous ne pouvons lire, sans une émotion profonde, ces paroles : Jésus, poussant un grand cri, dit : « Mon Père, je remets mon âme entre vos mains, et disant ces paroles il expira, *expiravit* ; » si cette simple parole, il expira, appliquée à l'Homme-Dieu, nous frappe d'étonnement, de stupeur, à la distance de dix-huit siècles, loin du théâtre de ce grand événement, qu'on se figure le saisissement qu'on éprouve, quand on se trouve au lieu même où l'auteur de la vie pencha la tête et expira ; au lieu où la terre trembla, où les morts sortirent de leurs tombeaux, où le soleil voila ses rayons, où la nature entière prit le deuil pour Jésus expirant.

Après ces premières émotions, je me prosterne; longtemps je colle mes lèvres sur cette cavité où s'enfonça la croix de mon Sauveur, et je répète intérieurement ces paroles : Imprimez bien avant dans mon cœur les plaies de Jésus crucifié. *Crucifixi fige plagas cordi meo validè*. Je me relève, et à côté je plonge ma main dans la fente du rocher qui se déchira à la mort du Sauveur. Là, je ressentis une nouvelle émotion que je ne puis rendre ; il me sembla que je palpais pour ainsi dire le miracle, et que je devais m'écrier, comme saint Thomas, après qu'il eût plongé ses doigts dans le côté de Jésus : « Vous êtes mon Seigneur et mon Dieu ! C'est vous qui, en mourant, avez montré que vous êtes Dieu, en brisant ce rocher, qu'aucune cause naturelle n'eût pu déchirer de la sorte ! »

Tout auprès, à droite, est un petit autel dédié à Notre-Dame des Douleurs. C'est là que la sainte Vierge se tenait debout au pied de la croix, c'est de là qu'elle portait ses yeux pleins de larmes vers son Jésus expirant. Je cherche à me placer dans l'attitude où elle devait être au moment où un glaive de douleur transperçait son âme; je me figure Jésus sur la croix, et je me dis : C'est bien là que devait être cette Mère affligée; c'est bien là qu'elle pouvait dire : « Voyez s'il est douleur semblable à la mienne. » *Stabat Mater, dolorosa, juxta crucem lacrymosa.* C'est sur le Calvaire qu'on comprend cet hymne de la douleur.

J'avance de quelques pas, et je me trouve en face de l'autel du Crucifiement, élevé sur l'endroit où Notre-Seigneur fut étendu et cloué sur la croix. Quel spectacle! qui ne se rappellerait ce passage d'Isaïe : « Comme un agneau, il a été conduit à la boucherie; et, en face de ses bourreaux, il n'a pas ouvert la bouche pour se plaindre; il se laisse coucher sur le lit de la croix, où il s'endormira volontairement du sommeil de la mort. » Pendant cette scène déchirante, la sainte Vierge était là, à dix ou douze pas, avec saint Jean et les saintes femmes. On a élevé à côté du Calvaire, mais en dehors de l'église, une chapelle sur le lieu où elle se tenait. De là, elle voyait toutes les tortures que l'on faisait endurer à son divin Fils; de là, elle entendait les coups de marteau qui enfonçaient les clous dans ses pieds et ses mains; elle vit la croix se dresser et s'enfoncer un peu plus loin dans le trou qui lui était préparé; et quand la croix fut élevée, que les bourreaux se furent un peu écartés, elle se rapprocha, avec saint Jean, jusqu'au lieu que nous avons désigné plus haut.

C'était assez d'émotion; je me sentais bouleversé, et d'ailleurs je voulais revenir chaque jour sur le Calvaire.

Avant de descendre, disons un mot de cette fente large et profonde, qui commence près du trou où la croix fut plantée, et qui descend dans le rocher jusqu'au bas du Calvaire. C'est là un de ces rochers qui se fendirent à la mort de Jésus-Christ. Dès le quatrième siècle, saint Cyrille, évêque de Jérusalem, nous apprend qu'on montrait sur le Calvaire les rochers fendus par la force du tremblement de terre arrivé à la mort du Sauveur, et il ajoute ces paroles remarquables : « Si je voulais nier que Jésus-Christ ait été crucifié, ce Golgotha sur lequel nous sommes présentement assemblés me l'apprendrait. »

Ne voulant entrer dans aucune discussion scientifique, je me contenterai de citer le trait suivant : Un déiste anglais, raconte Addisson, voyageant en Palestine, tournait en ridicule tout ce que les prêtres catholiques lui disaient des saints lieux. Ce fut dans ces dispositions qu'il alla visiter les fentes du rocher du Calvaire. C'était un naturaliste distingué. Quand il vint à examiner ces déchirures, avec l'attention et l'exactitude d'un vrai savant, il dit à son ami : « Je commence à être chrétien. J'ai fait, continua-t-il, une longue étude de la physique et des mathématiques, et je suis assuré que ces ruptures du rocher n'ont jamais été produites par un tremblement de terre ordinaire naturel. Un ébranlement pareil eût à la vérité séparé les divers lits dont la masse est composée, mais c'eût été en suivant les veines qui les distinguent et en rompant la liaison par les endroits les plus faibles. J'ai observé qu'il en est ainsi dans les rochers que les tremblements de terre ont soulevés, et la raison ne nous apprend rien qui n'y soit conforme. Ici, c'est tout autre chose ; le roc est partagé transversalement, la rupture croise les veines d'une façon étrange et surnaturelle. Je vois donc clairement et démonstrativement que c'est le pur effet d'un miracle que ni l'art ni la nature ne pouvaient produire. C'est pourquoi, ajouta-t-il, je rends grâce à Dieu de m'avoir conduit ici pour contempler ce monument de son merveilleux pouvoir, monument qui met dans un si grand jour la divinité de Jésus-Christ. »

Le Calvaire, comme nous l'avons dit, est une plate-forme, élevée au-dessus de l'église d'environ cinq mètres et entourée de balustrades. Excepté le lieu où était la croix et deux endroits de la fente du rocher, il est tout recouvert de marbre. Il a bien fallu le soustraire à la dévotion par trop dévastatrice des pèlerins.

Sous le Calvaire, il y a une grotte ou chapelle qu'on appelle la chapelle d'Adam, parce qu'on croit que c'est là que la tête d'Adam a été ensevelie. Un auteur fort recommandable nous dit qu'après avoir lu une foule de documents relatifs à cette tradition, il croit qu'on peut admettre, avec beaucoup de vraisemblance, qu'Adam a été enterré à Hébron, et que sa tête, longtemps conservée dans la famille des patriarches, a été ensevelie sur le Calvaire. Au fond de cette chapelle, on voit reparaître la fente qui commence au-dessus, près le trou de la croix. Avec la lumière d'un cierge, on peut en considérer facilement la largeur, la profondeur et tous les caractères qui la distinguent. En entrant dans cette chapelle, on remarque, sur la droite, un banc de pierre qui remplace le tombeau de Godefroy de Bouillon, et à gauche, un autre qui remplace celui de Bauduin. En 1808, les Grecs profitèrent de l'incendie pour faire disparaître ces deux tombeaux, dont la présence condamnait leurs compatriotes. Tous les autres tombeaux des rois latins de Jérusalem, placés à quatre mètres au nord de la pierre de l'onction, et respectés par les musulmans, sont aussi tombés sous le marteau de ces démolisseurs sacriléges.

En sortant de la chapelle d'Adam, on trouve immédiatement la pierre de l'Onction, placée en face de la grande porte d'entrée de la basilique. Tous les pèlerins qui entrent ou qui sortent baisent respectueusement cette pierre, où Joseph d'Arimathie et Nicodème déposèrent le corps de Jésus, après l'avoir détaché de la croix, l'enveloppèrent dans des linceuls avec une grande quantité d'aromates, selon la coutume des Juifs. C'était sans doute la partie la plus unie du rocher qu'ils choisirent. Une pieuse tradition raconte que Joseph et Nicodème conservèrent précieusement l'eau teinte de sang qui avait servi à laver le corps de Jésus avant de l'embaumer, et que de là sont venues la plupart des reliques du précieux sang qu'on vénère en diverses églises.

La pierre sur laquelle fut embaumé le corps de Jésus est aujourd'hui recouverte d'une table de marbre rougeâtre, longue de deux mètres soixante-dix sur un mètre trente de largeur, et qui s'élève à environ dix centimètres au-dessus du sol. Aux quatre coins, sont placés des panneaux en cuivre doré, de grands candélabres, et tout à l'entour, dix lampes d'argent. Ce lieu sacré fut laissé intact, au moment où sainte Hélène prépara le terrain aux environs du Calvaire, pour construire la grande basilique, et elle le couvrit d'une belle mosaïque. Ce fut dans le seizième siècle que les Pères de Terre-Sainte la remplacèrent par une belle plaque de marbre noir qui, en 1808, fut enlevée par les Grecs, et remplacée par la pierre rouge qu'on y voit aujourd'hui.

A douze mètres de la pierre de l'Onction, on voit une cage ronde, en fer, qui indique le lieu où se trouvaient les saintes femmes, pendant que Joseph et Nicodème embaumaient le Sauveur.

CHAPITRE IX

Le Saint-Sépulcre.

Description historique du Saint-Sépulcre. — Une nuit dans l'église du Saint-Sépulcre. — La Messe au Saint-Sépulcre.

Nous voilà arrivés au but tant désiré de notre pieux pèlerinage, le saint Sépulcre. « Les nations, disait Isaïe, dans son langage prophétique, les nations se prosterneront devant lui dans l'adoration et la prière, et son sépulcre sera glorieux. » Y a-t-il dans tout l'univers un lieu plus saint que celui où le corps inanimé de Jésus reposa pendant trois jours. Sa chair sacrée, unie à la divinité, ne vit point la corruption; ce corps, déchiré, meurtri sur la croix, sortit, avant l'aurore, glorieux et immortel. Jésus, qui avait prodigué ses miracles par toute la Judée, qui avait appelé Lazare du tombeau, voulut faire voir toute sa divine puissance en se ressuscitant lui-même. C'est dans son sépulcre qu'il a vaincu la mort. Un ange descendu du ciel s'asseoit en triomphateur et tout éclatant de lumière, sur la pierre renversée, et fait entendre cette parole : « Il n'est plus ici, il est ressuscité ; pourquoi cherchez-vous parmi les morts celui qui est vivant ? » Les gardes avaient été frappés de stupeur et étaient tombés comme morts. C'est bien là que Jésus a manifesté sa puissance et sa gloire. Ce petit tombeau est glorieux, et il attirera près de lui les générations jusqu'à la fin des siècles. Avec quel respect les premiers chrétiens le visitaient ! L'impiété voulut le faire oublier en le profanant ; mais si sa gloire fut obscurcie pendant quelque temps, avec quel éclat elle reparut sous le grand empereur Constantin, lorsqu'il eut élevé cette magnifique basilique dont nous avons parlé, où brillaient les marbres les plus précieux, les plus riches métaux, l'or le plus pur. Les grands et les puissants du monde vinrent se prosterner humblement devant ce tombeau, et baiser la pierre qui avait reçu le corps sacré de Jésus.

Ce saint tombeau semble condamné à partager les alternatives de gloire et d'humiliation que Jésus-Christ a réservées à son Eglise sur la terre. Plus d'une fois, on a cru qu'il serait enseveli sous ses ruines, et toujours la fureur impie de ses ennemis a été la matière de son triomphe et de sa gloire. Qui a soulevé, au moyen âge, l'Occident tout entier et poussé dans l'Orient des peuples entiers, des milliers de héros ? Un cri de détresse parti du fond de ce sépulcre divin : « Allons délivrer le tombeau du Christ tombé entre les mains des infidèles. »

Ce cri de guerre sainte, répété par tous les échos de la chrétienté, enfanta des légions de généreux guerriers qui firent des prodiges de valeur. Que j'aime à contempler Godefroy et ses compagnons d'armes, encore tout couverts de sang et de poussière, allant se prosterner devant ce saint tombeau, et l'arrosant de leurs larmes. Je ne suis pas surpris que la poésie ait voulu célébrer de si nobles exploits, et que le Tasse commence sa *Jérusalem délivrée* par ces mots qui résument un si grand sujet : « Je chante les pieux combats et le grand capitaine qui délivra l'auguste Sépulcre du Christ. »

Après Godefroy et la série des rois de Jérusalem, combien de princes, de personnages célèbres sont venus, depuis six siècles, rendre leurs hommages à ce sépulcre glorieux, dont le fanatisme musulman n'a pas osé priver l'Eglise de Jésus-Christ. N'est-il pas à présumer que Dieu, qui l'a préservé tant de fois de la destruction, le conservera jusqu'à la fin des temps, comme un témoin irrécusable qui attestera à tous les siècles les humiliations et la gloire de son divin Fils.

Maintenant, approchons du vénéré sanctuaire, et disons ce qu'il a été, et ce qu'il est aujourd'hui.

Joseph d'Arimathie avait fait creuser dans le roc un tombeau pour lui-même. Il le donna à Notre-Seigneur, et il était bien loin de penser que son action serait louée par toutes les générations, et que ce sépulcre serait le plus saint et le plus célèbre de l'univers. Ce tombeau consistait en deux petites chambres, la première servait de vestibule, et la seconde contenait un banc creux, en forme d'auge, destiné à recevoir le corps; le tout était surmonté d'une petite arcade formée dans le rocher. C'était tout à fait un sépulcre juif, tel qu'on en trouve encore en si grand nombre dans la Palestine.

Le saint Sépulcre était un monolithe à quatre faces, orné de pilastres jusqu'à la corniche, où commençait une pyramide aussi quadrangulaire, se terminant en pointe. Il avait la forme du tombeau de Zacharie, qu'on voit encore intact dans la vallée de Josaphat.

Sainte Hélène, préparant le terrain pour orner le saint tombeau et bâtir la basilique, sépara, pour aplanir le sol, le Calvaire de la masse qui contenait ce sacré monument; et, ce qui est à jamais regrettable, elle en démolit le vestibule pour faciliter l'ornementation.

Plus tard, le haut du saint Sépulcre fut percé, pour laisser échapper la fumée des cierges et des lampes qui y brûlent continuellement. Les croisés remplacèrent le vestibule démoli sous Constantin par un porche à trois portes, et, dans le pavé, ils placèrent la pierre que l'ange avait ôtée de l'entrée du saint Sépulcre. L'intérieur n'avait subi aucune modification depuis sainte Hélène; mais, en 1555, on s'aperçut que le revêtement du saint Sépulcre tombait en ruines, et il fut rétabli par le père Boniface de Raguse, custode de Terre-Sainte, et depuis évêque de Stagno. C'est dans une de ses lettres que nous allons puiser le récit de l'état où était alors le saint Sépulcre, et de la restauration qui fut faite. Ce fut d'après les ordres du pape Jules III et sur les vives instances de Charles-Quint et de son fils Philippe, que le père Boniface de Raguse se mit à l'œuvre, après avoir obtenu de Soliman Othman l'autorisation depuis longtemps sollicitée.

Le revêtement construit par sainte Hélène fut rasé jusqu'au sol, afin de donner plus de solidité à celui qui devait le remplacer. « Quand on l'eut démoli, dit le père de Raguse, le sépulcre de Notre-Seigneur s'offrit à découvert à nos yeux, tel qu'il avait été taillé dans le roc. On y voyait deux anges, dont l'un portait un écriteau, avec ces mots : « Il est ressuscité; il n'est plus ici; » et l'autre, montrant du doigt le sépulcre, avec cette inscription : « Voilà le lieu où ils l'ont placé. » Les deux tableaux, du moment où ils furent mis en contact avec l'air, tombèrent en grande partie en poussière. La nécessité nous ayant forcés à soulever une des tables d'albâtre que sainte Hélène y avait fait placer pour recouvrir le saint Sépulcre, afin de pouvoir y célébrer la sainte messe, nous vîmes, à découvert, ce lieu ineffable où Notre-Seigneur reposa pendant trois jours. Il nous semblait à tous voir les cieux pleinement ouverts devant nous. Ce lieu, où l'on distinguait encore dans tous ses contours des traces du sang de Notre-Seigneur, mêlé à cet onguent qui avait servi à l'embaumer, offrait à nos yeux comme l'image d'un soleil resplendissant. A cette vue, nous poussâmes de pieux gémissements, des larmes de joie s'échappèrent de nos yeux, nos lèvres baisèrent avec amour ces restes vénérés et divins. Tous ceux qui étaient présents — et le nombre en était grand, car il y avait une foule de chrétiens des nations de l'Orient et de l'Occident, — ne pouvaient contenir les transports de leur tendresse, à la vue de ce divin trésor; les uns versaient un torrent de larmes, les autres faillirent en perdre la vie, si grand était l'enthousiasme, l'espèce d'extase, la sainte stupeur qui régnait dans toute l'assemblée.

La restauration du père de Raguse a subsisté jusqu'à l'incendie de 1808. Le porche fut changé en vestibule, c'est ce qu'on appelle la chapelle de l'Ange. La même forme a été conservée par les Grecs, sauf les inscriptions et l'ignoble architecture, en sorte que nous avons aujourd'hui le Saint-Sépulcre à peu près dans le même état qu'il était dans le milieu du seizième siècle. Sans doute, le monument sacré a été endommagé, dans le cours des siècles, autant par la piété des pèlerins que par l'invasion des barbares, et il est fort heureux qu'on l'ait recouvert; mais ne suffit-il pas au pieux pèlerin de savoir que c'est là le lieu de la sépulture et de la résurrection de Jésus-Christ, et que, malgré les déprédations, il peut encore retrouver et vénérer la portion la plus considérable de ce sépulcre glorieux. Nous remarquerons que ce fut à l'époque de la grande restauration accomplie par le père de Raguse, que les Pères Franciscains mirent en réserve une portion notable de la pierre du saint Sépulcre, dont ils extraient des parcelles pour les hauts personnages qui visitent les lieux saints. Quelques pèlerins ordinaires partagent quelquefois cette faveur, et je me plais à témoigner ma gratitude au révérend Père vicaire de Terre-Sainte, qui a eu l'insigne bonté de me faire don, non d'une parcelle de cette pierre sacrée, mais d'un morceau de cinq à six centimètres de surface pour le placer dans un fac-simile du saint Sépulcre.

Les premiers chrétiens célébraient les saints mystères dans les catacombes, sur les tombeaux des martyrs; c'est pour cela que nos autels ont la forme d'un tombeau, et qu'on y met des reliques de saints. Le saint Sépulcre est l'autel par excellence, l'autel de la chrétienté sur lequel a été mis le corps d'un Dieu, et qui a été arrosé du sang de la plus sainte des victimes. Aussi, le prêtre-pèlerin regarde comme un jour de bonheur celui où il lui est donné d'y offrir le saint sacrifice.

Au nord de l'église du Saint-Sépulcre est un petit couvent de Pères Franciscains attenant à la basilique. On y entre par une porte en fer pratiquée dans le mur qui le sépare de la chapelle de l'Apparition. C'est là que viennent tour à tour résider quelques Pères qui veillent jour et nuit à la garde des saints lieux. Les pèlerins qui veulent célébrer la sainte messe ou y assister, dans la chapelle du Saint-Sépulcre, doivent y passer la nuit, parce que les gardiens turcs n'ouvrent la porte extérieure qu'à cinq ou six heures du matin, et que les Latins n'ont le droit d'y célébrer que trois messes; les Grecs ne manquent pas de s'en emparer de bonne heure.

Dans l'après-midi du 4 avril, nous nous rendons à l'église du Saint-Sépulcre, nous assistons à la procession aux sanctuaires, nous laissons se fermer sur nous les portes de l'église, et nous nous retirons dans une cellule située au haut du couvent. Là, je me mets à écrire les impressions de la journée, et pendant ce temps-là mon confrère se couche pour prendre un peu de repos.

Lorsque je le crois endormi, je prends ma lampe, j'ouvre doucement la porte, et je descends en silence les étroits escaliers qui conduisent à l'entrée de la basilique, pour y passer une heure. Je dépose ma lampe auprès de la porte que je laisse entr'ouverte, afin d'y rentrer quand j'aurai satisfait ma dévotion. Je me trouve seul dans la chapelle de l'Apparition; le silence le plus profond règne autour de moi. A travers les ombres de la nuit, à la lueur vacillante de quelques lampes, je me dirige vers l'autel, je me prosterne devant le Saint-Sacrement, et je me sens saisi de je ne sais quel mystérieux frémissement. Les scènes de la passion se déroulent devant moi. Je pense involontairement à cette nuit affreuse où Notre-Seigneur fut traîné dans les rues de Jérusalem, à la pâle lueur de quelques flambeaux. Je voudrais prier, et la prière expire sur mes lèvres. Je vais devant la colonne de la flagellation, et ensuite dans la chapelle de l'Apparition à sainte Marie-Madeleine. De là, j'apercevais quelques lampes qui brillaient au loin sur le Calvaire, et dont la lueur se perdait sous les immenses coupoles, en jetant une faible clarté sur les galeries et les colonnes qu'elle dessinait dans l'épaisseur des ténèbres. C'est à une heure semblable qu'on se sent comme investi de la majesté de ce saint lieu. On n'a plus autour de soi, comme pendant le jour, la foule des curieux et des pèlerins; les bruits du monde ne parviennent plus jusqu'à vous; on est seul avec Dieu, et la pensée s'élève directement vers le ciel. Quels moments de trouble, d'émotion et de bonheur!

Cependant je m'aperçois bientôt que je ne suis pas seul dans cette solitude. Des cris, des gémissements, des chants monotones murmurent dans le lointain, et leur bruit sourd et lugubre répété par les échos de la basilique parvient jusqu'à mes oreilles. J'écoute; une sorte de frayeur s'empare de moi et je suis tenté de reculer. Je résiste, je me rassure, et je continue ma procession solitaire. Je traverse lentement les arceaux de la Vierge, et j'approche de la prison de Notre-Seigneur. J'hésite un instant à pénétrer dans ce lieu obscur. Ne s'y trouverait-il point quelque malfaiteur caché? La peur est mauvaise conseillère, me dis-je, allons sous la garde de Dieu. Je m'enfonce, je me prosterne; je pense un instant aux chaînes qui liaient Jésus, aux injures qu'il reçut; et pendant ce temps-là, aucun glaive caché ne vient me percer dans l'ombre.

Cependant les voix lointaines que j'avais entendues semblent se rapprocher; le Calvaire est proche, et c'est bien du Calvaire que partent ces gémissements. Me voilà enfin dans la chapelle de Sainte-Hélène. Quelques lampes éclairent à moitié ces voûtes souterraines. Je descends le grand escalier; je regarde autour de moi : je suis seul. Oh! la nuit, quelle profonde et solennelle solitude! Qui ne serait saisi d'une frayeur involontaire? Je descends néanmoins jusqu'au fond de la grotte de l'Invention de la Sainte-Croix, et en relevant la tête, ces rochers taillés qui la recouvrent m'apparaissent plus majestueux qu'en plein jour, et semblent me dire : Nous sommes des témoins échappés aux ravages du temps; c'est nous qui avons abrité la croix du Sauveur. Plein de ces pensées, je remonte doucement. J'aurais voulu avoir avec moi quelqu'un de ces indifférents si communs de nos jours; il me semble, qu'à la faveur de ces lieux sombres et sacrés, j'aurais fait vibrer dans son cœur les plus vives émotions de la foi.

Enfin, je monte, hésitant, agité, au Calvaire d'où partaient ces voix suppliantes qui seules troublaient le majestueux silence de ces lieux. Quel fut mon étonnement! le Calvaire était couvert d'hommes, de femmes qui, la plupart, étaient gisants sur le pavé, ou étendus sur quelques bancs contre les murailles, ou appuyés contre quelques colonnes. Trois femmes, que j'ai prises pour des religieuses grecques ou russes, se tenaient, tantôt debout, tantôt à genoux devant le lieu où la croix fut plantée. Une d'elles lisait à haute voix des prières auxquelles les autres répondaient, et, je dois le dire, avec un accent de piété mélancolique qui me pénétra. Je m'approchai; elles s'écartèrent pour me donner la liberté de me prosterner et de baiser le lieu de la croix, mais elles n'en continuèrent pas moins leurs prières. Je restai assez longtemps dans ce lieu où le cœur trouve si naturel de s'attacher, et je pus considérer à loisir le spectacle, en même temps si bizarre et édifiant, que j'avais sous les yeux. Sur le Calvaire, il y avait au moins trente ou quarante personnes qui se présentaient sous l'aspect d'un manteau jeté à terre et roulé autour du corps. Quelques-uns ronflaient; d'autres, comme des êtres fantastiques, faisaient un mouvement, dressaient la tête, et leur silhouette se dessinait sur la muraille. Que faisaient là tous ces étrangers? Ils étaient venus de bien loin : les uns des steppes de la Russie, les autres de la Crimée, d'autres de la Syrie et des îles de l'Archipel; ils étaient venus, au prix de mille sacrifices, les uns sur de mauvais bateaux, apportant leurs chétives provisions; les autres, en traversant péniblement les sables des déserts, et tout cela pour passer une nuit sur le Calvaire, à prier, à pleurer et gémir. Là, on ne demande pas : Pourquoi pleurez-vous? la raison de pleurer est si naturelle! Quelle honte pour nos chrétiens si sensuels qui, même en faisant pénitence, veulent encore jouir des aises de la vie, et trouver le confortable jusque dans leurs jeûnes et leurs mortifications!

Descendu du Calvaire, je parcours la partie de l'église qui l'avoisine, et partout j'aperçois de longues rangées de dormants, couchés sur le pavé, semblables à des morts, ensevelis dans leurs manteaux. Ils attendent l'heure de l'office matinal. Prisonniers volontaires, ils veulent au moins passer une nuit dans ce lieu sacré, pour sanctifier leur pèlerinage; mais, comme les apôtres, ils s'endorment, et Notre-Seigneur pourrait encore leur dire : « Vous n'avez donc pu veiller une heure avec moi? »

Je vais au saint Sépulcre; il est illuminé, et cette vue me réjouit le cœur. Je pense que bientôt j'aurai le bonheur d'y célébrer les saints mystères. Cependant, je sens que la fatigue me gagne, et je veux aller prendre un peu de repos. Je cherche à rentrer au couvent, mais la porte en fer s'était refermée sur moi, et me voilà prisonnier involontaire. Bon gré mal gré, il faut en prendre son parti; c'était quatre heures à passer. Je m'asseois pour prier, mais impossible; j'avais les membres brisés par les courses de la journée, et les émotions que je venais d'éprouver avaient épuisé mes forces. Je prends le parti de me coucher aussi dans l'église des Franciscains où j'étais seul. J'étends un tapis entre les stalles, et je m'en fais un lit; mais nous ne sommes pas habitués à dormir de la sorte; impossible de fermer les yeux. Que de pensées viennent se croiser dans mon esprit! J'étais là, enseveli comme dans un tombeau. Je craignais que mes forces ne me permissent pas de célébrer le matin. Cette idée me tourmentait, lorsque j'entends le bruit d'une porte qui roule sur ses gonds; je lève la tête : c'est celle du couvent; on venait préparer matines; je fais signe de m'ouvrir, et après avoir erré dans les escaliers, je retrouve enfin ma cellule et le lit après lequel je soupirais.

Dès trois heures, j'étais debout; je descends à la basilique, et voilà que les Arméniens étaient réunis auprès du saint Sépulcre. Ils célébraient un office avec assez de gravité et de recueillement. Leurs chants m'ont paru longs, interminables. Revêtu des ornements sacrés, j'attendais, je me préparais à la sacristie, lorsqu'enfin on me dit : « Il est temps, allez au saint Sépulcre. » Quel saisissement j'éprouvai!

Me voilà donc dans cette sainte grotte que Joseph d'Arimathie donna à Jésus; c'est sur le lieu même où reposa le corps du Sauveur que je vais prononcer cette étonnante parole : Ceci est mon corps. Ce tombeau ne va plus être séparé de sa victime. Par un pouvoir que Dieu seul pouvait donner aux hommes, la parole de Jésus, sur mes lèvres, va reproduire le corps et le sang de Jésus-Christ. Le sacrifice du Calvaire va se renouveler, et c'est moi, pauvre pèlerin, venu des extrémités de la France, qui vais déposer, comme Joseph, le corps et le sang du Sauveur sur son véritable tombeau, sur le même tombeau.

Mais cette tombe et sa victime ne sont plus aujourd'hui couvertes des ignominies de la croix, elles sont remplies de gloire. Ce n'est plus Jésus sous les enveloppes de la mort, mais Jésus ressuscité et sous la forme mystique de l'Eucharistie, ayant triomphé de la mort.

Je l'avoue, j'étais trop agité pour produire de ces sentiments de foi et de piété si doux et si tendres, qui font les délices de certaines âmes choisies; je ne pus que prier Notre-Seigneur d'ensevelir dans son tombeau toutes les fautes de ma vie; je ne pus que le prier de se souvenir de ma nombreuse famille, de mes amis, de mes paroissiens, que j'aime et que je regarde comme mes enfants, et surtout des âmes des vivants et des morts auxquelles je pourrais être redevable. Tant de recommandations qui m'ont été faites se sont représentées devant moi comme une immense dette que je voulais acquitter. Puissé-je, dans ce moment si précieux, unique dans ma vie, avoir satisfait à toutes mes obligations! J'ai voulu ensuite assister à la messe de mon confrère, au tombeau même, où je pouvais à peine trouver place. C'était le 5 avril 1873, la veille des Rameaux, et ce jour ne s'effacera jamais de mon souvenir.

J'ai visité, dans de précédents voyages, bien des sanctuaires vénérés; j'ai célébré la sainte messe dans l'auguste basilique du Vatican, auprès du tombeau de saint Pierre, dans la prison Mamertine, aux pieds du capitole, dans les églises les plus vénérées de Rome; j'ai célébré sur le tombeau de saint François, à Assise; à Padoue, sur celui de saint Antoine; à Venise, sur celui de saint Marc; à Milan, sur celui de saint Charles; plusieurs fois à Lorette, dans la maison de la sainte Vierge; mais toute la sainteté de ces lieux ne s'éclipse-t-elle pas devant le saint et glorieux tombeau où a reposé, pendant trois jours, le corps sacré de Notre-Seigneur Jésus-Christ? Oui, tous les autres souvenirs s'effacent en quelque sorte devant le souvenir, toujours présent, toujours vivant, de cette faveur singulière dont il m'a été donné de jouir en offrant les saints mystères sur le sépulcre même du Sauveur.

CHAPITRE X

Offices dans la basilique du Saint-Sépulcre.

Droits des diverses nations. — Offices grecs, arméniens, cophtes. — Offices latins. — Le dimanche des Rameaux. — Le jeudi saint. — Le vendredi saint.

Six nations différentes célèbrent leurs offices dans la basilique du Saint-Sépulcre, chacune dans son rite propre: les Latins, représentés par le patriarche de Jérusalem, et les Franciscains, les Grecs non unis, les Arméniens, les Cophtes, les Abyssins, les Ethiopiens et les Syriens.

Ce serait un beau et magnifique spectacle, si tous ces peuples, qui viennent des quatre coins du monde pour honorer le tombeau de Jésus-Christ et célébrer ses louanges, chacun dans leur langue, déposaient là, dans une commune prière, leurs antipathies et leurs dissensions, et vivaient fraternellement dans l'union de la même foi et de la même soumission à l'église catholique, l'unique et véritable épouse du Christ; mais, hélas! chaque nation vient avec ses préjugés, et ceux-là qui ont brisé les liens de l'unité semblent ne s'entendre que pour empiéter chaque jour sur les droits imprescriptibles de la vérité. Les Grecs surtout ont l'esprit de domination et cherchent par la ruse et par tous les moyens les plus iniques à déposséder les Latins qui devraient être les seuls possesseurs des lieux saints. Le monde retentit souvent des mauvaises querelles qu'ils leur suscitent et des criminelles voies de fait auxquelles ils ne craignent pas de se livrer. Tout le monde connaît les profanations qui ont eu lieu à Bethléem pendant que nous étions encore à Jérusalem; mais laissons là ces menées odieuses, ces criminelles entreprises d'un peuple aveuglé par le schisme et l'hérésie.

Les Latins, les Grecs, les Arméniens, les Cophtes, ont leur chapelle particulière où ils font leurs offices. Outre cela, ces quatre nations ont leur habitation propre dans l'intérieur. Comme les portes de la basilique sont ordinairement fermées et que les Turcs sont en possession des clefs, les religieux qui y habitent ne peuvent en sortir à volonté. La seule communication qu'ils aient avec l'extérieur est un guichet pratiqué dans la porte d'entrée, et par où on introduit journellement leur nourriture.

Les Franciscains ont leur couvent et leur chapelle au nord; les Grecs, à l'est; les Arméniens, au sud; les Cophtes ont une petite chapelle derrière le saint tombeau, et quelques chambres à l'ouest. Les Latins, les Grecs, les Arméniens, les Cophtes ont un droit respectif de brûler des lampes devant la façade et dans l'intérieur du Saint-Sépulcre, à la pierre de l'Onction; sur le Calvaire, ce droit est réservé aux Latins et aux Grecs. Les supérieurs des trois premières nations ont seuls le droit d'exiger l'ouverture de l'église; mais, à chaque fois, il faut qu'ils paient une rétribution aux Turcs qui veillent à l'entrée de la basilique.

De ces dispositions, il résulte que souvent ces diverses nations célèbrent en même temps leurs offices dans la même église, mais dans des lieux différents, et comme la basilique est immense, la confusion est moins grande qu'on ne le croirait d'abord. Entre chaque groupe, il y a souvent un espace vide qui sert de ligne de démarcation, et les processions sont réglées de manière qu'il n'y en ait qu'une à la fois.

Il est difficile de rendre l'impression qu'on éprouve lorsqu'on s'isole dans la basilique, de manière à entendre tous ces chants, en langues si différentes, ou lorsqu'on parcourt les divers sanctuaires où se font les différents offices. L'ensemble est loin d'être harmonieux; c'est une véritable Babel; on s'en consolerait, si l'on pouvait croire que tous ces chants partent d'un cœur bon et droit, d'un cœur dévoué à Jésus-Christ et à son Eglise; mais il y a quelque chose de triste et d'affligeant quand on pense que souvent ces hommages publics sortent de la bouche d'enfants rebelles. Bien des fois, j'ai examiné les cérémonies, écouté les chants des Grecs, je n'ai pu me résoudre à y trouver de la dignité et de la mélodie. Les ornements de leurs évêques, de leurs prêtres officiants sont riches et magnifiques; mais tout cet appareil extérieur forme un contraste choquant avec leur pose légère. On ne saurait s'empêcher de penser et de dire : La vraie piété n'est pas là.

Les Grecs, comme tous les Orientaux, chantent beaucoup; on distingue parmi eux de belles voix; on entend quelque mélodie qui frappe doucement l'oreille et remue le cœur, et puis rien; au contraire, il semble que ces belles voix se soient exercées à chanter faux, et quand plusieurs chantent ensemble, il y a quelque chose de discordant, de nazillard qui déchire l'oreille. Qu'ont-ils donc fait de cette langue grecque, si harmonieuse, si poétique, qui a charmé toute l'antiquité?

Les Arméniens ont quelque chose de plus grave, de plus sérieux, de plus imposant dans leurs cérémonies. Leurs ornements ne sont pas moins riches, ils sont vraiment resplendissants de beauté, et leurs processions dans l'intérieur de la basilique présentent le coup d'œil le plus intéressant.

Je n'ai pas vu les Cophtes déployer l'appareil de leurs cérémonies, mais souvent j'ai passé devant leur chapelle, et j'ai vu là un prêtre officiant, en présence d'un bien petit nombre de fidèles. Il chantait langoureusement et d'un ton aigrelet, agaçant. Il n'avait guère qu'un répondant qui chantait des leçons sur le même ton, en sorte que je n'avais rien plus à cœur que de m'éloigner. J'avais déjà vu la même chose à Alexandrie, dans une église cophte.

Allons maintenant aux offices latins, et là nous nous dédommagerons des impressions désagréables que nous avons subies.

Les Pères de Terre-Sainte font chaque jour une procession aux divers sanctuaires de la basilique, et chantent des hymnes et des prières appropriées à chaque lieu saint qu'ils parcourent. Rien de plus touchant! La voix grave, pieuse, mélancolique de ces bons Pères, presque tous Italiens, a quelque chose d'onctueux, de pénétrant, qui convient si bien à la sainteté du lieu; on respire un parfum délicieux, et à chaque station ils répètent cette parole : C'est ici, *hic*. Et alors la pensée se reporte doucement vers le jour où se passa l'événement qu'ils célèbrent dans leurs chants. C'est surtout quand on descend dans les profondeurs où fut trouvée la sainte croix, ou quand on est monté sur le Calvaire, qu'on sent tout ce qu'il y a d'émouvant dans cette parole : C'est ici, *hic*. Les Pères ne se contentent pas de cette procession quotidienne, chaque jour, chaque nuit, leur petite église retentit de leurs chants religieux. Les offices s'y célèbrent avec une grande solennité ; un orgue soutient le chœur et fait entendre les plus douces harmonies ; il semble qu'on soit en Italie.

Les Pères de Terre-Sainte célèbrent aussi leurs offices les plus solennels devant le Saint-Sépulcre. Alors, tout l'espace qui se trouve entre le tombeau et le chœur des Grecs est transformé en un chœur où l'on officie comme dans les cathédrales de France. J'ai assisté à l'intronisation du patriarche qui vient de succéder à Mgr Valerga ; c'était une fête magnifique ; les chrétiens de toute nation, de tout rite, étaient accourus, et ils ont dû, en se retirant, emporter une haute idée de la beauté, de la splendeur du culte catholique.

Le dimanche des Rameaux, le patriarche a officié solennellement. A Jérusalem, combien cette fête paraît belle ! Ce sont de vraies palmes que le patriarche bénit et distribue aux pèlerins, accourus de toutes les parties du monde. Je remarquai aussi beaucoup de chrétiens de Jérusalem. Notre consul était là, en grand costume ; il représente la France, protectrice des lieux saints. Il s'avança des premiers vers le patriarche, et reçut de ses mains une palme magnifiquement ornée. Ce fut un spectacle ravissant, lorsque toute cette foule, la palme en main, se mit en mouvement, et fit trois fois le tour du Saint-Sépulcre, trois fois le tour de la pierre de l'Onction. Quel est celui qui, en ce moment, n'aurait pensé à l'entrée triomphante de Jésus-Christ dans Jérusalem, au milieu des cris d'allégresse de tout un peuple, et n'aurait joint sa voix à celle des enfants qui répétaient : « Hosanna au Fils de David. »

Le jeudi saint, le patriarche officia de nouveau. Il y avait foule ; les soldats turcs étaient échelonnés dans l'église, pour entretenir le bon ordre, et leur mission me parut très-facile à remplir. Leur tenue fut convenable, il faut leur rendre cette justice.

L'auguste cérémonie semblait produire sur eux une impression religieuse. A la messe, eut lieu la communion générale. Tous les prêtres, en très-grand nombre, notre consul, les pèlerins et beaucoup de fidèles de toute nation, reçurent la sainte Communion des mains du vénérable patriarche, homme qui se distigue éminemment par sa gravité, son recueillement, sa dignité. La consécration des saintes huiles se fit ensuite, avec toutes les cérémonies prescrites, et ce ne fut pas sans un vif intérêt que nous entendîmes les chanoines du patriarcat chanter tour à tour : *Ave sanctum oleum. Ave, sanctum chrisma.* [illegible] nonciation italienne, et la variété de leurs voix donnai[illegible] à la céré[illegible]nie un caractère original que nous n'oublierons [illegible]

Le vendredi, le soir, eut lieu une procession toute particulière qui, dans tout autre sanctuaire, même en ce jour anniversaire de la mort de Jésus-Christ n'aurait pas la même raison d'être, ne produirait qu'une émotion ordinaire. Dans toutes les autres églises, on expose les emblèmes de la passion; des voiles funèbres figurent les ombres de la mort; des simulacres de tombeaux figurent l'aspect de grottes sépulcrales. Partout des figures; ici seulement la réalité. Ici sont tous les lieux qui ont été les témoins des scènes les plus douloureuses de la passion; ici est le vrai tombeau de Jésus-Christ. Aussi, pas un pèlerin ne manque à cette solennelle procession, et j'ai vu qu'elle intéressait encore au plus haut point cette foule de peuple de toute nation qui se pressait sur le parcours.

La procession part de la chapelle des Franciscains qui était remplie par un nombreux clergé. Tous s'avancent, un cierge à la main, et font entendre des chants lugubres si conformes à cette journée de deuil et de tristesse. On s'arrête dans la chapelle de l'Apparition à sainte Marie-Madeleine, et là, un père Franciscain prononce un discours en italien, qui, autant que je pus le comprendre, me parut parfaitement approprié à la circonstance. La procession se déploie majestueusement sous les vastes arceaux de la Vierge et s'arrête à la chapelle de Saint-Longin. Là, un autre père Franciscain prononce une allocution en grec moderne. On écoutait avec attention; j'écoutais aussi, mais je ne compris rien. Tout ce que mon oreille put percevoir ce fut le saint nom de Jésus, souvent répété. L'orateur semblait un peu embarrassé de la langue qu'on lui avait imposée. Plus loin, à l'autel de la Flagellation, ce fut un nouvel orateur qui parla en polonais, avec une aisance, une force, une ardeur qui me faisait vivement regretter d'être totalement étranger à sa langue. Assurément, ce devait être quelque généreux enfant de l'héroïque Pologne qui désignait sa patrie éplorée, marchant par le chemin de la croix. La procession monte au Calvaire, elle se rend à la chapelle de la Crucifixion. Là, on attache sur une croix un Christ de hauteur d'homme, et cela sur le lieu même où notre divin Sauveur se laissa clouer par les bourreaux. Quelle scène attendrissante! Comme les souvenirs de la passion remuent fortement l'âme chrétienne! Ce fut, en face du Christ, étendu sur la croix qu'un religieux prononça, en allemand, un discours que ses compatriotes durent être heureux d'entendre. De l'autel de la Crucifixion, on passe à l'autel de la Croix. Là, un nouveau spectacle, capable de tirer des larmes, s'offre à nos regards. Le Christ est élevé en croix. On se croit transporté au moment de la mort de Jésus-Christ. L'émotion gagne tous les cœurs; un frémissement parcourt toute l'assemblée, et à ce moment solennel, un orateur français, le père Bernard d'Orléans, du couvent de Bethléem, paraît. Il porte des regards attendris sur le Christ en croix, au lieu même et au jour de ses grandes douleurs. Il se tourne ensuite vers la foule qui se presse autour de lui, et il laisse échapper de son âme ardente, de ses lèvres enflammées, des paroles en quelque sorte inspirées, capables de fondre la glace des cœurs les plus froids. Avec quelle force, quelle vigueur, il dépeint les souffrances de Jésus-Christ et le bienfait de la rédemption ! Il devient surtout très-touchant lorsqu'il énumère les longues persécutions de ces généreux religieux qui, depuis plus de six cents ans, veillent à la garde des saints lieux, et qu'il fait défiler devant vous ces nombreuses phalanges de martyrs qui ont été immolés sur le tombeau de Jésus-Christ voulant verser leur sang là où le Sauveur avait répandu le sien. Le discours fini, on procède à la descente de croix. Ne semble-t-il pas qu'on voit reparaître Joseph d'Arimathie et Nicodème, accomplissant respectueusement cette honorable mission. On quitte le Calvaire, on se range autour de la pierre de l'Onction splendidement illuminée. On étend le Christ, comme au jour de l'ensevelissement, et alors un père Franciscain paraît dans une chaire improvisée, et, au milieu d'une foule compacte, rassemblée dans cette vaste partie de la basilique, il fait un discours en arabe. Je vis que la plupart de ses auditeurs le comprenaient, et il donna à sa voix et à ses gestes, une énergie, une ardeur qui captivèrent constamment leur attention. Enfin, la procession alla se placer devant le Saint-Sépulcre, et alors s'éleva la voix d'un jeune religieux espagnol qui harangua, dans sa langue, ses compatriotes. Il fut beaucoup remarqué ; il y avait dans sa parole un feu qui se communiquait même à ceux qui ne le comprenaient pas.

On conçoit combien cette cérémonie doit être intéressante. Sept langues sont mises à contribution, pour célébrer la mort du Sauveur, et les assistants, accourus de tous les pays du monde, peuvent entendre, chacun dans leur langage, quelques paroles touchantes qu'ils répéteront dans leurs lointaines contrées.

CHAPITRE XI

Gethsémani.

Oliviers de Gethsémani. — Grotte de l'Agonie. — Lieu de la trahison de Judas.

Transportons-nous maintenant au jardin des Oliviers, et là nous allons suivre, pas à pas, les traces sanglantes de Notre-Seigneur Jésus-Christ au jour de sa douloureuse passion, et en même temps nous décrirons les lieux, tels qu'ils sont aujourd'hui.

A Jérusalem, la pensée qui domine toutes les autres, n'est-ce pas celle de la passion ? Quel est le chrétien qui n'a pas parcouru en esprit la route que parcourut Notre-Seigneur depuis Gethsémani jusqu'au Calvaire? Nous sortons de Jérusalem par la porte Orientale : que les chrétiens appellent aujourd'hui la porte de Saint-Etienne, que les anciens appelaient porte du Troupeau, les croisés porte de la Vallée de Josaphat, et que les indigènes musulmans nomment aujourd'hui la porte de Madame-Marie, Bab-setti Mariam, parce qu'elle conduit au tombeau de la sainte Vierge pour laquelle ils professent un profond respect. On descend immédiatement dans la vallée de Josaphat, en passant par l'endroit où eut lieu le martyre de saint Etienne; et, après avoir traversé le torrent de Cédron, sur un pont, on se trouve au pied de la montagne des Oliviers et tout près du jardin et de la grotte de Gethsémani.

Une partie du jardin de Gethsémani a été entourée, dans ces derniers temps, d'un mûr de clôture, assez élevé pour protéger les vieux oliviers qui occupent seuls cet espace long d'environ cinquante deux mètres sur trente-trois. Je dis une partie, car il est certain que ce jardin s'étendait bien au delà de la clôture actuelle, puisque la grotte de l'agonie même n'y est pas comprise. Tout autour, on remarque encore un grand nombre d'oliviers, mais qui paraissent moins vieux que ceux qu'on a voulu mettre à l'abri des déprédations.

Ce jardin, le plus saint qui existe, et ses arbres, au nombre de huit, les plus vénérables après l'arbre de la croix, puisque Jésus-Christ est venu prier et souffrir sous leurs ombrages, sont respectés par tous les chrétiens et même par les Mahométans. Ces vieux témoins des siècles passés portent des marques de vétusté telles que les naturalistes les plus distingués sont forcés de leur assigner l'origine la plus reculée. Ils sont d'une grosseur démesurée; deux ont une circonférence de plus de huit mètres. Tout le monde sait que l'olivier est très-lent à croître, qu'il lui faut des siècles pour prendre tout son développement. Ceux du jardin de Gethsémani sont creux; et, pour les mettre à l'abri des coups de vent, on a entassé des pierres autour, et on a rempli le creux aussi de pierres pour les consolider.

Ces oliviers ont assisté à toutes les révolutions de Jérusalem. Toutes les relations de nos vieux pèlerins en font mention. Tout le monde les respecte comme les témoins de Dieu, et les contemporains de Jésus.

L'objection la plus spécieuse que l'on ait faite contre leur antiquité, c'est, qu'au rapport de Flavius Josèphe, Titus fit couper tous les arbres aux environs de Jérusalem. Le texte de Josèphe, prouve évidemment qu'il n'était pas question de la vallée de Josaphat, puisque les Romains étaient précisément du côté opposé, et que d'ailleurs ces arbres étaient trop rapprochés des murs, pour que l'ennemi, en les coupant, fût à l'abri des traits. M. de Lamartine lui-même fut tellement frappé de l'aspect de ces vieux arbres, sous lesquels Jésus se coucha et pleura, qu'il voulut en recueillir des fruits, pour les apporter en reliques à ses amis, et il ajoute qu'il comprend combien il est doux pour l'âme chrétienne, de prier, en roulant dans ses doigts, les noyaux d'olives de ces arbres dont Jésus arrosa et féconda peut-être les racines de ses larmes, quand il pria lui-même pour la dernière fois sur la terre.

C'est aussi avec une vive reconnaissance que nous avons reçu du religieux préposé à la garde de ce jardin béni, des noyaux d'olives et quelques branches de ces arbres vénérables qui semblent avoir repris une nouvelle vigueur, sans doute pour ajouter à leur vétusté quelques siècles nouveaux. C'est donc sous l'ombrage de ces arbres que Jésus-Christ s'est reposé, qu'il a conversé avec ses disciples; c'est là qu'après avoir institué, au cénacle, la divine Eucharistie et récité l'hymne d'actions de grâces, il vint, selon sa coutume, au jardin des Oliviers, où un disciple perfide devait le trahir.

Tout près de ces vieux arbres, se trouve un rocher plat sur lequel six ou huit personnes peuvent s'asseoir ou se coucher, et tout s'accorde avec la tradition pour croire que c'est là que Jésus dit à ses disciples : « Asseyez-vous ici, pendant que j'irai là pour prier. » Et il s'éloigna d'eux à la distance d'un jet de pierre, après avoir pris avec lui Pierre et les deux fils de Zébédée. Il s'éloigna un peu d'eux et tomba en agonie.

Pour donner un plus libre cours à sa douleur, il entre dans une grotte sombre, et là il éprouve dans son âme une douleur si violente qu'une sueur de sang coulait en abondance sur son auguste visage, et tombait comme une rosée jusqu'à terre. Cette grotte existe encore, et elle est bien à la distance d'un jet de pierre du rocher; et, quand la tradition ne nous le dirait pas, n'est-il pas naturel que Jésus, voulant être seul, se soit retiré là? On l'appela la grotte de l'Agonie. Elle est encore dans le même état qu'au temps de Notre-Seigneur; seulement on y a placé un petit autel pour y célébrer la sainte messe. On y lit cette inscription, en latin : « C'est ici que lui vint une sueur, comme des gouttes de sang, qui découlaient jusqu'à terre. »

Le saint jour de Pâques, de grand matin, je me rends à cette grotte de l'Agonie pour y célébrer la sainte messe. Après le saint Sépulcre et le Calvaire, y a-t-il un lieu qui parle plus éloquemment des souffrances de Jésus? Là, il était prosterné la face contre terre; là, il a versé une sueur de sang; là, il a souffert dans son âme plus que sur le Calvaire dans son corps. Ces souffrances morales ont été révélées aux Evangélistes, car aucun d'eux n'eût pu jeter à tous les échos du monde ce cri de douleur qu'on n'avait jamais entendu sur la terre, ce cri déchirant sorti de son cœur : « Mon âme est triste jusqu'à la mort! » Là, Jésus a porté un monde d'iniquités, et il est tombé en agonie. Cette caverne ténébreuse, cet autel dépouillé, cette voûte de rocher, tout parle, et je ne puis trouver d'expression pour rendre ce que je sens. Là, Jésus a daigné descendre sur l'autel, et faire couler de nouveau son sang à la voix d'un pauvre pèlerin. Là aussi, je l'ai prié pour ceux que j'aime!

Cependant, Jésus, ayant répété trois fois la même prière, revint vers ses disciples, et leur dit : « Levez-vous, allons! » et il s'avança à la rencontre du traître. A dix-huit mètres environ du rocher où étaient assis les apôtres, un fragment de colonne indique le lieu où Judas donna le baiser de trahison à Notre-Seigneur. En approchant de ce lieu, j'ai éprouvé un sentiment de répulsion, d'indignation; il m'a semblé apercevoir la figure hypocrite de Judas s'avançant vers son bon Maître, et lui disant : « Je vous salue. » J'ai compris que saint Pierre, avec son caractère ardent, devait dégaîner son épée et couper l'oreille de Malchus, et je me disais : Ah! si Clovis eût été là avec ses Francs, comme il aurait dissipé cette tourbe insolente qui venait, à la faveur des ombres de la nuit, s'emparer de la personne sacrée de Jésus!

CHAPITRE XII

Voie de la Captivité.

De Gethémani au palais de Pilate. — Lieu de la flagellation. — La couronne d'épines. — L'arc de l'*Ecce Homo*.

C'est là que commence la voie de la Captivité, qu'il ne faut pas confondre avec la voie douloureuse. Jésus, pour venir du cénacle au jardin de Gethsémani, avait descendu le penchant de Sion, et, après avoir traversé le torrent de Cédron, il avait remonté la vallée de Josaphat. Pour faire ce trajet, il faut environ vingt minutes. Jésus, lié et garrotté par cette horde soudoyée, entre dans la voie de la Captivité. Au lieu de le conduire par la ville, on suit un chemin solitaire; le peuple n'était pas encore préparé à demander sa mort, et les gens sans aveu qui procédaient illégalement à son arrestation voulaient se cacher. On lui fait donc descendre la vallée de Josaphat, en croisant le chemin qui conduit à la porte Dorée, où, quelques jours auparavant, il avait passé en triomphe. Puis, on traverse le torrent de Cédron. Une tradition porte que Notre-Seigneur, en cet endroit, tomba sur une pierre qui conserva l'empreinte de ses genoux et de ses mains. J'ai examiné ces empreintes qui existent encore. Elles sont peu distinctes, mais des autorités très-anciennes et très-respectables attestent les avoir vues parfaitement conservées. Il n'y a rien ici qui touche la foi, mais il n'y a rien non plus de contraire à la raison d'admettre que Celui qui venait de guérir l'oreille de Malchus, en la touchant, imprimât ses genoux et ses mains sur la pierre, en tombant. On en peut conclure tout au plus que la pierre était devenue plus sensible que le cœur de ces barbares qui avaient été renversés par terre, qui avaient vu ses miracles, et qui persistaient à le conduire chargé de chaînes.

Du torrent de Cédron, Jésus, gravissant le mont Sion, fut conduit d'abord chez Anne, où il fut interrogé, et où il reçut un soufflet d'un des valets. Anne l'envoya enchaîné chez Caïphe. En parlant du mont Sion, nous avons indiqué l'emplacement des maisons d'Anne et de Caïphe, et les outrages que Jésus reçut dans cette horrible nuit, qu'il passa dans la cour et la prison du grand-prêtre. Le matin, Jésus est condamné à mort par le Sanhédrin, pour cause de blasphème ; mais les Juifs n'avaient plus le droit de vie et de mort, et il fallut avoir recours au gouverneur romain, qui était alors Ponce-Pilate. Ils conduisirent donc Jésus de la maison de Caïphe, bâtie sur le mont Sion, au prétoire, qui était situé à l'angle extérieur du Moriah; et pour cela, il fallait traverser la majeure partie de la ville.

Le palais de Pilate, où se sont passées tant de scènes douloureuses de la passion, avait été converti en église, par la piété des fidèles ; aujourd'hui, il appartient tout entier aux musulmans. On y trouve une caserne, des écuries, des ruines. On ne sait si les croisés la rebâtirent; mais, du moins, ils la conservèrent; car, en 1639, Quaresmius y vit encore le chœur, des chapelles latérales et des traces de peinture. Aujourd'hui, il existe encore une petite chapelle sur le lieu où, d'après la tradition, Notre-Seigneur fut couronné d'épines; mais cette chapelle est profanée par le tombeau d'un derviche. Nous aurions pu, avec l'autorisation de notre consul, visiter cette caserne turque; mais, qu'aurions-nous vu? Tout au plus ce reste de chapelle profanée, des soldats turcs remuant leurs armes ou faisant leur sale cuisine; il nous suffisait de savoir que là avait été ce prétoire à jamais célèbre par le jugement inique qui fut porté contre le Juste.

Les Juifs ne voulurent pas entrer dans le prétoire, un scrupule légal les retint; ils ne craignaient pas de verser le sang innocent, mais, comme ils devaient manger la pâque le soir, ils ne voulaient pas entrer dans la maison d'un païen, de peur de se souiller. Pilate fut donc obligé de venir les trouver dans la cour de son palais, et ce fut là qu'ils reconnurent qu'ils n'avaient le droit de faire mourir personne. Pilate entra dans le prétoire, où il interrogea Jésus. Au pied d'une des murailles de la caserne, sur la rue, on voit encore la forme d'une grande porte qui, sans doute, était l'entrée du prétoire et de l'escalier que monta Notre-Seigneur, et qui est connu sous le nom de *scala santa*. Notre-Seigneur l'a monté trois fois dans sa passion; la première fois, pour être interrogé par Pilate; la seconde, en revenant de chez Hérode; la troisième, après sa flagellation, et c'est alors qu'il fut arrosé de son sang, dont il conserva les traces. Cet escalier a vingt-huit marches; Constantin le fit transporter à Rome, où il est encore, près de la basilique de

Saint-Jean-de-Latran. Il a été tellement usé par les fidèles, qui le montent à genoux, qu'on a été obligé de le recouvrir de marches épaisses de noyer qu'on a déjà renouvelées plusieurs fois. Mais on a eu soin de laisser certains vides par lesquels on aperçoit les véritables marches, et de disposer ces vides, couverts d'une vitre épaisse, sur les endroits qu'on croit avoir été tachés de sang.

Il n'est pas un seul pèlerin ayant visité Rome qui ne connaisse la *scala santa*. Nous-même, dans deux voyages subséquents, nous avons eu le bonheur de monter bien des fois, à genoux, ce précieux vestige de la passion, et nous avons été grandement édifié de la piété de ces foules qui baisent avec tant de respect la trace des pieds du Sauveur. Quand l'emplacement du véritable prétoire sera-t-il purifié? quand sera-t-il orné, comme autrefois, d'un sanctuaire? On est péniblement affecté quand on se voit réduit à commencer la première station de la voie douloureuse dans la rue, auprès de la porte murée, au lieu de la faire à l'endroit même où était le prétoire, dans l'intérieur de cette vile caserne.

Pilate, étonné du silence mystérieux et sublime de Jésus, en face des calomnies multipliées de ses ennemis, et apprenant que Jésus était de la Galilée, le renvoya à Hérode qui, en ces jours-là, était aussi à Jérusalem. Le palais d'Hérode était situé non loin du prétoire, en face le mur du couvent des Dames de Sion, fondé par M. Ratisbonne. Cet infâme Hérode était celui qui avait fait trancher la tête à saint Jean-Baptiste, pour faire plaisir à une incestueuse et à une danseuse. Il avait entendu parler de tout ce que faisait Jésus; et, depuis la mort de Jean, il était inquiet, il désirait voir le nouveau prophète, il espérait en obtenir quelque prodige; il l'interroge, mais Jésus ne fait aucune réponse. A ses crimes passés, il ajoute la dérision envers le Sauveur, il le fait revêtir d'une robe blanche et le renvoie à Pilate. Jésus retourne donc au prétoire. Pilate assemble les princes des prêtres et les premiers du peuple; il leur dit : « Personne ne l'a trouvé coupable; je vais donc le renvoyer, après l'avoir fait châtier. » Quelle sentence! Jésus est innocent, et Pilate le fait flageller!

Je ne ferai aucune réflexion sur cet horrible supplice de la flagellation. Il n'est pas une âme sensible qui n'ait frémi à la pensée de ces coups qui faisaient jaillir le sang de Jésus. C'était hors l'enceinte du palais que l'on avait coutume de flageller, et saint Marc nous dit que Jésus fut conduit dans la cour du prétoire, après avoir été battu de verges, ce qui fait entendre que la flagellation avait eu lieu ailleurs.

Le lieu de la flagellation est de l'autre côté de la rue. Une petite porte basse, en fer, donne entrée sur une cour, où est une église, bâtie sur le lieu même arrosé du sang de Jésus-Christ. On est heureux de voir combien ce saint lieu est respecté, doublement heureux de célébrer la sainte messe sur l'endroit même où a été fixée la colonne à laquelle Jésus fut attaché pendant son supplice.

Les autels sont bien décorés, plusieurs lampes y brûlent continuellement, et pas un pèlerin ne vient à Jérusalem, sans aller se prosterner dans cet auguste et vénéré sanctuaire. Il n'en a pas toujours été ainsi. L'ancienne église fut prise en 1618, par Moustafa-Bey, fils du pacha de Jérusalem, qui la convertit en écurie ; il y mit ses chevaux ; mais le sacrilége ne demeura pas impuni. Le lendemain, il les trouva tous morts. Il y en mit d'autres, ils eurent le même sort. Effrayé de ces pertes extraordinaires, il consulta les sages de l'Islamisme, et ceux-là, reconnaissant dans ces faits quelque chose de prodigieux, déclarèrent que les chrétiens avaient ce lieu en grande vénération, parce que Jésus y avait été flagellé, et Dieu ne voulut pas qu'on y mît des animaux. Moustafa cessa donc d'y mettre ses chevaux, il abandonna l'écurie, mais il ne la rendit pas aux chrétiens. Par le laps du temps, une partie s'écroula, et le reste perdit l'aspect d'une église. Un illustre pèlerin écrivait, il y a peu d'années : La salle où a eu lieu l'horrible flagellation n'est plus qu'un endroit immonde, en face des ruines du prétoire et sur la même rue, à peine y trouve-t-on une place où le genou puisse reposer. Ibrahim-Pacha la rendit aux Pères Franciscains, et aujourd'hui, grâce à la piété et à la munificence du duc Maximilien de Bavière, qui la visita en 1838, elle est réparée avec soin ; elle est parfaitement entretenue, et le pèlerin sort édifié de ce sanctuaire qui forme un contraste si frappant avec le prétoire, profané et abandonné. Il existe deux colonnes de la flagellation ; l'une à Jérusalem, dans l'église du Saint-Sépulcre, et l'autre, à Rome, dans l'église de Sainte-Praxède. Suivant l'opinion la plus commune, celle de la maison de Caïphe serait à Rome, et l'église du Saint-Sépulcre serait en possession de celle du prétoire.

Nous lisons, dans saint Marc, que Jésus, après la flagellation, fut livré aux Juifs, que les soldats le conduisirent dans la cour du prétoire, qu'ils le revêtirent d'un manteau de pourpre, qu'ils tressèrent une couronne d'épines et qu'ils l'enfoncèrent sur sa tête. Quelle était cette couronne d'épines dont la synagogue sa mère couronne le nouveau Salomon? Quelle est la terre sauvage et barbare hérissée de ronces et de buissons qui a produit ce fruit lugubre, et quelle est la main cruelle qui l'a cueilli ? Cette terre, je l'ai trouvée, c'est le mont Sion. Cette main barbare, c'était celle des Juifs. Lorsque nous avons visité le mont Sion, tout près de la porte, nous avons rencontré un arbuste épineux, formant comme un buisson dont il est difficile d'approcher sans se déchirer les mains et les habits. J'ignore le nom de cet arbuste, mais je ne doute pas que ce ne soit celui qui a fourni la couronne cruelle, dont on ceignit le front de Jésus. Les branches sont flexibles et armées de pointes aiguës. J'en ai détaché et apporté une avec moi ; et, malgré les accidents qu'elle a subi en route, elle conserve la flexibilité, et ses pointes à moitié brisées sont encore très-piquantes. La cruauté impatiente des Juifs avait donc sous la main de quoi se satisfaire, et à la promptitude avec laquelle la couronne se trouva prête à poser sur la tête de Jésus, il semblerait que ses accusateurs, en descendant du mont Sion au prétoire, avait eu la barbare précaution d'en apporter avec eux la matière. Cette couronne, après avoir ensanglanté la tête du Sauveur, est devenue plus précieuse que le diadème des rois. Les empereurs et les princes en ont tour à tour envié la possession, et l'ont regardée comme le trésor le plus sacré.

La sainte couronne fut retrouvée, par sainte Hélène, avec la vraie croix et les autres instruments de la passion, et transportée à Constantinople. A la prise de cette ville par les croisés, Baudouin la trouva dans le palais de Bucoléon, et la garda pour lui. Plus tard, saint Louis la racheta des Grecs, la fit rapporter à Paris, et alla à sa rencontre pieds nus, et en versant des larmes, au milieu d'une foule de peuple qui se prosternait sur son passage. La précieuse relique fut placée dans la Sainte-Chapelle. Après la révolution, on la restitua à l'église Notre-Dame, où, chaque année, aux derniers jours de la semaine sainte, elle est exposée à la vénération des fidèles.

Nous avons vu, à Rome, à Sainte-Croix, une épine de la sainte couronne, et une autre à Bruxelles, dans l'église de Sainte-Gudule ; et, en les comparant, avec celle de l'arbuste épineux du mont Sion, j'y trouve tant de rapports, que je reste convaincu que c'est bien là qu'on a trouvé la matière de la couronne que Jésus porta jusque sur le Calvaire.

Après la flagellation, Pilate, nous dit saint Jean, emmena Jésus hors du prétoire, et Jésus sortit portant la couronne d'épines et le vêtement de pourpre. Les cris de mort avaient redoublé; Pilate était rentré dans le prétoire, et c'est pour cela qu'il fit sortir Jésus, et qu'il alla placer son tribunal dans un lieu, appelé, en grec, Lithostrotos, en hébreu Gabbatha. Et il dit aux Juifs : Voilà l'homme ; voilà votre roi. Pilace, cherchant à exciter la compassion du peuple, voulut leur montrer Jésus, dans l'état d'humiliation et de souffrance où il se trouvait après la flagellation; mais le prétoire n'était pas assez vaste pour contenir la foule qui se pressait à ce douloureux spectacle. Il choisit donc un lieu élevé, pour être vu de tout le monde; c'est ce que signifie le mot hébreu Gabbatha (lieu élevé et découvert.) A une centaine de pas du prétoire, on remarque une galerie couverte ayant une double fenêtre et passant au-dessus de la rue. C'est là que devait être le tribunal du préteur. Cette galerie est profanée aujourd'hui par la présence d'un derviche musulman; mais les chrétiens se prosternent au-dessous; et, à la vue de ce lieu, ils se représentent vivement cette scène déchirante de la passion. Il leur semble voir Pilate, montrant Jésus, conspué, couronné d'épines, un sceptre de dérision à la main, un manteau de pourpre sur les épaules et disant bien haut : Voilà l'homme, *ecce homo*, et le peuple répondant par ces cris féroces mille fois répétés : Crucifiez-le.

C'est en présence de tout le peuple, sur cette galerie, que Pilate se fit apporter de l'eau et se lava les mains, en disant : Je suis innocent du sang de ce juste ; et que le peuple répondit : Que son sang retombe sur nous et sur nos enfants ; et ce fut alors que Pilate leur abandonna Jésus pour être crucifié. Quel jugement ! M. Dupin, indigné, s'écrie à ce sujet : « Lave tes mains, Pilate, elles sont teintes du sang innocent ! Tu l'as octroyé par faiblesse, tu n'es pas moins coupable que si tu l'avais sacrifié par méchanceté. Les générations ont redit jusqu'à nous : Le juste a souffert sous Ponce-Pilate. En effet, Pilate restera éternellement cloué au pilori du *Credo*. » Un jour, j'étais agenouillé au lieu même qui entendit les cris de mort de la foule, et l'arrêt inique qui en fut la conséquence ; j'étais entouré des ruines du prétoire et du palais d'Hérode. Je voyais le temple de Salomon détruit, le peuple juif dispersé, sans patrie, sans autel, portant le châtiment du sang du juste, tandis que le divin Crucifié est adoré par toute la terre, et je me demandais, comment on ne répéterait pas, avec le centurion de l'Evangile : Vraiment, celui-ci était le Fils de Dieu.

CHAPITRE XIII

Voie Douloureuse, ou Chemin de la Croix.

Les quatorze stations.

Et Jésus, portant sa croix, alla au lieu appelé Calvaire, nous dit saint Jean. Les premières fois qu'on lit la Passion, on sent son cœur brisé et ses yeux mouillés de larmes ; c'est qu'en effet, il y a quelque chose de si touchant que, pour ne pas s'attendrir, il faudrait un cœur dur comme la pierre. Mais suivre Jésus portant sa croix, dans la ville même de Jérusalem, parcourir les mêmes rues qu'il parcourut, suivi d'une populace effrénée ; suivre les traces de ses pas qui, alors, furent marquées de son sang ; s'arrêter aux mêmes endroits où il s'arrêta, chargé de sa croix, recueillir et méditer, sur cette voie douloureuse, tous les souvenirs qu'il a laissés, ce n'est plus un récit touchant qui fait pleurer, c'est un drame sanglant qui se déroule devant vous, et dont les divers actes qui passent successivement sous vos yeux, viennent tour à tour remuer la sensibilité de votre âme, jusqu'à ce qu'elle soit frappée comme d'un coup de foudre, lorsque le dénouement arrive sur le

Calvaire, lorsque la croix apparaît, supportant sur ses bras la victime immolée pour le monde. Je ne sais comment retracer les impressions que j'ai éprouvées. Nous allons suivre les diverses stations, telles qu'elles sont marquées dans l'exercice ordinaire du chemin de la Croix, supprimons tout ce qui serait étranger aux lieux actuels.

Première station.

De la maison de Pilate au Calvaire, on compte environ mille trois cent vingt pas. La première station devrait se faire dans la caserne turque, au lieu même où Pilate, siégeant sur son tribunal, condamna Jésus ; mais, comme l'entrée n'en est pas toujours accessible, on se place auprès de l'emplacement de *la scala santa*, marqué dans le mur de la caserne, par la trace d'un escalier. Le pèlerin s'agenouille, dans la rue, en face de l'endroit où Jésus fut condamné, et il peut méditer à loisir sur l'iniquité de ce jugement et adorer celui qui a racheté le monde par sa sainte Croix. Il n'a pas à craindre les insultes et les moqueries des passants qui respectent sa foi. Les riches et les savants fléchissent là le genou sans aucun respect humain, et peuvent s'abandonner tranquillement aux saintes pensées qui assiégent leur âme.

Deuxième station.

C'est au même endroit que se fait la deuxième station, puisque c'est au bas de l'escalier qui conduisait du prétoire dans la rue, que Jésus fut chargé de sa croix. Le pèlerin, qui s'est prosterné de nouveau, se dit : C'est là, indubitablement, que Jésus a passé, portant sur ses épaules sacrées l'instrument de son supplice ; il a pris sur lui le fardeau de nos iniquités. Que n'étais-je là pour le soulager ! Avec quel bonheur j'aurais baisé la trace de ses pas.

Troisième station.

Je me mets à la suite de Jésus, je marche avec lui dans cette voie douloureuse. Je le vois, suivi de ses accusateurs, de ses bourreaux et d'une foule de peuple, passer sous cette arcade, où il avait été montré au peuple ; la rue est en pente et descend jusqu'à la rencontre de celle qui vient de la porte de Damas, autrefois d'Ephraïm. Après environ cent vingt-trois mètres, on est au bout de cette rue, et sur la gauche, une colonne cassée en deux et couchée contre le mur, indique le lieu où Notre-Seigneur tomba pour la première fois, fléchissant sous le poids de sa croix et de ses souffrances, peut-être même heurté, dans cette pente rapide, par quelqu'un de ses bourreaux.

Quatrième station.

A trente-sept mètres plus loin, on trouve une ruelle venant des environs du prétoire, comme j'ai pu m'en convaincre, en la suivant assez loin. C'est par cette petite rue que la sainte Vierge qui avait suivi les diverses phases de la condamnation de son divin Fils, vint à sa rencontre, voulant le presser une dernière fois dans ses bras. Elle se plaça sur son passage, et quand elle l'aperçut, elle tomba comme demi morte. Y a-t-il rien de plus saisissant que cette rencontre? L'Evangile n'en parle pas, mais tous les Pères en ont fait mention. Comment pourrait-on douter que la sainte Vierge, que nous retrouvons au Calvaire, ait suivi partout son divin Fils. Il y a encore en ce lieu une église abandonnée qu'on appelait l'église de *la Pamoison*, ou Notre-Dame des Douleurs. Avec quel respect le pèlerin se prosterne, en considérant Jésus et sa sainte Mère, et répète ces paroles du *Stabat* : Qui pourrait ne pas s'affliger, en contemplant cette pieuse mère mêlant ses larmes aux douleurs de son Fils ! *Quis posset non contristari ?*

Cinquième station.

A vingt-trois mètres plus loin, on place ordinairement la cinquième station. A l'entrée d'une rue, vers l'ouest, on trouve une petite excavation, dans une pierre du mur de la première maison, à gauche. C'est là l'endroit où les Juifs forcèrent Simon le Cyrénéen qui passait par là, en revenant des champs, de porter la croix de Jésus. Il est très-probable que Simon était rentré dans la ville par la porte de Damas ou d'Ephraïm, et que, manifestant quelque sentiment de compassion pour Jésus, on l'obligea à lui aider, ou peut-être, les Juifs, voyant l'extrême affaiblissement où se trouvait Jésus, craignirent qu'il ne succombât, en montant cette rue rapide où l'on entrait, et qu'ils ne pussent repaître leurs yeux de l'horrible spectacle de son agonie sur le Calvaire. Peut-on franchir cette station sans porter envie à cet heureux Cyrénéen, qui eut le bonheur de soulager Jésus, au milieu de ses plus grandes douleurs. La ville de Cyrène d'où était Simon est située en Afrique. Il y avait alors beaucoup de Juifs. Cette ville s'appelle aujourd'hui Barca.

Sixième station.

On continue cette rue, laissant à gauche la maison du mauvais riche, et après quatre-vingt-neuf mètres on arrive à la maison de sainte Véronique, et un morceau de colonne encastré dans le pavé, auprès de la maison, indique la sixième station. C'est là qu'une pieuse femme eut assez de courage pour braver la fureur des soldats et des bourreaux, et alla essuyer avec un mouchoir la face du Sauveur. Elle en fut récompensée sur le moment même, car la face adorable de Jésus resta imprimée sur ce linge qu'on conserve encore à Saint-Pierre de Rome, sous le nom de *volto santo*. C'est peut-être pour cela qu'on a donné à cette femme le nom de sainte Véronique, qui signifie : vrai portrait. La tradition seule nous garantit ces faits. Mais, sans les discuter, ne suffit-il pas, pour rassurer notre piété, que l'Église les approuve? Et, partout où l'exercice du Chemin de la Croix est établi, et il l'est dans tout l'univers, on loue et on exalte l'action héroïque de cette sainte femme.

Septième station.

Au bout de cette même rue, se trouve l'emplacement de la porte Judiciaire, c'est la septième station. Malgré le secours de Siméon, Jésus tombe une seconde fois. C'est la porte par laquelle sortaient les condamnés qu'on conduisait sur le Golgotha, qui était la place des exécutions.

Huitième station.

Le Golgotha commençait alors auprès de la porte Judiciaire. Maintenant cet espace est enfermé dans la ville et couvert de maisons. On suit donc la rue qui fait face à celle que l'on vient de quitter, et, à la distance d'une trentaine de mètres, un trou, à gauche, dans la pierre du mur d'un couvent, indique la huitième station. C'est là qu'eut lieu la scène la plus touchante, la rencontre des femmes de Jérusalem qui pleuraient et se lamentaient sur le sort de Jésus. Quel contraste avec la dureté, la férocité de cette tourbe insolente qui avait suivi jusque-là le Sauveur! Le cœur de Jésus dut en être soulagé, et il le manifesta par ces paroles qu'il leur adressa : « Ne pleurez pas sur moi, pleurez plutôt sur vous-mêmes, » paroles qui respirent tant de tendresse et de bonté, qu'en les répétant on sent son cœur attendri et ses yeux mouillés de larmes.

Neuvième station.

Le chemin que suivit Notre-Seigneur jusqu'à la troisième chute est aujourd'hui complétement fermé et couvert de maisons. Il est regrettable que les chrétiens, en se groupant autour du Calvaire, n'aient pas laissé libre cette voie douloureuse qu'on serait heureux de suivre dans toute son étendue. Il faut donc retourner sur ses pas pour arriver à la neuvième station. On prend la première rue à droite, et on arrive à une impasse où il faut entrer, en montant sur un tertre couvert de mille débris, et, à cent mètres environ, au bout de l'impasse, une colonne encastrée, debout à droite, et tout près de la porte du couvent, évêché cophte, indique le lieu où Notre-Seigneur, arrivant près du Calvaire, tomba pour la troisième fois. Rien de triste comme l'aspect de ces lieux; on est au milieu des ruines. Sur un vaste terrain, on n'aperçoit que des colonnes brisées, ou restées solitaires, comme témoins des édifices qu'elles ont soutenus. Constantin et les croisés avaient élevé là des constructions que le temps et le marteau des démolisseurs ont renversées. Je quitte ces lieux désolés, je retourne sur mes pas, et je me rends au Saint-Sépulcre, pour les cinq dernières stations; car il n'y a aucune communication entre la neuvième et les suivantes.

Dixième station.

J'entre dans l'église du Saint-Sépulcre ; je monte sur le Calvaire ; et, sur la partie sud appartenant aux Pères de Terre-Sainte, j'aperçois, sur le pavé, une rosace qui m'indique le lieu où Notre-Seigneur fut dépouillé de ses vêtements.

Onzième station.

Devant l'autel du Crucifiement, dont j'ai parlé, un carré, en mosaïque, indique le lieu où Jésus fut cloué sur la croix.

Douzième station.

Et dans la partie nord du Calvaire, sous l'autel grec, on voit, dans le roc, l'ouverture où fut planté le pied de la croix adorable où Jésus était suspendu.

Treizième station.

Il est assez probable que la sainte Vierge resta au pied de la croix, après que Jésus eut rendu le dernier soupir, jusqu'au moment où Joseph d'Arimathie, aidé de Nicodème et des saintes femmes, détacha son corps et le remit entre ses bras. C'est pour cela qu'on fait la treizième station à un petit autel placé entre celui de la Plantation de la croix et celui du Crucifiement, et qu'on nomme le *Stabat Mater*.

Quatorzième station.

Cette station se fait au Saint-Sépulcre. Je n'ai fait qu'indiquer les stations qui se font dans l'intérieur de la basilique du Saint-Sépulcre, parce que j'ai eu occasion d'en parler ailleurs.

Après avoir parcouru la voie douloureuse, on s'applique nécessairement ces paroles du prophète : « O vous tous qui suivez cette route ensanglantée, arrêtez-vous de temps en temps, et voyez s'il fut jamais douleur semblable à celle de Jésus portant sa croix. » Quand on arrive sur le Calvaire, on se sent comme accablé par le poids de cette croix invisible qu'on a portée avec le Sauveur, et, après s'être prosterné devant le tombeau, on se retire silencieux, plein de pensées lugubres qui vous poursuivent toujours. Il semble qu'on a toujours sous les yeux le spectacle déchirant des scènes de sa passion.

CHAPITRE XIV

Tombeau de la sainte Vierge à Gethsémani.

Description de l'église et du tombeau de la sainte Vierge.

Après les lieux sanctifiés par la présence de Jésus et les souffrances de sa passion, il n'en est pas de plus chers au cœur chré-

lieu que ceux que la sainte Vierge a habités et que le tombeau où fut renfermé son corps jusqu'au moment de sa glorieuse Assomption. Un sujet si intéressant mérite un article particulier, et je ne craindrai pas d'entrer dans les plus petits détails.

Il convenait à celui qui mourut pour le monde entier de rendre le dernier soupir sur le sommet du Calvaire, exposé aux yeux de tous; mais la Vierge Marie, ce lis d'Eden, qui avait vécu loin des regards de la foule, devait expirer dans l'ombre et la solitude. Aussi, son départ n'eut pas de retentissement dans le monde. Le bruit se répandit dans la chrétienté que Marie était morte. Des pèlerins allèrent de divers côtés, cherchant ses reliques, et ils ne les trouvèrent pas; mais bientôt la tradition, portée sur les ailes du vent de l'Orient, ne tarda pas à leur apprendre les détails de cette mort si précieuse.

L'Evangile nous dit que saint Jean, après cette parole de Jésus mourant : « Voilà votre Mère, » reçut la sainte Vierge dans sa propre maison : *et ex hoc accepit eam discipulus in sua*, et une pieuse tradition nous assure que ce fut sur le mont Sion, tout près du Cénacle, que la sainte Vierge se retira avec l'apôtre saint Jean. Nous avons eu le bonheur de visiter l'emplacement de cette maison où l'on voit encore des ruines. Avec quel respect nous avons contemplé ces vestiges sanctifiés par la présence de la Reine du ciel! C'est dans cette humble retraite que vécut longtemps Celle qui était la consolation de l'Eglise naissante, le soutien des fidèles persécutés, la force et la lumière des apôtres. C'est là sans doute que saint Luc apprit les mystères de Nazareth et de Bethléem. On raconte de saint Denys l'aréopagite, qu'il partit d'Athènes, traversa la mer et vint à Jérusalem, uniquement pour voir la sainte Vierge, et qu'après l'avoir vue, il disait dans sa langue de païen converti : « J'ai vu, non pas une mortelle, mais une déesse. » Il est possible, quoique rien ne le prouve, que la sainte Vierge soit allée à Ephèse avec saint Jean; mais Jérusalem lui était trop chère, pour qu'elle n'y revînt pas immédiatement. Une mère s'attache aux lieux où a souffert son fils, et Jérusalem était pleine de ces souvenirs qui rappellent une Mère comme Marie.

Cependant le moment arriva où Marie allait rendre à Dieu son âme immaculée. Par une disposition particulière de la Providence, les apôtres dispersés se trouvaient réunis à Jérusalem. Saint Jean Damascène raconte les paroles si touchantes qu'ils lui adressèrent à ce moment suprême et les réponses admirables que leur faisait la Vierge mourante. Le moment de la séparation arrive; rien de triste et de lugubre; ce n'est pas une agonie, c'est un léger sommeil. L'amour divin brise les liens de sa mortalité, et cette chaste colombe prend son essor dans les cieux. En ce moment, les anges font entendre d'harmonieux concerts, tandis que les apôtres contemplent respectueusement le corps inanimé de Marie. Un tombeau lui était préparé d'avance, non loin de ceux de saint Joachim et de sainte Anne, son père et sa mère, tout près de celui de saint Joseph, le fidèle confident des secrets célestes. C'était dans la vallée de Josaphat, et il fallait y transporter le corps du mont Sion. Les apôtres se chargent de ce précieux fardeau; de nombreux disciples les accompagnent avec respect, c'est le convoi de leur mère. Ils n'ont pas oublié cette parole : « Voilà votre Mère : *ecce Mater tua.* »

Cependant, les Juifs, ennemis de la Mère comme du Fils, forment un horrible complot. A peine le convoi avait-il franchi une assez faible distance, environ deux cents mètres, qu'ils se précipitent pour l'arrêter et profaner ce corps si pur et si saint. Un prêtre juif, plus acharné que les autres, ose porter la main sur le brancard, voulant jeter le corps par terre; mais Marie commence à exercer sa puissance. Le bras du sacrilége devient raide, et ses compagnons aveugles. A la vue d'un si terrible châtiment, tous demandent pardon, les apôtres prient pour eux, et la sainte Vierge opère un double miracle. Tous recouvrent la santé, ils se convertissent et se font tous baptiser. Aujourd'hui, sur le mont Sion, près de la grotte de saint Pierre, nous avons vu un fût de colonne planté en terre, qui indique le lieu où se passa cet événement. Le convoi, après un prodige si éclatant, poursuit tranquillement sa marche et arrive à la vallée de Josaphat. Les apôtres déposent le corps de la très-sainte Vierge dans le tombeau qui lui était préparé, et, pendant trois jours, ils veillent autour, nuit et jour, pour empêcher toute nouvelle tentative de profanation.

Cependant, saint Thomas, le seul qui n'eût pas assisté à la mort de la sainte Vierge, arriva, descendant la montagne des Oliviers, et, à quelque distance du tombeau, là où on remarque aujourd'hui un rocher blanc, il aperçut la glorieuse Vierge Marie, montant au ciel et lui laissant tomber sa ceinture sur ce même rocher, comme l'atteste une pieuse tradition. Le saint apôtre recueillit avec bonheur ce gage si précieux de la tendresse de Marie. Cette ceinture de la sainte Vierge a été conservée, et on la vénère aujourd'hui à Prato, en Toscane. De là saint Thomas s'avance vers le sépulcre; il raconte aux apôtres ce qu'il a vu; tous s'empressent d'ouvrir le tombeau, et, ô prodige admirable! ils le trouvent vide, au lieu de ce corps pur et parfumé qu'ils y avaient déposé, ils ne trouvent que les linges et les vêtements, et des fleurs qui avaient crû aux endroits qu'il avait touchés, et puis, ils entendent les chœurs des anges qui chantent la gloire de leur Reine enlevée de la terre et triomphant dans les cieux.

Bien des fois j'ai visité le tombeau de la sainte Vierge. Il est placé dans une église souterraine située près du jardin des Oliviers, à quelques pas du pont jeté sur le Cédron. On arrive à l'église par le sud. On descend d'abord par trois marches, sur un espace aplani et pavé qui sert de parvis à l'église. Sainte Hélène et Constantin, si zélés pour le tombeau de Notre-Seigneur, n'oublièrent pas celui de la sainte Vierge et le décorèrent d'une belle église. On y descend par un magnifique escalier en marbre de quarante-huit marches. Dix à douze personnes peuvent s'y tenir de front. Quand on est arrivé à la vingt et unième marche, on trouve une petite chapelle où sont deux autels, l'un sur le tombeau de saint Joachim, et l'autre sur celui de sainte Anne. Presque vis-à-vis, à gauche, est une autre chapelle dont l'autel repose sur le tombeau de saint Joseph. Quand on est arrivé au fond de l'escalier, on se trouve dans une église, qui a la forme d'une croix, longue d'environ trente-deux mètres et large de six à sept. Elle est solidement murée de tous côtés. La partie orientale, du côté de la montagne des Oliviers, est taillée dans le roc. Elle ne reçoit de lumière que par une ouverture pratiquée dans la voûte, du côté de la montagne et par l'escalier. Le tombeau de la sainte Vierge, placé au milieu de la grande nef, un peu vers l'est, était taillé dans le roc. Les constructeurs de l'église suivirent la même méthode que pour le tombeau de Notre-Seigneur. Ils taillèrent tout autour, ne respectant que la masse où était le saint monument, et ils obtinrent ainsi le petit édifice isolé que nous voyons aujourd'hui. Les murs des deux côtés, étant de roc vif, taillés perpendiculairement jusqu'à la voûte, en sont la preuve évidente.

Le tombeau de la sainte Vierge est donc dans un petit monument ou chapelle ; il est recouvert d'une table de marbre sur laquelle les Grecs célèbrent leurs offices. Le firman de 1852 accorde aussi aux Latins le droit d'y célébrer après les Grecs et les Arméniens ; mais les Latins n'ont pas jugé à propos d'en user.

Vers le milieu du septième siècle, il y avait une église supérieure au-dessus de l'église souterraine. C'était une rotonde que les croisés trouvèrent en ruines, et qu'ils ne rétablirent pas, en sorte que l'église actuelle est à peu près aujourd'hui ce qu'elle était à l'époque de sa fondation.

Il est peu d'églises qui rappellent de plus précieux souvenirs. On éprouve là des impressions qu'il est difficile de rendre. Sous ces voûtes sombres, solitaires, l'image de la vie et de la mort se présentent tour à tour ; au sein de ces profondes ténèbres, on voit luire un rayon d'immortalité. On se dit, comme involontairement : C'est donc là que le corps immaculé de Marie a reposé ; elle a goûté un instant la mort, et puis, comme Jésus-Christ, cette vierge puissante a secoué la poussière du tombeau, et c'est de là que son corps virginal, comme celui de son divin Fils, a pris son essor vers les cieux, pour aller s'asseoir sur un trône plus éblouissant que ceux de David et de Salomon, et régner à jamais comme souveraine du monde.

CHAPITRE XV

La vallée de Josaphat.

Tombeaux musulmans. — Muraille de l'Esplanade. — Cimetière juif. — Tombeau d'Absalon. — Tombeaux de Josaphat, de saint Jacques et de Zacharie. — Village de Siloan. — Fontaine de la Vierge. — Piscine de Siloé. — Lieu du martyre d'Isaïe. — Fontaine de Rogel.

En quittant le tombeau de la sainte Vierge, descendons dans la vallée de Josaphat, si célèbre dans les saintes Ecritures. Aucun lieu sur la terre n'évoque de plus solennelles pensées : c'est la vallée des larmes, du recueillement et de la mort. Rien de plus triste, c'est une affreuse solitude. Partout autour de vous, des débris du passé ; une ville enveloppée dans ses murailles comme dans un manteau de deuil ; un torrent presque toujours sans eau. A droite, à gauche, des monuments funèbres et quelques rares visiteurs qui viennent pleurer sur la tombe des leurs ; le lit du torrent, rempli de cailloux roulants ; à côté, des roches nues, et dans les interstices, quelques arbres étiolés, sans verdure ; des montagnes arides et élevées qui arrêtent la vue et vous enserrent comme dans un tombeau ; beaucoup de sépulcres brisés : c'est vraiment le séjour de la mort. Et puis, quand on se reporte vers le passé, combien de prophètes et de martyrs ont traversé cette vallée ! Et quand on pense à l'avenir, à ce grand jour où le Fils de Dieu, précédé de sa croix, apparaîtra pour juger l'univers, et fera entendre cette parole : « Morts, levez-vous ! » comment l'âme ne serait-elle pas saisie d'émotion et d'effroi ?

Je remonte à droite, jusqu'auprès des murailles ; toute cette pente escarpée est couverte de tombeaux musulmans. Les mahométans ont voulu se placer tout près du lieu où doit venir leur prétendu prophète pour juger les hommes. Ils ont eu la précaution singulière de prendre la droite de la vallée, afin d'être plus sûrs de l'avenir au dernier jugement. C'est aussi une opinion assez commune, parmi les chrétiens, de considérer la vallée de Josaphat comme le lieu du jugement universel. Le prophète Joël paraît l'annoncer, lorsqu'il dit : « J'entrerai en jugement avec elles, » Au jour de l'ascension, les anges dirent aux disciples : « Ce Jésus, qui s'est élevé dans le ciel, viendra de la même manière que vous l'y avez vu monter. » Ce qui semble indiquer que Jésus-Christ, au jour de sa gloire, apparaîtra dans ces lieux, et que son honneur sera réparé là où il lui a été ravi par tant d'opprobres, et qu'il jugera justement les hommes qui l'ont jugé si injustement.

Lorsqu'on est arrivé au pied de la muraille de l'Esplanade et qu'on se dirige vers la porte Dorée, on reconnaît facilement que de ce côté, l'enceinte de la mosquée d'Omar est la même que celle du temple de Salomon. On y voit des constructions de toutes les époques, et des pierres de toutes les dimensions. Il y en a plusieurs de quatre à cinq mètres de longueur, et, à la tour d'Hananiel, on en remarque une qui a sept mètres de long, sur deux de large et un de haut. Tous ces blocs énormes, bien taillés, accusent une époque reculée. Il est probable que ce sont des constructions salomoniennes utilisées par ceux qui ont relevé ces murailles.

Repassons le torrent de Cédron. Le premier objet qui fixe nos regards est le cimetière juif. Là, on voit une quantité innombrable de tombes modernes, recouvertes d'une seule pierre ou des débris de la montagne. C'est pour être ensevelis dans ce petit coin de terre de la vallée, que des centaines de Juifs quittent chaque année les pays lointains où les a jetés le souffle de la colère de Dieu. Ils veulent reposer dans la terre de leurs pères. Au fond de la vallée, sur les bords du Cédron, se trouvent quatre monuments fort remarquables : ce sont les tombeaux d'Absalon, de Josaphat, de saint Jacques et de Zacharie.

Pour conserver le souvenir de son nom, Absalon, qui n'avait pas d'enfants, s'était construit lui-même un tombeau dans la vallée de Josaphat, appelée alors la *vallée du roi.* C'est un bloc de rocher taillé, dont les côtés ont environ trois mètres. Ce monolithe est orné de quatre pilastres sur chacune de ses faces, et il est surmonté d'une maçonnerie ronde et bizarre, et terminée par une pointe cylindrique surmontée d'un gros bouquet de palmes. Cette construction singulière, haute d'environ quatorze mètres, a quatre ouvertures, une sur chaque face. Elle est remplie de pierres, jetées là en mépris du fils rebelle de David. Tout le monde sait qu'Absalon se révolta contre son père; David, obligé de fuir, traversa le Cédron en pleurant, pieds nus et la tête voilée, pour aller se cacher au désert. Et depuis trois mille ans, tous les hommes qui passent dans cette vallée prennent une pierre dans le torrent et la jettent contre le tombeau d'Absalon en maudissant sa mémoire. Grande et sublime leçon de respect filial donnée à toutes les générations qui se succèdent. Nous avons aussi jeté notre pierre au fils rebelle. Il est douteux qu'Absalon ait joui de son sépulcre, car il fut jeté dans une grande fosse au delà du Jourdain, et il sera resté là, ignoré, à moins que David, qui avait pleuré si amèrement ce fils révolté, n'ait voulu en tirer son corps pour le déposer dans le monument funèbre qu'il s'était préparé.

Auprès du tombeau d'Absalon, on voit celui de Josaphat. C'est une chambre sépulcrale creusée dans le rocher et dont on ne voit que le fronton. Lorsqu'à travers les décombres, on pénètre dans l'intérieur, on découvre d'autres chambres également taillées dans le roc. On ne sait pourquoi ce tombeau porte le nom de Josaphat, puisque ce roi fut enseveli avec ses pères dans la cité de David.

A quarante-cinq mètres plus loin, toujours en descendant le Cédron, on trouve le tombeau de saint Jacques. Au temps de la Passion, c'était une caverne où l'on croit que se cachèrent les apôtres, après qu'on se fut saisi de la personne sacrée de leur Maître, au jardin des Oliviers. La tradition rapporte que saint Jacques y demeura trois jours sans vouloir prendre aucun aliment; que ce fut là que Notre-Seigneur ressuscité lui apparut, et que ce saint apôtre y fut enseveli, après avoir été précipité du temple.

Le tombeau de saint Jacques est un monument taillé dans le roc. Il présente un vestibule soutenu par deux colonnes et deux demi-pilastres pris dans le massif et reliés par une architrave. On est tout surpris de voir qu'on ait changé des rochers en monuments, et qu'on ait eu la patience de les isoler des masses environnantes.

Le tombeau de Zacharie est aussi un monolithe composé d'un bloc de rocher carré, que l'on a détaché de la montagne, et surmonté d'une pyramide. On croit que c'est le tombeau de ce Zacharie, fils de Barachie, que Notre-Seigneur reprocha aux Juifs d'avoir tué entre le temple et l'autel.

Tous ces tombeaux ont servi longtemps de retraite à de pieux solitaires qui venaient faire pénitence et méditer sur les années éternelles.

Du tombeau de Zacharie, on arrive, en dix minutes, en face du village musulman de Siloan, situé sur le versant du mont du Scandale, appelé ainsi parce que Salomon scandalisa le peuple en y construisant des temples aux idoles. Ce village, peuplé d'environ douze cents Arabes, semble attaché aux rochers. On dirait de loin que ses tristes masures sont des tombeaux ou des repaires de voleurs. Ses habitants sont loin de ressembler à ces pieux ermites qui peuplaient autrefois ces grottes solitaires. Ce sont des Bédouins qui ont un aspect aussi sauvage que ceux du désert.

En face de Siloan, à la droite du Cédron, entre les deux vallées de Josaphat et de Tyropœon, s'élève une petite colline, appelée Ophel, qui avait été entourée de murailles par Joathan et Manassès, et qui, du temps d'Esdras, fut habitée par les Nathinéens. Au pied de cette colline, est un souterrain qui débouche dans la partie occidentale de l'esplanade du temple, et un peu au-dessous la fontaine de la Vierge, ainsi appelée même par les Arabes. On croit que la sainte Vierge venait y puiser de l'eau, quand elle était à Jérusalem; et la tradition nous raconte que le vieillard Siméon, qui habitait à l'angle sud-est du parvis du temple, eut l'insigne honneur de donner, pendant quelques jours, l'hospitalité à la sainte Famille, et que, pendant ce temps-là, la sainte Vierge se rendait à la fontaine, qui est voisine, pour laver ses linges et puiser de l'eau. De là, le nom de fontaine de la sainte Vierge.

Cette fontaine si célèbre est peut-être celle que l'Ecriture appelle la source du Dragon. Elle est située au pied de la colline Ophel. On y descend par deux rampes : la première, qui est assez large, a dix-huit mètres ; tandis que la seconde, beaucoup plus étroite, n'en a que quatorze, mais très-hautes. Quand on arrive auprès de l'eau, on se trouve dans une obscurité complète. Quelques instants après, on distingue un bassin d'environ cinq mètres de largeur, sur deux de profondeur. Cette fontaine, la seule source de la ville, est très-fréquentée quand l'eau des citernes vient à manquer. Lorsque nous l'avons visitée, nous étions seuls, et l'eau me parut très-abondante. Il paraît que cette source est intermittente, et que l'eau en est légèrement saumâtre. J'en ai bu, et je l'ai trouvée très-bonne. Il est possible que, lorsqu'elle est moins abondante, elle ait un goût différent.

On a construit un canal souterrain qui conduit l'eau de cette source jusqu'à la jonction de la vallée Tyropœon avec celle du Cédron, où elle forme la fontaine de Siloë, qui n'est pas une source, mais qui est alimentée par les eaux de la fontaine de la Vierge. Dans ces derniers temps, on a exploré le canal souterrain, et, à dix-huit mètres de l'entrée, on a trouvé un second canal se dirigeant à droite, et allant aboutir à un énorme puits. Les savants qui ont parcouru avec peine cette voie souterraine n'ont pu encore expliquer d'une manière satisfaisante ni le but, ni l'époque de ce travail. Combien ce petit coin de terre où est assise Jérusalem a été tourmenté par la main des hommes! Que de travaux pour fournir de l'eau à la nombreuse population qui se pressait dans ses murs!

Ce canal, long de cinq cent trente-neuf mètres, est probablement l'ouvrage de Salomon. Il conduit les eaux jusqu'à la piscine de Siloë; il est taillé dans le roc et fait des zigzags dans tous les sens.

La piscine de Siloë est en grande partie comblée aujourd'hui. Elle a environ dix-huit mètres de long, sur six de large et autant de profondeur. C'est à la piscine de Siloë que Notre-Seigneur envoya l'aveugle-né qu'il avait guéri. A environ trois cents mètres, sur la route, on rencontre un bassin en ruines, alimenté par les eaux de la fontaine de la sainte Vierge, qui y sont conduites par un autre canal, après avoir traversé la piscine de Siloë. C'est à ce bassin que les femmes de Siloan et les soldats de la garnison viennent laver et chercher de l'eau. De ce bassin sort un petit ruisseau qui va arroser les jardins de Siloan, autrefois le jardin du Roi, l'unique endroit de la ville qui puisse produire des légumes toute l'année.

A quatre ou cinq mètres au sud-ouest de ce bassin, on voit l'étang de Salomon, en partie taillé dans le roc. C'est aujourd'hui un jardin potager.

Aux jours de la prospérité d'Israël, ces lieux, bien entretenus, cultivés et arrosés avec intelligence, devaient ressembler à un paradis terrestre. La fontaine de la Vierge, qui sort de la colline du temple, était comme le fleuve de la vision d'Ezéchiel (47. 12.) : « Sur ses bords fortunés croissaient des arbres fruitiers, toujours couverts de feuilles et de fruits. Chaque mois, on y trouvait des primeurs, car ils étaient arrosés par des eaux qui sortaient du sanctuaire. Ses fruits étaient agréables au goût, et ses feuilles propres à guérir les maladies. » Les paroles du prophète ne peuvent-elles pas s'appliquer à cette riche vallée de Siloan, dont l'historien Josèphe nous fait une si magnifique description. Et, aujourd'hui, tout est négligé; quelquefois les eaux du torrent emportent les terres, et l'eau de la fontaine va se perdre à travers les débris. Jérusalem est vraiment désolée, et la désolation est plus grande encore autour de ses murailles que dans l'intérieur.

Auprès de l'étang de Salomon, se trouve un petit tertre factice surmonté d'un mûrier blanc, qui indique le lieu où le plus éloquent des prophètes, Isaïe, a été martyrisé. Il avait dit aux rois et au peuple des vérités que l'on ne veut pas entendre; il reçut le prix de son courage, et fut scié en deux, dans la vallée du Cédron, et son corps fut enseveli sous un chêne, près de la fontaine de Rogel, qui se trouve à la jonction des vallées, et qui servait de limite entre les tribus de Juda et de Benjamin.

Cette fontaine de Rogel est aussi appelée fontaine de Néhémie, fontaine de Job, et aussi puits du Feu. Là, il y a encore deux petites constructions : l'une est un lieu de prière pour les musulmans, l'autre couvre un puits qui a vingt-neuf mètres de profondeur. Il a été comblé et vidé plus d'une fois dans les divers siéges qu'a soutenus Jérusalem. Au temps des croisades, il avait plus de cent mètres de profondeur, d'où l'on tirait l'eau avec un chapelet hydraulique. Ce puits est bâti avec de grosses pierres qui paraissent fort anciennes. On croit qu'il n'a pas de source; l'eau y entre par suintement ; et quand les pluies sont considérables, l'eau sort par dessus et forme un beau ruisseau auquel le Cédron sert de lit. Quand l'eau sort avec abondance, c'est signe d'une bonne récolte, et les habitants de Jérusalem célèbrent à cette occasion une fête de plusieurs jours, autour de ce puits et le long du ruisseau. On croit que c'est dans ce puits profond et desséché que Néhémie fit chercher le feu sacré que Jérémie y avait caché avant la captivité. On n'y trouva qu'une eau épaisse et bourbeuse. Néhémie ordonna de puiser cette eau, et d'en faire des aspersions sur le bois et les sacrifices. Alors le soleil, qui, auparavant, était caché sous un nuage, resplendit; un grand feu s'alluma, et tous furent dans l'admiration. C'est au puits de Rogel que se termine la vallée de Josaphat.

CHAPITRE XVI

Vallée de Gehenna.

Topheth. — Haceldama. — Piscine Asouiah.

Le nom seul de cette vallée inspire la terreur et l'effroi. Les Juifs et les évangélistes eux-mêmes n'ont pas trouvé d'expression plus terrible pour désigner les horreurs de l'enfer. Qu'a donc de particulier cette vallée? Que s'y est-il donc passé, pour qu'elle soit devenue l'image la plus frappante des tourments de l'abîme éternel? Cette vallée est une gorge étroite et profonde entre le mont Sion et le mont du Mauvais-Conseil. Son aspect a quelque chose de sauvage. Des débris de toutes sortes jonchent le sol et indiquent que là il se passa autrefois des scènes horribles.

C'est là, en effet, que, dans les jardins et le bois de Topheth, s'éleva l'idole de Moloch. C'était une statue d'airain, ayant une tête de bœuf et les mains étendues; elle était creuse. Devant elle, il y avait sept chapelles. On entrait dans la première pour offrir une colombe; dans la seconde, pour offrir un agneau; dans la troisième, pour un bélier; dans la quatrième, pour un veau; dans la cinquième, pour un taureau; dans la sixième, pour un bœuf; mais celui qui entrait dans la septième devait conduire avec lui son propre fils, et alors il jouissait du triste privilége d'embrasser l'idole de Moloch; ce qui a arraché au prophète Osée cette parole d'indignation et de mépris : « Immolez des hommes pour adorer des veaux. *Immolate homines, vitulos adorantes.* » L'enfant était placé devant l'idole, sous laquelle on faisait du feu, jusqu'à ce qu'elle fût rouge. Alors le barbare sacrificateur prenait le malheureux enfant et le plaçait sur les mains brûlantes de Moloch. Les parents devaient assister, impassibles, à ces horribles sacrifices, et, pour étouffer les cris de l'enfant et les sentiments de tendresse dans le cœur du père, on battait du tambour. De là le nom de Topheth, qui signifie tambour, ou d'Humou, qui signifie hurler, à cause des cris des enfants. Manassès, roi de Juda, fit aussi passer ses enfants par le feu de Moloch. Ce fut le roi Josias qui brisa ces idoles et détruisit Topheth. Jérémie annonça que la colère de Dieu éclaterait sur ce lieu maudit. « On l'appellera, dit-il, la vallée du Carnage (*Gehenna*), et on ensevelira les morts à Topheth, parce qu'il n'y aura plus d'autres lieux pour les ensevelir. » Et, à la prise de Jérusalem par les Chaldéens, il y eut un horrible carnage, et ce lieu devint le tombeau d'une multitude d'hommes. En visitant cette affreuse vallée, et en repassant dans mon esprit les scènes cruelles dont elle a été le théâtre, il me semblait encore entendre la voix d'Isaïe, qui me disait : « Le bruit joyeux du tambour a cessé ; on n'entend plus les chants d'allégresse. » Et, en effet, autour de moi, règne la solitude ; je ne vois que des sépulcres entr'ouverts et des collines couvertes de tombes brisées, et je me sens frissonner de terreur au milieu de cette vallée de la mort

Au-dessus de la vaste nécropole de Topheth, est Haceldama, le champ du sang, le prix de la trahison de Judas. On voit, à Haceldama, des excavations taillées dans le roc ; ce sont des tombeaux, dont plusieurs sont très-remarquables. Ce champ qui, au temps des croisades, servait de sépulture pour les pèlerins qui mouraient à Jérusalem, est en la possession des Arméniens, qui ont continué d'y faire inhumer les étrangers.

Une grotte voisine, taillée dans le roc et ornée de sculptures, a servi de retraite à sept ou huit des apôtres, pendant la passion du Sauveur. La tradition assure que c'est là qu'ils vinrent se réfugier. On croit aussi que ce fut dans ce monument que fut enterré le grand-prêtre Anne. Ce fut aussi près de là, sur le sommet de la montagne du Mauvais-Conseil, ainsi appelée à cause du conseil tenu dans la maison de Caïphe, que Pompée, venant de Jéricho, plaça son camp, et que, plus tard, Titus fit passer le mur de circonvallation par lequel il enfermait les Juifs dans leur ville.

En remontant la vallée, on arrive à une piscine appelée Birket-el-Sultan (réservoir de l'empereur). Beaucoup croient que c'est la piscine inférieure dont il est question dans les Livres saints ; mais d'autres, qui ont étudié avec soin les lieux, pensent que la piscine inférieure est celle appelée aujourd'hui piscine d'Ezéchias, et que celle-ci est la piscine Asouiah, désignée au IIe livre d'Esdras, chap. 3., vers. 16, comme la piscine bâtie avec grand travail, ce que signifie le mot hébreu *asouiah*.

Cette piscine est la plus grande que l'on voie en Palestine : elle a cent quatre-vingts mètres de long sur quatre-vingts de large. Elle est abandonnée et à sec. Sur son mur sud, passe un aqueduc qui traverse la vallée sur un pont de neuf arches, à quelques mètres au nord-ouest de la piscine. On l'a nommé aqueduc de Salomon, mais il est probable que Salomon n'a fait que le réparer ; il porte encore le nom de Ponce-Pilate, sans doute aussi, parce que Ponce-Pilate le fit restaurer. Il a été rétabli, il y a peu d'années, par un gouverneur de Jérusalem, et ce fut alors qu'il amena les eaux de la fontaine scellée à la mosquée d'Omar, mais aujourd'hui, il est de nouveau abandonné.

CHAPITRE XVII

Vallée de Gihon.

Description historique. — Constructions russes. — Grotte de Jérémie.

En sortant de la vallée du Carnage, on entre dans la vallée de Grâce, c'est ce que signifie Gihon. Cette vallée est assez rapprochée des murailles, jusqu'auprès de la porte de Jaffa ; mais là, elle s'enfuit vers l'ouest. A quelques centaines de mètres de la ville, au milieu d'un cimetière musulman, presque à l'extrémité de la vallée, nous trouvons une grande piscine appelée la piscine supérieure, nommée aussi l'étang des Serpents, par saint Jérôme piscine du Foulon, et par les Arabes Birket-el-Mamillah. Ce dernier nom paraît venir d'une église et d'un couvent appelés Sainte-Mamilla, parce que cette sainte femme ensevelit en ce lieu un grand nombre de martyrs, au commencement du VIIe siècle. L'espace, qui sépare cette piscine de la ville, s'appelait champ du Foulon, parce que c'est là que les foulons lavaient et étendaient leurs draps. Cette piscine n'a aucune source, elle ne recueille que les eaux de l'hiver qui descendent des hauteurs voisines. Un aqueduc conduisait les eaux de cette piscine dans la piscine inférieure, construite par Ezéchias. Cette dernière est très-rapprochée de l'église du Saint-Sépulcre ; mais en dehors de la ville, à cette époque prévoyant l'arrivée des Assyriens, Ezéchias fit couler sous terre les eaux de la piscine supérieure de Gihon, à l'occident de la ville de David (II. Paralip. 32. 30.), dans la piscine qu'il avait creusée près de la ville, afin que l'approche en pût être facilement défendue. C'est auprès de la piscine supérieure, dans la vallée de Gihon, que David ordonna au grand-prêtre Sadoc et au prophète Nathan de consacrer Salomon pour son successeur ; c'est là qu'une foule de peuple les suivit et ramena en triomphe le nouveau roi, aux acclamations mille fois répétées de Vive le roi, si bien qu'Odonias se cacha, abandonné de ses partisans et demanda grâce. C'est là aussi qu'eut lieu une des plus célèbres prophéties : la naissance du Messie d'une Vierge. Jéhovah dit à Isaïe : « Sors à la rencontre d'Achaz, à l'extrémité de la piscine supérieure, sur le chemin du champ du Foulon.... » Et le prophète dit : « Voilà qu'une Vierge concevra et enfantera un Fils, et son nom sera Emmanuel. *Ecce virgo concipiet....* » C'est là aussi, sur le champ du Foulon, que campa Rabsacès, à la tête des Assyriens, et que Dieu, à cause de ses blasphèmes, frappa de mort, pendant une nuit, cent quatre-vingt-cinq mille hommes de son armée ; ce fut là encore qu'eut lieu une grande bataille entre les chrétiens et les Sarrasins, et que beaucoup de chrétiens succombèrent. Une légende raconte qu'un lion recueillit tous les cadavres et les porta dans une caverne qu'on appela ensuite charnier du Lion.

Près de cette piscine, est encore le tombeau d'Hérode-Agrippa, le même qui fit mourir saint Jacques, emprisonna saint Pierre et mourut à Césarée, dévoré par les vers, au moment où ses adulateurs venaient de le proclamer dieu.

Au nord de cette piscine, est une hauteur appelée le mont Gihon, et qui descend en pente douce jusqu'à la porte de Jaffa et du côté de celle de Damas.

Sur une de ces hauteurs, est l'emplacement du camp de Titus; ce fut toujours par ce côté que Jérusalem fut assiégée. Sennachérib et Nabuchodonosor, les Romains, les croisés et les Sarrasins, tous vinrent camper sur ce plateau élevé qui domine la ville et qui n'en est pas séparée par un ravin profond comme les autres.

Sur les pentes du mont Gihon, entre la route de Jaffa et celle de Gabaon, s'élèvent aujourd'hui les constructions russes: une église, un hôpital et beaucoup d'autres établissements, les plus beaux qui soient à Jérusalem. Il semble que la Russie soit campée là toute prête à s'emparer de la ville sainte.

Des constructions russes, nous nous dirigeons vers la porte de Damas, en traversant l'emplacement où campa Robert, comte de Flandre, au siége des croisés. A une très-petite distance de la porte de Damas, est la grotte de Jérémie qui a environ vingt-trois mètres de longueur sur treize de hauteur. On croit que c'est là que le prophète d'Anathol composa ses lamentations; aucun lieu ne pouvait être plus favorable. Il avait sous les yeux les murs renversés, le temple détruit et les hauteurs de Sion couvertes de ruines. Là, ces chants de douleur retentissent plus profondément dans l'âme. On répète involontairement ces paroles: *Quomodò sedet sola civitas*... comment est-elle devenue solitaire cette ville si peuplée; et il semble qu'on entend encore cette voix, tour à tour plaintive, suppliante et terrible, gémir au milieu des ruines et pleurer les malheurs de Sion. Et puis, quand on jette un regard sur la ville actuelle, n'est-on pas tenté de répéter les mêmes plaintes: « Mes ennemis, en me voyant, ont secoué la tête. Est-ce donc là cette ville, d'une beauté éclatante, la joie de toute la terre? »

CHAPITRE XVIII

Tombeaux des Juges et des Rois.

Laissons la grotte de Jérémie, et retournons à la porte de Damas; là, prenons le chemin qui conduit aux tombeaux des Juges et des

Rois. A quelques pas, sur la gauche, au milieu d'un champ cultivé, on aperçoit un rocher aplani et autour une foule de débris. C'est là, dit-on, qu'était située l'église de Saint-Etienne, bâtie par l'impératrice Eudoxie, femme de Théodose II; c'est là qu'elle fut ensevelie, et son tombeau était d'une grande magnificence. Nous poursuivons notre course à travers cette campagne, qui, au moment du siége de Titus, faisait partie de la ville. Aussi, à droite et à gauche, on aperçoit à chaque instant des ruines, au milieu de champs cultivés et plantés d'oliviers. A une demi-lieue de la ville, on se détourne, pour aller visiter des chambres sépulcrales qu'on appelle tombeaux des Juges. Ce sont des monuments fort anciens, mais qui, selon toute apparence, n'ont jamais renfermé les cendres des juges d'Israël; quelques-uns pensent qu'ils étaient destinés aux membres du sanhédrin.

Quittons ces lieux, et allons à l'extrémité septentrionale de Bethzeda. Là, dans un champ, près de la vallée de Josaphat, nous trouverons des monuments pareils, mais plus grands et plus somptueux, c'est ce qu'on appelle les tombeaux des Rois. En traversant le chemin, on les aperçoit à peine. Nous fûmes obligés de prendre un guide pour nous diriger et des bougies pour nous éclairer dans ces antres ténébreux.

On est tout surpris de trouver un pareil monument dans une campagne inhabitée. Aucune apparence extérieure, quand on en approche. Il semble que ce soit l'ouverture d'une carrière; mais ces premières impressions ne tardent pas à s'effacer.

On descend d'abord par un escalier de vingt-deux marches, large de neuf mètres cinquante centimètres, entièrement taillé dans le roc, et l'on arrive à une porte, en plein cintre, pratiquée dans un mur de rocher, taillé verticalement. Par cette porte, on pénètre dans une cour carrée d'environ vingt-sept mètres, en tous sens environnée de rochers taillés verticalement à une hauteur d'environ sept à huit mètres. Quand on considère cet effrayant travail, pourrait-on douter du respect des Juifs pour les morts et de leur croyance à l'immortalité des âmes. On n'entreprend pas de si grands ouvrages pour honorer le néant. Ce n'est pas tout, pénétrons dans ces demeures de la mort. Une porte, taillée dans les rochers, sert d'entrée. Les ornements des frises et des corniches qui la surmontent représentent des fleurs et des fruits. Tout ce travail est d'une grande délicatesse.

L'ouverture, de quatre-vingt-dix centimètres, se fermait autrefois par une grosse pierre, en forme de meule, qu'on mettait en mouvement par un mécanisme assez ingénieux et qui s'adaptait parfaitement à l'intérieur. On la voit encore, logée dans un étroit couloir, à l'est de l'ouverture. On arrive d'abord dans une vaste chambre carrée; cinq ou six autres la suivent; elles sont plus petites et les deux dernières plus bas. La plupart de ces chambres renferment des sarcophages en pierre, ornés de ciselures remarquables. On passe d'une chambre à l'autre par des ouvertures qui étaient fermées de portes en pierre. L'une d'elles est encore en place et se meut sur deux pivots également en pierre.

Quels sont les rois qui ont été ensevelis dans ces étranges sépulcres? C'est une question que les plus savants voyageurs n'ont encore pu éclaircir. Chacun émet son opinion, plus ou moins fondée. Il est à peu près certain que ce ne furent pas les rois de Juda dont l'Ecriture assigne le lieu de sépulture, et d'ailleurs l'architecture du monument, qui est d'ordre dorique, ne permet pas de lui assigner une si haute antiquité. L'opinion qui me paraît la plus probable, c'est que ces tombeaux furent construits par Hélène, reine d'Adiabène, et son fils Isate, qui vinrent s'établir à Jérusalem, quelques années avant qu'elle fût assiégée par Titus. Hélène, très-zélée pour la loi judaïque et entourée d'une nombreuse famille, voulut avoir une sépulture en rapport avec son rang et ses immenses richesses. L'historien Josèphe parle de trois palais qu'elle possédait à Jérusalem, et ajoute qu'elle se fit construire un monument funèbre à environ trois stades de la ville; et n'est-il pas très-probable que ce monument funèbre est ce qu'on appelle le tombeau des Rois?

CHAPITRE XIX

Le mont des Oliviers.

Notice historique. — *Viri Galilæi.* — Lieu de l'Ascension. — Empreinte des pieds de Notre-Seigneur. — Vue du sommet des Oliviers. — Grotte de Sainte-Pélagie. — Lieu du *Pater*. — Autres lieux remarquables.

La montagne des Oliviers, illustrée par tant de prodiges, est élevée de huit cents mètres au-dessus du niveau de la mer et domine toute la contrée. En arrivant à Jérusalem, le soir, je la cherchai en vain; les ombres de la nuit qui s'épaississaient la dérobèrent à mes regards. Dès le matin, je montai sur la terrasse du couvent, et de là je pus la contempler à loisir. Rien de plus saisissant que la première vue. Je repassais alors tout ce que le Nouveau Testament nous raconte de l'Ascension glorieuse du Fils de Dieu; je me représentais Notre-Seigneur au milieu de ses disciples, s'élevant majestueusement dans les airs et disparaissant au milieu d'un nuage éclatant! Et je me disais : « En face du Golgotha, quel triomphe! Quel beau spectacle pour l'ingrate Jérusalem! » Je me rappelais encore ce prodige éclatant qui, au IVe siècle, manifesta la gloire de Jésus-Christ aux yeux des habitants ravis d'étonnement, lorsqu'une croix lumineuse, égale en splendeur à l'astre du jour, fut aperçue au-dessus de la vallée de

Josaphat, s'étendant du Golgotha au sommet des Oliviers. Et je me disais : « C'est bien là la terre des miracles, et je ne suis pas surpris que Jérusalem subisse le châtiment de son ingratitude. »

Plusieurs fois j'ai gravi cette montagne, et je l'ai examinée avec la plus sérieuse attention. Elle est couverte de ruines; partout il y a des stations qui rappellent quelque événement religieux ou politique. Jésus-Christ, selon saint Jean, passa une nuit sur le mont des Oliviers, et de là se rendit au temple. Titus, au siége de Jérusalem, y campa sa dixième légion. Tancrède, à son arrivée à Jérusalem, se rendit seul au mont des Oliviers, pour contempler la ville sainte. Cinq Musulmans vinrent l'y attaquer. Le héros ne fut point intimidé; il s'avança à leur rencontre; il en tua trois, et les deux autres s'enfuirent.

Guillaume de Tyr raconte que les croisés, avant de livrer un dernier assaut à la ville, firent le tour des murailles, les pieds nus et chantant des psaumes et des cantiques. Ils vinrent ensuite sur la hauteur de l'Ascension, où ils admirèrent la ville promise à leurs armes, et, à la parole de Pierre l'Ermite, ils oublièrent leurs discordes et jurèrent d'être fidèles aux paroles de l'Evangile.

Sous Bauduin III, les habitants de Jérusalem, voyant rassemblés sur la montagne des Oliviers plusieurs princes turcs qui menaçaient la ville, sortirent en masse, en tuèrent un grand nombre et dispersèrent les autres qui, dans leur fuite, tombèrent entre les mains des guerriers de Bauduin qui revenaient de Naplouse.

Trois routes ou sentiers partant de Gethsémani conduisent à cette célèbre montagne. Nous prenons par la pente la plus douce, vers le nord. A peine avons-nous fait vingt mètres que nous apercevons ce rocher blanc où nous avons dit que saint Thomas avait recueilli la ceinture de la sainte Vierge montant au ciel.

Arrivés sur le plateau, nous laissons à droite le lieu de l'Ascension, et nous nous dirigeons vers l'endroit de la montagne appelé *Viri Galilæi* qui n'en est éloigné que d'environ quatre cents mètres. On lui a donné ce nom très-probablement parce que c'est là que les Galiléens venaient se retirer pendant la célébration des fêtes à Jérusalem; mais il me paraît hors de doute que ce n'est pas en cet endroit que les deux anges vêtus de blanc dirent aux disciples : « Hommes de Galilée, pourquoi vous tenez-vous là, regardant le ciel?... » D'après le récit évangélique, ces paroles ont dû être prononcées au lieu même de l'Ascension. Quelques-uns [illegible]rétendu que c'était là la montagne de Galilée où Jésus avait a[illegible]é à ses disciples qu'il les précéderait après sa résurrection, et que l'ange avait recommandé aux saintes femmes de le leur rappeler. Cette tradition accréditée au temps des croisades paraît peu conforme au texte sacré. Toutes les fois qu'il est parlé de la Galilée, il est question de la province de ce nom; et d'ailleurs, il est très-certain que Jésus-Christ apparut plusieurs fois à ses apôtres en Galilée et sur les bords du lac de Tibériade, et que ce ne fut que quelque temps avant l'Ascension qu'ils se réunirent à Jérusalem.

Nous revenons vers le sud, et nous arrivons au minaret de Zeitoun. Tout près de là, au milieu d'une cour, s'élève un petit édifice qui renferme le lieu où Notre-Seigneur Jésus-Christ monta au ciel, en présence de sa sainte Mère, de ses apôtres et d'un grand nombre de disciples. Le regard est péniblement affecté en contemplant le délabrement de ce lieu autrefois richement orné et aujourd'hui entouré de ruines. On s'en dédommage en se prosternant sur la pierre où Notre-Seigneur a laissé l'empreinte de son pied sacré et en baisant respectueusement ces vestiges qui ont échappé au ravage des temps et à la piété indiscrète des pèlerins.

Au IVe siècle, sainte Hélène y bâtit une église qu'on appela la basilique de l'Ascension. Saint Jérôme et plusieurs saints Pères nous apprennent qu'on ne put fermer la coupole au lieu où Notre-Seigneur s'est élevé dans les airs et que le sol où il avait laissé l'empreinte de ses pieds n'a pu être recouvert de marbre. Cette église était une véritable rotonde, sans toit ni voûte, n'ayant qu'un autel dans sa partie orientale.

Au couchant, il y avait huit fenêtres éclairées par huit lampes d'où jaillissait pendant la nuit une si vive lumière qu'elle se répandait sur la vallée du Cédron et même jusque sur la ville de Jérusalem. Cette église fut détruite et rebâtie. Sous le règne des croisés, nous savons qu'il y avait une grande basilique. Vers la fin du XIIe siècle, elle fut détruite par les Sarrasins, mais la chapelle intérieure qui entourait les vestiges des pieds de Notre-Seigneur resta intacte. L'église était alors octogone. Depuis cette époque, toutes les relations des pèlerins parlent des ruines de cette église qui ne fut plus rebâtie. Aujourd'hui il n'en reste que le pavé, quelques pans de murs et les traces du double rang de colonnes qui l'ornaient à l'intérieur.

Au milieu, s'élève le petit édifice octogonal de six à sept mètres de diamètre, où l'on conserve une partie du rocher qui porte l'empreinte du pied gauche de Notre-Seigneur. Ce rocher est encadré de quatre morceaux de marbre qui s'élèvent de quelques centimètres plus haut. Il a presque un mètre de long sur environ un demi-mètre de large. L'empreinte du pied droit a disparu, et les mahométans prétendent que c'est celle qu'ils montrent dans la mosquée El-Aksa auprès de celle d'Omar. Quand on examine avec attention l'empreinte du mont des Oliviers, il est facile sans doute de reconnaître qu'autrefois il a dû y avoir deux empreintes et que c'est celle du pied droit qui manque; mais on remarque aussi que cette empreinte qui manque n'a pas été enlevée tout d'un coup, mais peu à peu, très-probablement par la dévotion des pèlerins, tandis que celle de la mosquée a été enlevée d'un seul coup avec la pierre assez grande qui en est décorée.

L'empreinte que l'on voit aujourd'hui est assez profondément enfoncée dans un rocher très-dur et de couleur blanche jaunâtre. La forme du pied est encore distincte, reconnaissable. Elle paraît comme usée par les milliers d'objets qui l'ont touchée. Il n'est pas étonnant que, dans le cours de tant de siècles, elle ait subi quelques altérations; si elle était moins effacée, on serait moins disposé à la croire ancienne. On a beau l'examiner, on ne voit rien qui puisse porter à supposer qu'elle ait été faite de main d'homme. Ici, on peut invoquer avec confiance le témoignage de la tradition et même de saint Jérôme et d'une multitude de saints qui sont venus vénérer ce lieu où Notre-Seigneur a laissé des traces plus visibles de sa divine présence. Au lieu de discuter, je crois comme on a cru dans tous les siècles, et, à l'exemple des pèlerins de tous les âges, je me prosterne et j'adore Jésus-Christ dans le lieu où il a posé ses pieds : « *In loco ubi steterunt pedes ejus.* » C'est pour moi une faveur extraordinaire, un véritable bonheur de baiser les derniers vestiges qu'il a laissés sur la terre en attendant qu'il revienne au même lieu pour y juger tous les hommes.

Saint Bernardin raconte qu'un gentilhomme de Provence traversa les mers et vint sur la montagne des Oliviers, où il baisa mille et mille fois les saints vestiges, prononça quelques paroles et expira. On ouvrit son corps et on trouva gravés sur son cœur ces mots : O Jésus! mon amour. C'est avec cette foi ardente que le pèlerin devrait gravir la sainte montagne et baiser la trace des pieds de Notre-Seigneur.

Il est pénible pour le chrétien de voir ce lieu si saint en la possession des musulmans; il faut cependant leur rendre cette justice que généralement ils le respectent et qu'ils accueillent avec bienveillance le pèlerin qui veut le visiter et lui donnent toute liberté de satisfaire sa dévotion. Quand on considère les ruines dont on est environné, la pensée se reporte vers ces heureux temps où de saints religieux célébraient avec pompe les offices dans une vaste basilique et faisaient jour et nuit retentir la montagne et les vallées de leurs pieux cantiques en l'honneur de Celui qui s'éleva au-dessus des cieux à l'orient de la sainte cité : « *Cantate Domino qui ascendit super cœlum cœli ad orientem.* » Cependant ce lieu n'est pas complétement délaissé. Plusieurs fois pendant l'année, les Pères Franciscains, moyennant une rétribution, peuvent y aller dire la sainte messe; et, tous les ans, le jour de l'Ascension, la communauté tout entière s'y rend dès la veille. On chante les vêpres et les complies. Ensuite a lieu la procession suivie par tous les catholiques de la contrée. A minuit, les religieux chantent matines et laudes; puis quelques Pères disent la sainte messe. Au point du jour, se célèbre la messe pontificale, où communient un grand nombre de fidèles. Quelle belle nuit, et que son aurore est brillante et radieuse!

Au sortir du lieu de l'Ascension, nous montons sur le minaret de la mosquée. Le soleil était ardent, le temps magnifique, et du point élevé, où nous étions placés, l'œil embrassait un immense panorama. Du haut du dôme de Saint-Pierre de Rome, la vue se repose délicieusement sur une grande ville, sur de vastes campagnes, sur des montagnes couvertes de verdure. Sur la montagne des Oliviers, c'est une perspective toute différente, telle qu'il n'y en a pas de semblable au monde. A l'ouest, le regard plonge dans la vallée de Josaphat, dont on distingue chaque monument. Jérusalem apparaît comme une reine découronnée, on la découvre tout entière. Ses murs se dessinent autour de l'enceinte où était autrefois le temple de Salomon. Avec quelle avidité l'œil se promène de la mosquée d'Omar à la citadelle de David, du Golgotha au Sion, et que de souvenirs reviennent à l'esprit! L'œil a beau chercher à se reposer sur un tapis de verdure, il ne rencontre que quelques buissons de nopals, quelques chétifs palmiers et de pâles oliviers. Aucun oiseau ne chante au milieu de tant de ruines; seulement, au-dessus des cyprès et des coupoles du Moriah, on voit voltiger quelques vieilles corneilles qui ont continué à faire entendre leurs cris lugubres. Au sud-ouest et au sud, l'aspect n'est pas moins triste. Sur les montagnes qui entourent Bethléem, le regard n'aperçoit que le désert dans son affreuse nudité. Toute cette contrée autrefois couverte de belles cultures, de somptueuses habitations, ne présente plus à l'œil que des ruines. Y a-t-il quelque chose de plus sauvage que le lit tortueux du Cédron s'enfuyant vers les défilés de Saint-Sabas!

A l'est, s'étend le désert de la Judée; et le regard, après avoir traversé des montagnes nues, plonge dans la vallée du Jourdain et le bassin profond de la mer Morte. Cette mer apparaît entre les ondulations des montagnes comme un vaste lac qui semble être à vos pieds. Ses eaux, sous le reflet d'un soleil ardent, ressemblent tantôt à un cristal, tantôt à un métal en fusion. Au delà, les montagnes de Moab et de l'Arabie, avec leurs crêtes élevées, semblent se perdre dans un horizon sans nuages. Le Jourdain seul trace un sillon de verdure au milieu de la plaine, et il est si visible que j'ai facilement reconnu le lieu où je l'ai visité et où je me suis assis sur ses bords. Enfin, au nord, on aperçoit les montagnes d'Ephraïm couronnées par les ruines et les mosquées de Saint-Samuël. Ces montagnes semées çà et là sur toute la contrée vont rejoindre les monts Hébal et Garizim, au centre de la Samarie. Je descends du minaret, et je me transporte jusqu'au bord du versant oriental de la montagne, et de là on jouit du même point de vue, et si le soleil était moins ardent, on y passerait des heures à le contempler.

Auprès du lieu de l'Ascension, est le petit village de Zeitoun qui n'est qu'une réunion de quelques misérables masures cubiques, plus propres à loger des animaux que des hommes. Autrefois ce lieu était peuplé de pieux solitaires qui y construisirent des églises et des monastères. Là, était la grotte et l'église de Sainte-Pélagie dont il ne reste qu'une chambre basse et obscure dans laquelle on descend par quinze marches. On y trouve un ancien sarcophage d'une seule pierre. C'est là que la célèbre comédienne nommée Marguerite et, après sa conversion, Pélagie, vint pleurer ses fautes et fut ensevelie.

Tout près de là était le lieu où Jésus venait prier et où il enseigna le *Pater* à ses disciples. On y avait bâti une église dont on ne retrouve pas même les ruines et un monastère qu'on nommait, dit la *Cité de Jérusalem*, Sainte-Patenôtre. Ici nous ne trouvons plus de ruines, mais un monument véritable élevé tout récemment par la piété de la princesse de la Tour-d'Auvergne qui est venue fixer sa demeure sur le sommet des Oliviers. Elle donne aux catholiques un grand et bel exemple. A côté des empiétements russes qui menacent de s'étendre du mont Gihon au mont des Oliviers, elle a pris possession d'un terrain très-considérable. Elle s'est bâti un petit châlet, où elle a établi sa demeure. Chaque jour elle fait pratiquer des fouilles dans ce terrain qui a été remué par tant de générations diverses, et ses recherches n'ont pas été infructueuses. Déjà elle a pu recueillir beaucoup d'objets précieux, et dernièrement elle a découvert des soubassements et des grottes dont on reconnaîtra sans doute l'usage, lorsque les déblaiements seront terminés. Nous avons fait une visite à cette pieuse princesse; elle nous a accueillis avec une bonne grâce toute française et nous a communiqué le plan du terrain acquis par elle et qu'elle fait enclore. Il comprend la meilleure partie du mont des Oliviers qui peut-être un jour reprendra son ancienne splendeur. La princesse a déjà obtenu de beaux résultats; autour de son châlet, s'étalent les plantes et les fleurs de nos jardins français, à côté de celles du pays; et sous ce beau climat d'Orient, quel coloris! quelle végétation!

Je ne doute pas que, dans quelques années, tout ce vaste terrain qu'on défriche, ne démontre aux étrangers qui le visiteront que la Palestine est toujours la terre où coulent le lait et le miel. La princesse n'a pas oublié le but principal qui l'a conduite sur cette sainte montagne. Elle travaille avec ardeur à élever une église que, sans doute, on nommera aussi l'église de la Patenôtre. Les murs sont à moitié construits, et bientôt on entendra de nouveau les chants sacrés retentir dans ce lieu depuis si longtemps condamné au silence. A côté de l'église en construction, on voit une magnifique galerie formant un vaste rectangle; au milieu, est une cour bien pavée. Cette galerie se compose de trente-deux arcades entre lesquelles on a placé trente-deux tables de marbre de grande dimension. Sur chacune de ces tables, on a écrit en beaux caractères le *Pater* en trente-deux langues. Un missionnaire chinois qui nous accompagnait a été fort surpris en lisant le *Pater* dans la langue de l'extrême Orient et nous a affirmé que nulle part, en Chine, il n'avait vu de plus beaux caractères. Voilà une grande et belle idée! Voilà une excellente manière de protester à Notre-Seigneur que la prière qu'il a apprise à ses disciples est répétée par tous les peuples. Quelle satisfaction pour les étrangers de voir que leur langue n'est pas ignorée dans ce lieu saint et que tous doivent prier le Père commun qui est dans les cieux. Il est possible que, bientôt, une communauté de Carmélites soit établie auprès de cette église et de cette galerie, et alors ce ne serait plus seulement une invitation à la prière, ce serait la prière en permanence. Madame la princesse nous a paru comprendre parfaitement les choses de l'Orient et la place qu'il faut faire à l'église et aux communautés religieuses.

A trente mètres environ du sanctuaire du *Pater*, est le lieu où, selon la tradition, les Apôtres ont composé le *Credo*. Il y avait aussi autrefois une église dédiée à saint Marc.

Nous descendons la montagne par la pente la plus rapide, et après environ cent cinquante mètres à l'ouest du *Credo*, nous sommes sur le lieu où Jésus pleura sur Jérusalem, le jour même qu'il y fit son entrée triomphante. En pensant aux larmes du Sauveur, on se rappelle nécessairement les doux et tendres reproches qu'il adressa à l'ingrate Jérusalem et la terrible prédiction dont on a sous les yeux le manifeste accomplissement. Car c'est là que, quarante ans après, Titus fit camper sa dixième légion, quand il vint entourer la ville et qu'après un siége horrible, il la renversa par terre et en chassa le reste de ses enfants.

Non loin de là se trouvent, sous terre, des tombeaux très-remarquables, taillés dans le roc et connus sous le nom de *tombeaux des Prophètes*. Ces tombeaux sont probablement ceux dont parlait Notre-Seigneur quand il disait aux scribes et aux pharisiens hypocrites : « *Malheur à vous qui bâtissez des tombeaux aux prophètes, et ce sont vos pères qui les ont tués.* » Dans les premiers siècles du christianisme, ces niches sépulcrales si nombreuses étaient habitées par les anachorètes du mont des Oliviers.

Après cette longue excursion, nous rentrons par la porte Saint-Étienne, et nous passons à côté de Sainte-Anne nous promettant d'y revenir.

CHAPITRE XX

Sainte-Anne.

Piscine Probatique. — Couvent des dames de Sion. — Pèlerins musulmans au tombeau de Moïse.

J'avais un grand désir de visiter Sainte-Anne, cette église restaurée par la France à la suite de la guerre de Crimée. Elle est située près de la porte Saint-Étienne, en face de la piscine Probatique. C'est là que, suivant d'anciennes traditions, saint Joachim et sainte Anne avaient leur maison ou seulement leur demeure temporaire, quand ils venaient à Jérusalem. Au VIe siècle, une église fut bâtie sur l'emplacement de cette maison où habita, sans aucun doute, la sainte Famille. Que la sainte Vierge soit née dans ce lieu, comme l'attestent généralement les traditions orientales, ou à Nazareth, dans la maison qu'on vénère aujourd'hui à Lorette, comme il est plus probable, le lieu qui nous occupe n'a pas moins été honoré de sa présence et doit nous être cher et sacré. Sans doute, c'est une pieuse et légitime curiosité de s'enquérir du lieu qui a vu naître la Vierge Marie; mais, puisque l'Écriture garde le silence et que les autorités les plus respectables ne peuvent s'accorder entre elles et avec les traditions, honorons la sainte Vierge dans tous les lieux qui lui sont consacrés et gardons-nous de vouloir soulever le voile mystérieux de modestie, d'humilité et de sainteté qui enveloppe les premières années de Celle dont le nom devait resplendir avec plus d'éclat que le soleil.

Pendant les croisades, l'église de Sainte-Anne fut agrandie et entièrement rebâtie et ornée de peintures qui se sont en partie conservées jusqu'au milieu du XVIIe siècle. Des religieuses gardaient ce sanctuaire, et un auteur sérieux raconte que, quand les Sarrasins prirent Jérusalem, elles se coupèrent le nez les unes aux autres, pour se défigurer et échapper aux outrages des musulmans, mutilation affreuse qui a bien son excuse dans les circonstances cruelles où elles se trouvaient et dans leur amour de la pureté. Ce fut alors que l'église Sainte-Anne fut convertie en mosquée et que le couvent devint une école musulmane. Dans les siècles suivants, on laissa tomber en ruines l'église et le couvent. En 1842, un pacha de Jérusalem en fit déblayer une partie et en jeta les décombres dans la piscine Probatique. Après la guerre de Crimée, Sainte-Anne devint propriété de la France; et, depuis cette époque, de grands travaux de restauration ont été exécutés avec une rare intelligence. L'église reparaît brillante comme aux jours de sa jeunesse. On a de la peine à distinguer les nouvelles assises des anciennes. Trois nefs formant un parallélogramme allongé vont du couchant au levant, et le chœur se termine par une enceinte demi-circulaire. L'entrée principale, avec ses trois portes en ogive, comme au temps des croisades, présente un aspect imposant. On n'a pas négligé de réparer la crypte de l'église, et on a scrupuleusement respecté les traditions sur les tombeaux de saint Joachim et de sainte Anne et le lieu de la nativité de la sainte Vierge. On croyait que les parents de la sainte Vierge avaient été ensevelis dans ce lieu avant leur translation dans la vallée de Josaphat. Il ne manque plus à cette église ressuscitée que des autels, des prêtres pour y célébrer les offices ou plutôt une communauté qui représente dignement la fille aînée de l'Église.

En face de Sainte-Anne, de l'autre côté de la rue, on voit les ruines de la piscine Probatique. Cette piscine a environ cent mètres de long sur quarante de large. Elle est à sec et à moitié comblée. On n'en connaît guère la profondeur. Elle avait autrefois cinq portiques, où gisait une foule de malades. C'est là que Notre-Seigneur guérit le paralytique de trente-huit ans. Du temps de saint Jérôme, les cinq portiques avaient disparu, et il ne restait plus que deux lacs, dont l'un se remplissait par les eaux de l'hiver, et l'autre par un aqueduc. Selon toute apparence, cette piscine fut construite par Salomon, et elle servait à laver les animaux que l'on devait immoler dans le Temple. Quelques-uns ont prétendu qu'il y avait là une source d'eau saline, qui ne coulait que le matin, de trois à six heures. Cette opinion n'est pas admissible; il est bien plus probable que cette vaste piscine était alimentée par les aqueducs qui amenaient l'eau de la fontaine Scellée dans les réservoirs du Temple. Aujourd'hui elle est entourée d'un mur, pour empêcher qu'on y jette des décombres; mais c'est encore un lieu immonde, où il ne croît que quelques grenadiers et une espèce de tamarin sauvage, et, plus loin, quelques arbres et quelques pieds de nopals.

Disons un mot d'une communauté nouvelle établie à Jérusalem et dont la maison-mère est en France. M. Ratisbonne, ce Juif converti, a consacré sa fortune à fonder une communauté, les Dames de Sion, dans le but de recueillir quelques restes de sa malheureuse nation, pour les faire entrer dans la sainte Eglise. A Jérusalem, sur la voie Douloureuse, on admire aujourd'hui un des plus beaux établissements de la cité sainte, où le vénérable abbé Ratisbonne passe sa vie à diriger quelques religieuses et un bon nombre de jeunes filles juives et chrétiennes, qu'elles instruisent et forment à la pratique de la vertu. J'ai voulu faire une visite à ce saint prêtre, et il m'a reçu et entretenu avec tant de bonté et d'affabilité que je n'en perdrai jamais le souvenir. J'ai assisté à plusieurs offices dans son église, et combien n'ai-je pas été édifié de la modestie des religieuses et du recueillement de leurs enfants. Leurs chants si doux, si mélodieux, vont au cœur; on se croirait dans une des communautés les plus ferventes de Paris. Et quand on pense qu'on est sur la voie Douloureuse; quand on lève les yeux et qu'on aperçoit l'arc de l'*Ecce Homo* qui vient s'appuyer près de l'autel, combien on est heureux de voir Notre-Seigneur dignement honoré là où il a versé son sang et ses larmes! Si je ne me trompe, cette belle institution est destinée à établir la vraie piété dans cette pauvre Jérusalem, travaillée par tant d'erreurs, déchirée par tant de sectes rivales; et sans doute plus d'un enfant d'Israël y trouvera le salut, avant qu'il plaise à Dieu d'en recueillir les restes.

J'étais encore tout rempli de douces émotions, et je rêvais la conversion d'Israël, lorsque, en me retirant, j'apprends qu'une caravane de pèlerins musulmans va sortir en grande pompe de la ville. Je vais à la porte Saint-Etienne, pour assister à ce spectacle religieux, tout nouveau pour moi. La ville entière était en mouvement; la porte était encombrée; en dehors des murs, une grande foule qui se répandait sur les cimetières et se reposait sur les pierres tumulaires; le chemin qui conduit à Gethsémani était bordé de curieux qui attendaient avec impatience la sortie de la caravane. La pente des Oliviers, et principalement le chemin qui conduit à Béthanie, était couvert de spectateurs. La moitié de la population de Jérusalem était là et présentait le coup d'œil le plus bizarre : des costumes de toute nation, depuis l'Arabe déguenillé jusqu'aux riches Arméniens, aux vastes et amples manteaux, qui contrastaient avec les habits étriqués des Européens. Toutes les sectes étaient confondues, juifs, chrétiens, mahométans n'avaient qu'un même sentiment, la curiosité. Le moment solennel arrive. Le canon gronde; l'écho des vallées et des montagnes le répète dans le lointain; les morts de la vallée de Josaphat semblent tressaillir dans leurs tombes, et les murailles de l'antique cité en sont ébranlées. Quelques instants après, je vois sortir de la ville une sorte de procession. Des hommes aux vêtements bigarrés, aux figures repoussantes, s'avancent portant dans leurs mains des oriflammes et des drapeaux aux couleurs bariolées, sans autre signe religieux que le Croissant. Tous semblent fiers des honneurs qu'on leur rend, et leur démarche annonce qu'ils ont une haute idée de leur importance. Et en effet, le gouvernement turc, qui traite ordinairement ses sujets comme des esclaves, se met à leur tête dans les cérémonies religieuses. Le pacha de Jérusalem, en grand costume, monté sur un beau cheval, entouré de ses principaux officiers, vient conduire les pèlerins jusqu'au delà des murs de la ville. Ce spectacle a bien quelque chose d'imposant, et il y eut un moment qui ne manqua pas d'une certaine solennité. Le versant du mont des Oliviers présentait une longue ligne de drapeaux portés par les pèlerins; les spectateurs paraissaient animés; le fond de la vallée offrait une masse compacte de curieux. Le canon envoyait à chaque instant ses joyeuses bordées, la musique turque faisait entendre ses sons discordants. Tous les fonctionnaires en costume précédaient le pacha, qui apparaissait au milieu de son cortége et marchait lentement, avec toute la gravité musulmane. Il y a une borne qu'il se garde bien de dépasser. Il rentre à Jérusalem; la foule se disperse; les pèlerins disparaissent sur le penchant de la montagne et s'acheminent vers le tombeau de Moïse, dont nous parlerons plus loin. Leur pèlerinage durera trois jours. Presque tous emportent de petites provisions. Arrivés à leur but, ils ne trouveront pour lit que la terre ou la roche nue; mais pour un Arabe, c'est un bien petit inconvénient. Les Musulmans ont un grand respect pour Moïse; ils l'honorent, pour ainsi dire, à l'égal de Mahomet. En me retirant, je pensais à nos pèlerinages chrétiens, que beaucoup de gouvernements ont aujourd'hui tant de peine à tolérer, et qui cependant entretiennent dans le cœur de nos populations de si beaux et de si généreux sentiments.

J'ai parlé longuement de Jérusalem; ce n'est pourtant qu'une courte esquisse de ce qu'elle offre d'intéressant. Faisons maintenant quelques excursions, avant de lui dire un dernier adieu.

CHAPITRE XXI

Voyage à Saint-Jean du Désert.

Aïn-Karim. — Lieu de la Visitation. — Désert de Saint-Jean. Couvent des Filles de Sion.

Pendant notre séjour à Jérusalem, nous organisons une petite caravane pour faire un pèlerinage à Saint-Jean du Désert et à Bethléem. Elle se compose de trois Espagnols-Américains de la Colombie, et du consul espagnol de Damas suivi d'une partie de sa famille, personnages distingués et remplis de foi. Nous voulons faire à pied cette course, mon confrère et moi. Le départ est fixé au dimanche des Rameaux après midi. Le dîner est à peine fini que de tristes nouvelles arrivent de Bethléem. Une collision a eu lieu le matin avec les Grecs qui ont attaqué avec fureur la procession des Latins. Si l'on en croit les bruits qui se répandent, tout serait à feu et à sang. Des coups, des blessures, une mêlée affreuse au milieu de laquelle un Frère franciscain serait mortellement frappé, tout cela jetait l'effroi parmi les pèlerins et les Pères. Il n'était question de rien moins que d'envoyer un peloton pour soutenir les Frères de Bethléem si indignement attaqués. Nous crûmes que le vent de Bethléem, comme tous les vents du monde, avait gonflé les faits. Nos Espagnols n'en furent pas intimidés, et, au besoin, ils auraient prêté main forte aux Latins. Malgré tous les conseils d'une prudence que nous considérons comme inspirée par la peur, nous partons à pied et sans armes pour Saint-Jean du Désert. Je n'eus pas la curiosité de demander à mes Espagnols s'ils étaient armés, tant je voyais en eux d'assurance!

Bientôt nous dépassons la piscine supérieure située au milieu d'un cimetière musulman, à l'extrémité de la vallée de Gihon; et, une demi-heure après notre départ, nous sommes en face du couvent de Sainte-Croix, séminaire des Grecs non unis. Ce couvent est bâti en forme de forteresse du moyen âge. On y remarque une très-belle église, on montre sous le maître-autel, la place où fut coupé l'olivier qui servit pour la croix de Notre-Seigneur. Sans contester la vérité des pieuses légendes qui ont servi de sujet aux peintures de l'église, je ne crois pas qu'elles méritent assez de confiance pour être rapportées.

Nous continuons notre route. Le chemin est très-rude, raboteux, montueux; il faut escalader plusieurs montagnes. Pour m'encourager, j'ai besoin de penser à la Vierge Marie qui était partie de Nazareth, et qui gravissait avec un saint empressement ces mêmes montagnes de la Judée. Enfin, après une marche pénible de deux heures, nous descendons une côte longue et abrupte, et nous arrivons, non pas au fond de la vallée, mais sur un mamelon où se dresse le village de Saint-Jean appelé Ain-Karim. Par des sentiers tortueux et une petite ruelle, nous gagnons la porte du couvent des Pères Franciscains, dont la construction bizarre semble être ménagée pour mettre à l'abri des surprises du dehors. Il paraît, en effet, qu'autrefois les Arabes des environs étaient des plus farouches et qu'ils ont souvent rançonné et chassé les pauvres religieux.

Les premiers chrétiens couvrirent la maison de Zacharie d'une belle église. Détruite par Chosroès, qui amoncela tant de ruines dans la Terre-Sainte, elle fut reconstruite, et conserva jusqu'aux croisades sa pieuse destination. Après le départ des croisés, elle fut convertie en écurie publique. C'est au prix de mille sacrifices et au milieu d'une foule d'entraves que les Pères Franciscains parvinrent à recouvrer cet auguste sanctuaire et à rebâtir un couvent. L'église est vaste et a trois nefs. A gauche du maître-autel, on descend, par un bel escalier, dans la chapelle de la Nativité de Saint-Jean; elle est taillée dans le roc. C'est le lieu de la maison de Zacharie où le précurseur de Jésus-Christ vint au monde.

Sous l'autel, on voit des médaillons en marbre blanc qui représentent les diverses scènes de la vie de saint Jean. C'est un très-beau travail envoyé par le roi de Naples. Que de merveilles se passèrent dans ce saint lieu! Là, le pèlerin, épuisé de forces, près de succomber sous le poids de la chaleur et de la fatigue, reprend un nouveau courage, et sent son âme inondée de consolations; et quand il se prosterne sur ce lieu sacré où naquit le plus grand des enfants des hommes, il entre dans les saints transports de Zacharie et répète avec lui ce beau cantique qui porta la joie dans toute la contrée: *Benedictus*.

Il est un autre lieu non moins cher au cœur chrétien et où nous désirons célébrer la sainte messe, c'est l'endroit où la sainte Vierge visita sainte Elisabeth. Zacharie, outre la maison qu'il possédait dans la ville sacerdotale d'Aïn, avait une villa ou maison de campagne, en face, sur le penchant d'une colline, adossée à des rochers d'où l'on descend, par une pente douce, dans la profonde vallée de Térébinthe. Nous nous dirigeons vers ce lieu béni. Quelques instants après, nous arrivons à une jolie fontaine qui porte le nom du village Aïn-Karim. Les chrétiens l'appellent fontaine de la Sainte-Vierge, parce que la sainte Vierge a dû se servir de cette eau pendant son séjour chez sa cousine Elisabeth. Cette source est très-abondante et sert à arroser les jardins environnants qui sont d'une étonnante fertilité.

Après quelques circuits, nous arrivons à une porte en fer qui donne entrée dans le sanctuaire de la Visitation. C'est là que la sainte Vierge a vécu trois mois avec sa cousine, jusqu'à ce que le temps d'Elisabeth s'accomplit. Ce lieu si vénérable a été longtemps dans un état complet d'abandon et de délabrement. Il y a deux siècles, les Pères Franciscains y bâtirent une petite chapelle provisoire, pour y offrir le saint sacrifice. Le malheur des temps ne permettait pas de faire davantage; mais, en 1861, les grandes pluies firent écrouler ce petit sanctuaire; et, avant de le rebâtir, on voulut sonder le terrain. On fit quelques fouilles, et on retrouva la chapelle primitive qui vient d'être restaurée. Avec quel bonheur nous pénétrons dans ce lieu, témoin de l'entrevue la plus touchante et la plus sublime qui fut jamais! Elisabeth court au devant de Marie; Jean tressaille à la présence de Jésus-Christ. Remplie de l'Esprit-Saint, Elisabeth fait entendre ces paroles prophétiques qui seront répétées dans tous les siècles : « Vous êtes bénie entre toutes les femmes, et le fruit de vos entrailles est béni. » Et c'est alors que Marie exalte, dans le plus admirable des cantiques, les grands mystères qui se sont accomplis en elle : *Magnificat*... Après les épreuves d'un long et pénible pèlerinage, le cœur éprouve le besoin de se dilater. Aussi, après la sainte messe, il n'était pas possible de concentrer dans une récitation silencieuse les pieux sentiments qu'inspirent ces brûlantes paroles, ces paroles prophétiques prononcées pour la première fois en ce lieu, par celle que tous les siècles ont proclamée bienheureuse. Mon confrère, d'une voix douce qui pénétrait dans l'âme, entonne le *Magnificat*; nos Colombiens répondent avec enthousiasme. Jamais aucun chant ne m'a paru plus beau, plus délicieux, plus angélique. Il me semble que, du haut du ciel, Jean, Jésus, Elisabeth, Marie applaudissaient à nos faibles efforts, et faisaient répéter par les anges nos chants si imparfaits. Nous étions heureux, et nous visitâmes avec un vif intérêt ce sanctuaire béni, témoin de tant de merveilles. On nous montra un objet que l'on conserve précieusement, c'est un morceau du rocher où fut caché saint Jean au moment de la persécution d'Hérode. Une tradition fort respectable raconte, qu'en ces jours où toute la contrée retentissait des cris des mères, où Rachel pleurait ses enfants, sainte Elisabeth, effrayée, prenant saint Jean entre ses bras, fuyait à pas précipités devant les bourreaux d'Hérode; et, ne sachant où cacher cet enfant qui avait de si hautes destinées, elle l'appuya contre un rocher, et que ce rocher moins dur que le cœur d'Hérode, s'amollit comme de la cire et le déroba aux recherches des soldats. Ce morceau de rocher conserve encore l'empreinte du corps de celui qui devait être le plus grand des enfants des hommes.

En sortant de la chapelle, nous avons visité des restes considérables de l'ancien couvent. Il serait encore facile de le rétablir dans sa forme primitive. A l'intérieur et près de la porte d'entrée, on a découvert un puits caché, depuis des siècles, sous un tas de décombres. Ce puits où jaillit une source d'eau excellente, se nomme la fontaine de Sainte-Elisabeth. Nous quittons avec regret ce lieu charmant, pittoresque, où la maternité divine de Marie fut proclamée par la voix d'Elisabeth, et où la voix de Marie publia dans un chant prophétique, les merveilles de Dieu et les grandeurs de son humble servante.

Nous nous dirigeons vers le désert voisin, où saint Jean, monté sur un rocher, annonçait la venue du Messie. On en a conservé le souvenir, et je fus tenté de me mettre à sa place et de crier bien haut : « Préparez la voie du Seigneur; » mais, en regardant autour de moi, je vis que ma voix se perdrait dans le désert.

Un peu plus loin se trouve la grotte de Saint-Jean, parfaitement conservée, où le saint Précurseur se retira pour faire pénitence et où il vécut de miel sauvage et de sauterelles. Il paraît que dans ces contrées la sauterelle n'est pas dédaignée et peut servir à la nourriture de l'homme.

Nous reprenons le chemin du couvent où nous laissons nos compagnons de voyage, pour aller, mon confrère et moi, visiter le monastère des Filles de Sion fondé par M. l'abbé Ratisbonne.

Ce monastère, peu éloigné du couvent des Pères, est dans la plus belle, la plus riante situation que l'on puisse imaginer. A l'extrémité d'un mamelon qui domine la vallée de Térébinthe et d'où la vue se prolonge dans le lointain, au milieu d'un vaste terrain enclos, s'élève une jolie construction qui sert d'école et d'orphelinat. Autour sont rangés avec ordre des jardins et des cultures, où l'on a su acclimater les plantes de l'Europe avec les productions des régions orientales. Ce mélange curieux présente à l'œil de l'observateur l'étude la plus intéressante. Que de jouissances mon confrère passionné pour les fleurs a éprouvées ! Que de questions il a adressées, et avec quelle satisfaction il saisissait les réponses ! Un pareil résultat n'a pas été obtenu sans travail. Il en coûte pour faire du désert le jardin du Seigneur. Pour entretenir la fraîcheur, il fallait de l'eau, et l'eau manquait; mais on a construit une série de piscines, si bien placées et dirigées, qu'avec peu de travail on peut arroser les fleurs et les plantes. Nous avons passé dans ce monastère des moments délicieux. Ce sont des religieuses françaises qui la dirigent, et la supérieure fort distinguée s'est montrée envers nous d'une extrême bienveillance. Nous avons admiré le bon ordre, l'excessive propreté de cette maison, les progrès incontestables d'une éducation si difficile en ces contrées, dont la langue et les usages sont si différents des nôtres ; mais rien n'est à l'épreuve de la charité française et catholique. Les enfants des Filles de Sion sont intelligentes et instruites ; on les prendrait pour des Françaises. Les orphelines sont l'objet de soins particuliers. On les exerce à tous les travaux les plus utiles pour le pays. Ce sont elles qui préparent le pain et les autres aliments. On achète le blé, et, au moyen d'un petit moulin bien organisé, on obtient une assez bonne farine et un pain qui nous parut se rapprocher beaucoup du nôtre. On en fabrique une quantité assez considérable qu'on envoie à Jérusalem pour l'entretien de la maison principale. La digne supérieure n'a pas voulu nous laisser partir sans nous donner quelques preuves de l'instruction de ses pauvres orphelines ; elle a manifesté le désir qu'on leur adressât quelques questions, et nous avons été enchantés de leurs réponses, sur l'histoire sainte, la religion et les diverses branches de l'enseignement. Elle a terminé cette petite séance en faisant chanter à ses élèves des cantiques en français et en arabe. Voilà assurément le meilleur moyen de civiliser l'Orient. Dieu veuille bénir les efforts de ces saintes religieuses.

CHAPITRE XXII

Bethléem.

De Saint-Jean à Bethléem. — Fontaine de Saint-Philippe. — Vue de Bethléem et notice historique. — Grotte de Bethléem. — Grottes souterraines. — Lieu de la Crèche. — Chapelle de Saint-Joseph et des Saints-Innocents.

L'après-midi, nous partons pour Bethléem, toujours à pied, et la course est longue, les chemins difficiles. Ce sont des sentiers semés de grosses pierres et quelquefois à peine tracés, à travers les montagnes. En quittant Saint-Jean, nous suivons d'abord une étroite vallée, bien cultivée, plantée de vignes et d'arbres fruitiers ; puis tout à coup, il nous faut escalader une haute montagne. Arrivés sur le sommet, nous nous reposons un instant, et nous contemplons la vue magnifique qui de cette hauteur embrasse un vaste horizon. A nos pieds, c'est le village d'Aïn-Karim et le couvent qui le domine comme une forteresse ; à côté, le lieu de la Visitation ; plus loin, les contours sinueux et la belle verdure de la vallée de Térébinthe ; au delà, les crêtes des montagnes couronnées de quelques villages. Nous sommes au printemps, il est vrai, et la nature est dans toute sa vigueur. Malgré cela, je crois que ces montagnes sont les plus belles et les mieux cultivées de la Judée. Il est assez probable qu'en automne toute cette végétation a disparu, et je plains le voyageur qui parcourt ces lieux désolés.

Après des descentes rapides et par des sentiers impraticables, nous arrivons sur une route assez large située dans une étroite vallée. C'est la voie ancienne qui de Jérusalem menait à Gaza. C'est ce chemin que suivait l'eunuque de la reine Candace, lorsque, monté sur son char et lisant le prophète Isaïe, il rencontra saint Philippe et le fit monter à côté de lui pour que le saint diacre lui expliquât le prophète. Il me semblait que sur cette route un peu meilleure, je voyais ce riche Ethiopien écoutant avec attention la parole de l'envoyé du Seigneur et tout à coup faisant arrêter son char, en lui disant : « Voici de l'eau, qui empêche que je sois baptisé? »

Cependant, nous arrivons aussi à cette source située sur le bord du chemin dans une belle vallée où ses eaux portent la vie et la fécondité. Cette source a dû être fort ornée autrefois. On y remarque encore une abside, quelques ciselures et des débris assez considérables. Les chrétiens l'appellent la fontaine de Saint-Philippe.

Nous continuons notre route qui serpente entre de beaux oliviers, et bientôt nous apercevons, sur le versant d'une montagne, un des plus beaux villages de la Palestine; c'est Beit-Djallah, entouré d'une forêt d'oliviers. La contrée est fertile; ses vins sont bons, mais violents. Le village compte trois mille habitants. C'est là que Mgr Valerga a créé un séminaire indigène, que nous regrettons de n'avoir pu visiter.

De loin, nous apercevons Bethléem, cette ville dont nous avons tant de fois répété le nom, dès notre tendre enfance. A l'approche de la cité de David, d'où est sorti le dominateur des nations, Celui qui est né dès le commencement, dans les jours de son éternité, on sent battre son cœur d'une émotion toute nouvelle. Ce n'est plus, comme à Jérusalem, le sentiment de la douleur qui domine, c'est celui d'une douce joie. La voilà donc, cette petite cité qui n'est pas la moindre entre toutes celles de Juda. On est heureux de la retrouver, après tant de révolutions, presque toute chrétienne. Plus de la moitié de la population est catholique, et c'est peut-être la seule ville où il n'y ait pas de mosquée. On y respire comme un parfum de piété naïve qui fait du bien à l'âme et la repose de tant d'autres spectacles si dégoûtants.

L'origine de Bethléem se perd dans la nuit des temps. A plus de mille ans de distance, deux grands événements ont fait sa célébrité. Berceau de David et de Jésus-Christ, elle résume en elle les deux Testaments. Là où le fils d'Isaï, gardant les troupeaux de son père, essayait sur sa guitare les chants qu'il répèterait dans Sion, les anges ont fait entendre leurs célestes mélodies pour célébrer la naissance de Jésus-Christ le souverain Pasteur des peuples. David, le fils de Jessé, choisi pour roi entre tous ses frères; Jésus-Christ, noble rejeton de cette tige bénie, le vrai Christ, le vrai Sauveur du monde; à Bethléem, ces deux noms de David et de Jésus-Christ reviennent sans cesse sur les lèvres. Tout est plein de leurs souvenirs; mais le berceau de Jésus-Christ ne tarde pas à absorber toute l'attention du pèlerin. C'est vers la crèche que nous dirigeons nos pas; traversant une rue longue et étroite, pour arriver à l'extrémité de la ville, nous ne demandons pas s'il y a place pour nous dans une hôtellerie; nous allons droit au lieu où l'étoile, qui guida les mages, s'arrêta, et nous descendons près de l'étable où est né l'Enfant Jésus, à deux cents pas à l'est de la ville.

Il n'y a pas de lieu sur la terre dont l'identité soit mieux établie que celle de la grotte de Bethléem. Les Turcs la vénèrent comme les chrétiens. Quand on compare la situation de cette grotte avec le récit des Evangélistes, on est frappé de leur parfait accord. Elle est à peu de distance de la ville, au delà sont des rochers abruptes et tout à l'entour de profondes vallées. C'est bien là que Jésus-Christ est né. On n'a jamais pu en perdre le souvenir. Les bergers, les apôtres, les disciples gardèrent une profonde vénération pour ce lieu que les récits de la sainte Vierge et de saint Joseph leur avaient fait connaître. Les premiers chrétiens recueillirent ce précieux héritage de respect, et, pour les éloigner de ce lieu sacré, Adrien qui avait profané la tombe de Jésus-Christ profana également son berceau, et saint Jérôme se plaint amèrement qu'un bois consacré à l'infâme Adonis eût été planté autour de Bethléem et que, dans la grotte où Jésus enfant avait fait entendre ses premiers vagissements, on vint pleurer le favori de Vénus.

Sous Constantin, sainte Hélène voulut purifier cette sainte grotte et éleva la magnifique église qui en marquera éternellement la place. Cette église, sans doute, n'a pas été à l'abri de l'injure des temps. A travers tant de révolutions et de persécutions, elle a subi de nombreux changements. Cependant c'est une des mieux conservées de la Palestine. Réparée par les empereurs grecs, conservée par Tancrède, embellie par les rois latins, elle serait encore aujourd'hui une des plus belles de la chrétienté, si elle était en d'autres mains que celles des Grecs qui l'ont en grande partie usurpée. Cette église bâtie en forme de croix a cinq nefs soutenues par quatre rangs de belles colonnes monolithes de pierre dure paraissant être du marbre, d'ordre corinthien. Ces colonnes, au nombre de quarante-quatre, ont six mètres de hauteur et environ quatre-vingts centimètres de diamètre. Cette église n'a point de voûte. De l'intérieur, on voit la charpente. Les murs conservent encore quelques restes d'inscriptions, de peintures et de mosaïques. Aujourd'hui, la nef est séparée du chœur, où les Grecs font leur office. On est péniblement affecté, en voyant que cette grande nef est devenue une sorte de bazar. La partie centrale du chœur qui est à trois absides, est exhaussée d'environ soixante-dix centimètres, et c'est au-dessous de cet exhaussement que se trouve la grotte de la Nativité.

Le climat de la Palestine est assurément bien différent du nôtre. Les chaleurs y sont excessives pendant la majeure partie de l'année. Cependant aux mois de décembre et de janvier et dans les lieux élevés, comme Bethléem, Jérusalem et Nazareth, les pluies sont ordinairement abondantes et se changent quelquefois en neige. Ce qui explique pourquoi la Vierge Marie, qui allait devenir mère et ne trouvait pas où se loger dans la ville sainte, choisit cette habitation souterraine que nous allons décrire. Il faut remarquer encore qu'à cette époque, comme aujourd'hui, les habitants de ces contrées logeaient souvent dans des grottes, et c'est pour cela qu'on en trouve presque partout.

On descend dans la grotte de la Nativité par deux passages. Le principal est une porte au fond du couvent franciscain et donnant dans le chœur des Grecs; l'autre est un escalier souterrain qui a entrée vers le milieu de l'église de Sainte-Catherine et qui appartient aux Franciscains. C'est par ce dernier passage que nous avons pénétré pour la première fois dans ces lieux sacrés. C'était le soir, et, à la lumière des cierges que nous portions à la main, l'aspect de ces sanctuaires avait quelque chose de plus sublime et de plus solennel.

C'est dans la partie orientale que se trouve le sanctuaire de la Nativité. Le rocher forme une petite excavation. Le pavé est une plaque de marbre blanc, au milieu de laquelle on aperçoit une pierre de jaspe, dans laquelle est incrustée une étoile d'argent portant sur son large bord cette inscription : *Hic de Virgine Mariâ Jesus-Christus natus est. Ici, Jésus-Christ est né de la Vierge Marie.* A cette vue, je me prosterne sur le lieu de la naissance de Jésus, comme je l'avais fait sur son tombeau, et c'est avec une ineffable douceur que je baise respectueusement ce lieu qui reçut l'humanité sainte du Sauveur, la première fois qu'elle toucha la terre.

A quelques pas de là, on descend par trois degrés dans une autre grotte. C'est là qu'était la crèche dans laquelle la sainte Vierge plaça l'Enfant Jésus entre un âne et un bœuf; c'est là qu'il fut adoré par les bergers et les mages. Cet oratoire n'a que deux mètres cinquante centimètres de long sur deux mètres trente centimètres de large. Il est creusé dans le roc, et il doit être à peu près dans son état primitif. Au fond de la grotte, on voit encore comme un siége pris sur le rocher et où la sainte Vierge a dû se reposer en contemplant Jésus dans son berceau. C'est devant cet enfant qui était couché sur la paille et qui régnait dans les cieux que vinrent se prosterner les rois de l'Orient, et c'est sur l'endroit où ils étaient prosternés que s'élève l'autel des Rois mages où nous avons eu le bonheur de célébrer deux fois la sainte messe en face du lieu de la crèche.

Le lieu de la crèche est une excavation dans le roc où était placée la crèche dans laquelle Marie coucha son divin Enfant. Les fragments de cette sainte relique et les restes des langes qui servirent à envelopper Jésus dans son dénûment de Bethléem, sont conservés à Rome, à Sainte-Marie-Majeure, dans un berceau d'argent, au haut duquel on a représenté l'Enfant Jésus couché sur un lit de paille d'or. A Bethléem, le lieu où était la crèche est couvert de marbre blanc; mais les parois de cet oratoire sont le roc nu recouvert de tapisseries.

La grotte, ou chapelle souterraine de la Nativité, outre le lieu de la naissance et celui de la crèche, qui forment enfoncement, ressemble assez à une galerie qui peut avoir de dix à onze mètres sur trois à quatre. Elle est pavée de grandes dalles en marbre blanc, et les côtés sont aussi recouverts de marbre. La voûte est factice; il fallait consolider l'église supérieure. Lorsque nous avons visité cette grotte, elle venait d'être recouverte d'une belle tapisserie neuve sous laquelle on voyait encore des lambeaux de celle que les Grecs ont déchirée et brûlée, pour s'arroger ensuite le droit de propriété. Un jeune catholique les avait surpris en flagrant délit et avait averti assez à temps pour que la dévastation ne fût pas complète; en sorte que, sous la nouvelle tapisserie replacée en présence de notre consul, il reste des témoins irrécusables des profanations commises par les Grecs.

Pendant notre séjour à Bethléem, ces Grecs envahisseurs n'osèrent pas commettre de nouvel attentat. La présence des soldats turcs et des pèlerins les retint; mais quinze jours après, le 24 avril, au milieu de la nuit, une horde de brigands grecs, ramassés de tous côtés et soudoyés, comptant sur l'inaction des Turcs, se ruait sur la sainte grotte et brisait à coup de pierres et de fusils presque toutes les lampes anciennes, présents des princes chrétiens, les vases sacrés, l'autel des Rois mages; déchiraient les tentures si précieuses de l'école italienne et espagnole et le célèbre tableau placé au-dessus de la crèche. Quelques jours après, à Beyrouth, des témoins oculaires arrivant de Bethléem, nous racontèrent ces scènes de dévastation qui inspirèrent à tous une profonde horreur, même aux pèlerins russes. Grâce à l'activité et à l'énergie de M. le comte de Vogué, notre ambassadeur à Constantinople, on est parvenu à rétablir, autant que possible, les choses dans leur premier état. Le 20 décembre dernier, notre consul s'est rendu à Bethléem, et l'on a procédé à la reconstruction de l'autel des Rois mages, sur lequel on a placé les fameux vases sacrés. Les trente-deux lampes ont été remises à leur place primitive, et le tableau qu'on admirait à la Crèche, a été remplacé par une copie envoyée par la haute société vénitienne. Je n'insiste pas sur ces faits, dont tous les journaux ont raconté les tristes détails. Grâce à la fermeté de la France, la sainte grotte de Bethléem est conservée.

A l'ouest de la chapelle de la Nativité, est une porte qui donne entrée dans un couloir étroit et sinueux pratiqué dans le rocher ; et, à droite, on trouve une petite chapelle dédiée à saint Joseph. C'est là qu'il reçut l'ordre d'aller en Egypte. Ensuite, on descend par un escalier de cinq marches dans une autre chapelle dédiée aux saints Innocents. On y remarque une sorte de puits ou caverne où la tradition raconte que furent jetées pêle-mêle un grand nombre de ces innocentes victimes. Auprès du berceau de Jésus devaient reposer ses premiers martyrs qui, comme de tendres fleurs, étaient moissonnés avant le temps par l'épée du cruel Hérode.

En face de cette chapelle, est un couloir au milieu duquel on a érigé un autel à saint Eusèbe de Crémone, ce disciple de saint Jérôme qui vendit ses biens pour aider son maître à fonder un monastère à Bethléem et qui, après lui avoir succédé pendant deux ans, mourut plein de mérites et fut enseveli, comme lui, auprès de la crèche du Sauveur. En sortant de ce couloir, on entre dans une chapelle taillée dans le roc. A l'est, on voit un autel bâti sur le tombeau de sainte Paule et de sa fille Eustochium, et, en face, un autre autel placé sur le tombeau de saint Jérôme. De là, par une porte basse, on entre dans son oratoire. C'était son asile chéri. C'est là que, pendant trente-huit ans, ce saint docteur travaillait jour et nuit à la lueur d'une lampe et qu'il composait ses ouvrages immortels et spécialement cette traduction des livres saints que l'Eglise a déclarée canonique. C'est dans cette grotte, au berceau du Sauveur, qu'il se cachait, comme il le dit, pour pleurer ses péchés. C'est là qu'il entendait les sons éclatants de la trompette qui doit réveiller les morts et que, s'armant d'un caillou, il en frappe mille fois sa poitrine, en répétant ces mots : « *Timeo gehennam.* » Du fond de son sépulcre ne sort-il pas encore une voix puissante qui dit au pèlerin : « Après tant d'années de pénitence, je tremblais; et toi, tu ne craindrais pas les jugements de Dieu ! »

Et le tombeau de sainte Paule et de sa fille, qui pourrait le considérer sans attendrissement? Ces dames romaines, descendantes des Gracques et des Scipions, renoncèrent à leurs grandeurs et à leurs richesses et vinrent s'ensevelir à Bethléem, auprès de la crèche du Sauveur, pour y passer leurs jours dans la pauvreté, l'exercice des bonnes œuvres et l'étude des saintes Ecritures. Qui n'a pas admiré les louanges que leur donne saint Jérôme? Le clergé et les villes de la Palestine s'assemblèrent aux funérailles de sainte Paule, et sainte Eustochium, qui lui survécut quinze ou seize ans, voulut être mise dans le tombeau de sa mère. Pendant sa vie, elle était sans cesse à ses côtés, et elle n'en fut pas séparée dans la mort. Un tableau placé au-dessus de leur tombeau les représente toutes les deux mortes et couchées l'une à côté de l'autre, et, par une idée touchante, le peintre a donné aux deux saintes une ressemblance parfaite. On ne distingue la fille de la mère que par sa jeunesse et son voile blanc, emblème de sa virginité.

Ce qu'on appelle l'école de saint Jérôme, ne se trouve pas dans les grottes. C'est une salle située dans le couvent arménien auprès du porche de la basilique. C'est là que le saint enseignait publiquement la doctrine chrétienne.

CHAPITRE XXIII

Courses autour de Bethléem.

Fontaine scellée. — Etangs et jardins de Salomon. — Grotte et village des Pasteurs. — Maison de saint Joseph et grotte du Lait. — — Industrie et mœurs des habitants de Bethléem. — Messe à la grotte de la Crèche.

Après avoir visité les sanctuaires de Bethléem, nous faisons une intéressante excursion aux étangs de Salomon qui n'en sont éloignés que d'environ cinq kilomètres. Le chemin, comme tous ceux de la Palestine, est tortueux et difficile, et ce jour-là nous prenons une monture. Nous marchions silencieusement sur le versant d'une montagne, lorsque tout à coup nous aperçûmes des gazelles dont, sans doute, nous avions troublé le repos et la solitude. J'étais heureux de trouver l'occasion de voir ces charmants animaux se jouer dans leur pleine liberté. Rangés sur une ligne comme des soldats qui vont au combat, ils franchissaient, avec la légèreté du cerf, les rochers et les buissons, disparaissaient un instant pour faire ensuite de nouveaux bonds. Nous les suivîmes autant que la vue nous le permit, et, je l'avoue, cette petite scène égaya le désert. Une heure après, nous apercevons une sorte de vieux château fort, dont les angles sont flanqués de tours et de créneaux. Il est occupé par deux ou trois soldats de la troupe irrégulière qui gardent les eaux et la route d'Hébron.

A une centaine de mètres de ce château, est une petite construction qui surmonte la fontaine scellée dont parle Salomon dans le Cantique des cantiques. On l'appelait ainsi parce qu'elle était fermée et qu'on n'allait pas y puiser. Une bougie à la main, on entre par une porte basse, et on descend par un escalier de vingt-six marches dans une chambre souterraine voûtée à plein-cintre. Elle est en grande partie taillée dans le roc vif. Au milieu, est un bassin où l'eau vient se jeter et d'où elle part par un aqueduc. De là on pénètre dans une autre chambre semblable, où l'eau la plus limpide sort du rocher et coule par un canal dans un petit réservoir qui communique avec celui de la première chambre. Toutes ces eaux sortent en murmurant doucement et forment, en se réunissant, un volume assez considérable pour être conduites à Bethléem et de là à Jérusalem, à une distance de près de quatre lieues.

Auprès du vieux château dont nous avons parlé, est un réservoir surmonté d'une petite construction où l'eau de la fontaine scellée vient se verser, et c'est de là qu'on la dirige à volonté dans les bassins ou dans l'aqueduc de Bethléem à Jérusalem. Un peu plus bas, sont les étangs ou bassins de Salomon, au nombre de trois. Ces bassins se succèdent sur un terrain en pente, de sorte que les eaux recueillies dans la première piscine se déchargent dans la seconde et de la seconde dans la troisième. C'est un grand et bel ouvrage qui, au temps de Salomon, devait passer pour une merveille. Il n'était pas sans génie, ce grand roi qui, à travers les montagnes, allait chercher les eaux d'une source limpide et par un canal qui existe encore et que nous avons suivi sur le flanc des montagnes, à travers les roches éparses; les conduisait dans la cité chérie de son père, pour les faire parvenir ensuite à Jérusalem et jusque dans le temple du Seigneur.

Ces bassins ou étangs sont d'une solidité à toute épreuve. Les siècles et les révolutions ont passé, et ils restent. Au fond de la vallée, ils ont creusé dans le roc. Des murs d'une grande épaisseur et construits avec des pierres énormes les séparent. Les bords sont soutenues par une forte maçonnerie, et comme les eaux pluviales sont nécessaires pour les alimenter, on a pratiqué des entailles profondes dans le flanc des montagnes qui les entourent pour faciliter l'arrivée des eaux. Le premier bassin a une longueur de cent seize mètres, une largeur de soixante-dix mètres, et sept à huit mètres de profondeur; le second est plus étendu et plus profond; le troisième et le plus grand a cent soixante-dix-sept mètres de longueur et quinze mètres de profondeur, en sorte que, selon un calcul exact, ces trois bassins pourraient contenir quarante-deux millions deux cent trente mille litres d'eau.

En suivant l'aqueduc, à environ deux kilomètres, on aperçoit la colline d'Etham, célèbre dans l'Ecriture. Là, le voyageur s'arrête étonné d'apercevoir, au fond de la vallée, la verdure la plus fraîche, les plus beaux arbres chargés de fleurs et de fruits et les jardins les mieux cultivés. C'est là qu'était le jardin fermé qui faisait les délices de Salomon : *Hortus conclusus*. Les jardins actuels, cultivés par de pauvres fellahs, ne sont plus fermés; les bêtes de la montagne peuvent les ravager sans obstacle, et si la végétation est encore si belle dans ce vallon, qu'était-ce au temps de Salomon qui n'épargnait rien pour en faire un paradis de délices. « J'ai fait, dit-il lui-même dans l'Ecclésiaste, j'ai fait des jardins et des vergers, j'ai creusé des réservoirs pour arroser les plants de jeunes arbres. » Ces réservoirs sont ceux dont nous venons de parler. Leurs eaux coulaient naturellement dans ces jardins pour les arroser, et, outre ces immenses réservoirs, une source abondante et limpide sort du pied de la montagne et sillonne ce petit Eden. C'était là le lieu de prédilection du grand roi, et l'historien Josèphe nous apprend qu'il y venait chaque jour, de grand matin, vêtu de blanc, monté sur son char et entouré de ses gardes. Il est probable qu'il avait là un palais. On en retrouve des restes auprès du village Artose dont les habitants possèdent aujourd'hui et cultivent les jardins.

Nous poursuivons notre route sur le flanc des montagnes, en longeant toujours l'aqueduc dans lequel on remarque, de distance en distance, des ouvertures pratiquées sur les sommités, sans doute pour laisser échapper l'air qui pourrait rompre la continuité de la colonne d'eau dans les endroits où les tuyaux montent et descendent; car ils ne sont pas placés sur une pente continue. Bientôt nous apercevons Bethléem, et le chemin par où nous rentrons est si rapide que les baudets ont de la peine à le monter. De ce côté, la position de Bethléem est très-pittoresque, et, comme toutes les villes de l'Orient, elle est plus belle de loin que de près.

Après quelques instants de repos, nous reprenons nos montures, et nous nous dirigeons vers la grotte des Pasteurs. Nous voilà dans une belle campagne assez bien cultivée. C'est là qu'autrefois eut lieu une des scènes les plus naïves de la Bible. Je regrettais de n'avoir pas à la main le livre de Ruth; car nous passions par le champ de Booz, où cette étrangère qui voulut s'attacher au peuple de Dieu vint recueillir les épis que les moissonneurs laissaient tomber à dessein. Booz la reconnut pour sa parente, et, selon la loi de Moïse, il la prit pour épouse, et Dieu lui donna pour fils Obed qui fut père de Jessé, père de David.

Pendant que je repassais dans ma mémoire cette délicieuse et candide églogue, nous arrivons à un lieu qui rappelle des souvenirs bien plus doux encore; c'est la grotte des Pasteurs; c'est le lieu où l'ange du Seigneur se présenta aux bergers qui veillaient à la garde de leurs troupeaux, pendant cette nuit à jamais mémorable où naquit le Sauveur. « Je vous annonce, dit l'envoyé céleste, une grande nouvelle : il vous est né, en la cité de David, un Sauveur qui est le Christ, le Seigneur. Et voici le signe auquel vous le reconnaîtrez : Vous trouverez un enfant enveloppé de langes et couché dans une crèche. » Et aussitôt une multitude d'anges fit entendre ce beau cantique : « Gloire à Dieu au plus haut des cieux. » Ce lieu est distant de Bethléem d'environ une demi-lieue. Il est situé au milieu d'un plant carré d'oliviers, entouré de murs en pierres sèches. Cette grotte assez profonde est, selon la tradition, la crypte de l'église bâtie par sainte Hélène sur l'endroit où les anges annoncèrent aux bergers la naissance de Notre-Seigneur. C'est là que s'élevait autrefois la Tour du Troupeau, où Jacob vint dresser sa tente, après avoir enseveli Rachel et lui avoir élevé un monument funèbre; c'est de cette Tour du Troupeau que parle le prophète Michée lorsqu'il annonce que la première puissance arrivera jusqu'à elle. Et, en effet, ces lieux ne sont-ils pas tout pleins de la puissance de Dieu? ces champs solitaires n'annoncent-ils pas encore la gloire de Celui qui règne au plus haut des cieux? Comme ces pauvres bergers, nous avons été à Bethléem, et nous avons vu tous les lieux où se sont accomplis les grands mystères qui leur avaient été annoncés, et, comme eux, nous nous retirons en bénissant Dieu.

Nous revenons à Bethléem par le village des Pasteurs, et là nous rencontrons un prêtre français que l'amour des Lieux saints a fixé depuis de longues années en Palestine. Il a passé par bien des épreuves; il a souffert la persécution, surtout à Beit-Djallah, où il secondait puissamment les efforts de Mgr Valerga. Aujourd'hui il entreprend d'élever une église au village des Pasteurs dont il est le curé. Déjà les murs sont sortis de terre, et son zèle sera satisfait en célébrant les offices dans un joli sanctuaire, qui remplacera la petite chapelle provisoire où il réunit à présent son intéressant troupeau.

M. l'abbé Morétain est un prêtre de Lyon qui use de toutes les industries de la charité pour former auprès de Bethléem une chrétienté nouvelle, dans un village abandonné. Lorsque ce bon prêtre nous aperçut, il vint au-devant de nous et nous exposa l'embarras où il se trouvait au moment même. Il avait à baptiser un petit enfant; mais il lui manquait un parrain, et il aurait voulu le trouver parmi les pèlerins. Il en fait la proposition aux membres de notre petite caravane. « J'accepterais volontiers, lui dis-je; mais vous voyez que je suis vieux, et ce pauvre enfant ne me connaîtra jamais. » Enfin, après quelques explications, je vis que cette mission honorable se résumait en une simple aumône, et je suis devenu le parrain d'un petit garçon du village des Pasteurs. Il se nomme en arabe *Attala*, qui signifie *Dieudonné* ou *Théodore*. Puisse ce petit ange croître dans la foi et adorer pour moi Jésus, avec les bergers, au lieu sacré de la crèche.

Auprès du village des Pasteurs, sur un terrain escarpé, inculte, on montre l'emplacement de la maison de saint Joseph. Il y eut autrefois un oratoire, dont on voit encore les fondations taillées dans le roc. Si cette tradition est vraie, dira-t-on, comment saint Joseph, ayant une maison à Bethléem, fut-il obligé de se retirer dans une grotte? Selon les uns, cette maison lui serait échue par succession après son retour d'Egypte; et, selon d'autres, il n'y fut pas reçu par le locataire quand il vint à Bethléem, et c'est l'opinion la plus probable : il y avait alors foule dans cette petite ville.

Plus près de Bethléem, au delà du village des Pasteurs, on trouve la grotte du Lait. On dit que Joseph, averti par l'ange qu'Hérode chercherait l'Enfant pour le faire mourir, se retira dans cette grotte pour faire les apprêts du voyage, et que la Vierge Marie, effrayée, laissa tomber quelques gouttes de son lait virginal, qui communiquèrent à la pierre de cette grotte crayeuse la vertu de procurer du lait aux nourrices. Quoi qu'il en soit, depuis cette époque, beaucoup de mères, soit catholiques, soit schismatiques et même musulmanes, viennent prier la sainte Vierge, et beaucoup attestent avoir obtenu la faveur désirée.

Nous rentrons à Bethléem, et nous passons le reste du jour à acheter des objets de piété. Une partie des habitants sont fellahs ou cultivateurs; les autres font des chapelets, des crucifix, des médaillons, la plupart en bois d'olivier. Les plus beaux ouvrages sont en nacre et représentent des sujets religieux, spécialement la crèche, l'arrivée des mages, l'ange et les bergers, la fuite en Egypte. Le pèlerin aime à remporter dans sa patrie quelques-uns de ces pieux objets qui lui rappellent le souvenir de cette Bethléem si chère à son cœur.

Bethléem a pour le voyageur plus d'attrait que les autres villes. Ses habitants sont doux et affables. Ils sont généralement mieux vêtus, d'une taille plus élevée. Les femmes ont toutes le même costume, c'est-à-dire une robe bleue, une tunique rouge et, sur la tête, un voile blanc qui descend jusqu'à la moitié du corps. C'est fort simple; mais elles ont une autre parure qui est du plus haut prix : tout le monde loue leur vertu. L'éducation n'est pas négligée. Dans l'école du couvent, on apprend l'arabe et l'italien, et chez les Sœurs de Saint-Joseph, il y a des centaines d'élèves qu'on instruit aussi bien qu'en France. Les schismatiques y sont reçues et y sont nombreuses. Les religieuses visitent aussi les malades et leur donnent des soins à domicile.

Le soir de cette journée si bien remplie, nous faisons une seconde fois la procession aux sanctuaires, et le lendemain, de bonne heure, je célèbre la sainte messe dans la grotte de la Crèche. Mes compagnons de voyage s'étaient préparés à y faire la sainte communion; ce qui me procura la faveur d'y célébrer une seconde fois, contre l'usage. Arrivé dans ce sanctuaire avec un enfant pour me répondre, voilà que le plus âgé de nos Colombiens prend l'enfant par le bras, le renvoie et se met à sa place, voulant avoir le bonheur de servir la sainte messe dans ce lieu vénéré. Combien je fus édifié de la piété de ces bons Espagnols, venus de si loin pour adorer Jésus-Christ sur son berceau! Avec quel bonheur je bénis, selon les formules franciscaines, tous les objets de piété dont ils avaient couvert la sainte crèche!

CHAPITRE XXIV

Retour à Jérusalem.

Monuments et souvenirs sur cette route.

Nous disons un dernier adieu à Bethléem, et nous partons pour Jérusalem. A quelque distance, nous passons à côté du tombeau de Rachel. Les chrétiens, les juifs, les musulmans ont en grande vénération ce tombeau. Les chrétiens y avaient construit une chapelle; mais les Turcs l'ont recouvert d'un dôme blanc et informe. Ils ont pris des juifs la coutume d'enduire les tombeaux de chaux, en sorte qu'on les voit de fort loin. Ceci explique la justesse de cette comparaison de l'Evangile : « Malheur à vous, parce que vous êtes semblables à des sépulcres blanchis! »

Un peu plus loin, sur une haute colline, une tour est élevée sur le lieu où Jacob dressa ses tentes et où Rachel mourut en donnant le jour à Benjamin. Ce fut donc là surtout qu'on entendit les cris déchirants des mères des environs de Bethléem, que le prophète personifie dans Rachel, la mère des enfants d'Israël.

Nous passons ensuite à côté du champ des Pois-Chiches, auquel se rattache une légende assez curieuse. On rapporte que Notre-Seigneur — d'autres disent la sainte Vierge, — passant par là, et ayant vu un homme qui semait des pois, lui demanda d'une voix douce et amicale ce qu'il semait. Cet homme lui répondit qu'il semait des pierres. A cette parole de moquerie, le Sauveur répondit : « Tu recueilleras ce que tu as semé. » Et, à la moisson, au lieu de pois, il ne trouva que des pierres; et aujourd'hui encore, le champ est couvert de petites pierres qui ressemblent à des pois. Tous les voyageurs aiment à recueillir de ces petites pierres. Nous nous sommes contentés de leurs témoignages; nous n'avions pas le temps de descendre et d'aller en ramasser.

Quelques instants après, nous arrivons en face du couvent de Saint-Elie, qui appartient aux Grecs non unis. C'est une véritable forteresse qui pourrait soutenir un siége. Il remonte à une haute antiquité, et on lui a donné cette forme et cette solidité pour le mettre à l'abri des incursions des Arabes.

A la gauche du chemin, on montre un rocher, sur lequel on dit que le prophète Elie se coucha, lorsque, fuyant la colère de Jézabel, il vint dans les déserts de Juda. Nous lisons au IIIe livre des Rois qu'Elie, étant allé à Bersabée, s'avança dans le désert à la distance d'une journée de chemin, et qu'il se coucha et s'endormit sous un genévrier; que l'ange du Seigneur l'appela; qu'à son réveil, il trouva auprès de lui un pain cuit sous la cendre et un vase d'eau; qu'après avoir bu et mangé, il s'endormit de nouveau, et qu'ensuite, fortifié par ce pain miraculeux, il marcha quarante jours et quarante nuits jusqu'à la montagne d'Horeb. La tradition locale rapporte que le prophète, s'étant levé, laissa l'empreinte de son corps dans le rocher sur lequel il était couché. J'ai examiné cette empreinte, qui est encore aujourd'hui très-visible et accuse la forme d'un corps. On ne voit plus de genévrier qui ombrage ce rocher. Je laisse à d'autres le soin de faire concorder le récit sacré avec cette tradition locale. Je n'ai pu y parvenir. Bersabée est à une distance d'au moins deux journées, et ce lieu ne ressemble pas au désert de Juda.

Du couvent de Saint-Elie, on aperçoit Jérusalem et Bethléem, coup d'œil qui donne lieu à bien des rapprochements. Tout près de là, se trouvait autrefois une belle église, bâtie sur le lieu où le prophète Habaccuc, portant le dîner à ses moissonneurs, rencontra un ange, qui lui dit de le porter à Babylone et de le donner à Daniel qui était dans la fosse aux lions; et l'ange le transporta lui-même à Babylone avec la vitesse des esprits.

Après quelques minutes de marche, nous trouvons une citerne délabrée qu'on appelle le puits des Mages. C'est là que les rois mages, après avoir quitté Jérusalem, se reposèrent et revirent avec tant de joie l'étoile qui les conduisit au berceau de Jésus-Christ.

Sur la route de Bethléem à Jérusalem, on rencontre à chaque pas quelque souvenir religieux, quelque monument antique. Nous avions à peine marché quelques minutes, et à une faible distance de la route, on nous montre l'endroit où était autrefois un térébinthe qui ombragea la sainte Famille, quand la Vierge-Mère alla présenter au Seigneur son divin Fils.

Il existe une charmante tradition au sujet de cet arbre. Tandis que la sainte Famille était réunie sous ses branches, avec les deux tourterelles, l'arbre s'inclina, en étendant ses rameaux comme une couronne, pour saluer cet Enfant qui était le Dieu de la nature. N'est-il pas dit au livre de la Sagesse : « J'ai étendu mes rameaux comme le térébinthe, et mes rameaux sont des rameaux d'honneur et de grâce. » « Toutes les nations, dit un pèlerin du XIIIe siècle, baisaient cet arbre en souvenir de cet événement. » Combien on regrette qu'un Arabe, qui voulait empêcher de fouler son champ, l'ait brûlé en 1645, et qu'on ait été obligé d'en marquer la place par un tas de pierres !

Nous sommes dans la vallée de Raphaïm (des Géants), où David battit deux fois les Philistins et brûla leurs idoles. C'est la plaine la plus fertile qui soit auprès de Jérusalem. Nous passons près des ruines de la maison du saint vieillard Siméon, et nous rentrons dans la cité sainte.

CHAPITRE XXV

Voyage à la mer Morte et au Jourdain.

Départ. — De Jérusalem à Saint-Sabas. — Monastère de Saint-Sabas. — Campement sur le bord du Cédron. — De Saint-Sabas à la mer Morte. — La mer Morte, et comment elle a été formée. — Qualités de l'eau de la mer Morte. — Navigation sur la mer Morte. — Le Jourdain. — Souvenirs qu'il rappelle. — Du Jourdain à Jéricho. — Jéricho. — De Jérusalem à la fontaine d'Elisée. — Rose de Jéricho. — Pomme de Sodome.

Nous avions formé le projet de faire le voyage de la mer Morte et du Jourdain, seuls, sans escorte, comme le voyage de Bethléem. Il paraît que nous aurions commis une grave imprudence, que nous aurions été exposés à être dépouillés par les Bédouins qui sont encore puissants dans ces parages. Une convention arrêtée entre le gouvernement turc et les chefs de ces tribus exige que les voyageurs aient une escorte. On nous raconta qu'une dame anglaise s'était obstinée à faire seule ce voyage, qu'elle était tombée entre les mains des Bédouins et qu'elle était rentrée à Jérusalem dans un état déplorable. Nous consentîmes donc à prendre une escorte, et l'entrepreneur des caravanes voulut bien se charger de nous procurer des tentes. Nous partons avec la caravane française, et nous formons, à sa suite, une petite caravane de sept à huit personnes. Nos Espagnols-Américains en faisaient partie. Nous montons à cheval. La route est tellement difficile que les Arabes seuls peuvent faire ce trajet à pied. Ce voyage ne ressemble à aucun autre, et quand la mer Morte et le Jourdain ne rappelleraient aucun souvenir religieux, on devrait encore l'entreprendre et surtout aller par Saint-Sabas.

Sortis par la porte de Jaffa, nous longeons les murailles et le mont Sion; nous arrivons à la fontaine de Rogel, et nous suivons le torrent du Cédron. Son lit est complétement desséché; mais, dans la saison des pluies, il doit se gonfler horriblement; car les abîmes qu'il creuse et les traces que laissent ses débordements, annoncent qu'il roule alors ses eaux avec fureur.

Après avoir marché environ une heure, nous perdons de vue Jérusalem, et nous nous enfonçons dans les défilés des montagnes. Il est impossible, en France, de se former une idée de ce chemin tantôt tortueux, quelquefois un peu plus droit, mais presque toujours couvert de cailloux roulants et même de pierres énormes; très-souvent tracé sur la roche nue, sur des pentes plus ou moins rapides. A chaque instant, le cheval doit descendre comme de hautes marches;

plus souvent encore, il lui faut suivre un petit sentier sur le bord d'un abîme ; en sorte que, s'il fait un faux pas, il peut tomber et rouler avec son cavalier à travers les rochers dans un précipice.

Bientôt nous traversons le Cédron ; nous approchons de Saint-Sabas. Nous distinguons les deux tours du monastère. Nous montons par un chemin tracé dans le roc. Nous avons sur notre gauche le lit du torrent, devenu un horrible abîme creusé entre deux immenses murs de rochers à pic, criblés de grottes qui servaient autrefois d'habitations aux anachorètes de la laure de Saint-Sabas. Rien ne peut donner une idée de l'aspect sauvage de ce lieu. C'est une gorge profonde, affreuse, hérissée de roches nues sur lesquelles plane une éternelle désolation. Le silence de la mort règne dans ce désert. On n'aperçoit pas un seul être vivant dans ces antres solitaires, où vivaient, au vᵉ siècle, dix mille anachorètes. On a peine à comprendre comment ils pouvaient entrer dans leurs cellules ou en sortir, la plupart étant pratiquées dans des endroits inabordables.

Nous allons au monastère ; c'est un des édifices les plus pittoresques qu'on puisse voir. Il est adossé à une haute montagne et s'élève en gradins sur les rochers qui dominent le lit du Cédron. Ce monastère, autrefois l'asile d'un grand nombre de saints et de martyrs, est aujourd'hui en la possession des Grecs non unis. Dans la partie supérieure, il y a deux tours du haut desquelles on peut défendre l'entrée du couvent contre les agressions des Arabes. Sur l'une d'elles, est un moine de garde. Quand on arrive à la porte du couvent, il descend un panier dans lequel on doit déposer une lettre du patriarche grec de Jérusalem. Sans cette lettre de recommandation, l'entrée du couvent est interdite. Bientôt la porte extérieure s'ouvre, et nous descendons, par de longs escaliers, dans une petite cour pavée. Nous visitons le tombeau de Saint-Sabas et ensuite l'église Saint-Nicolas, toute taillée dans le roc. De là nous entrons dans une petite chapelle où l'on conserve les reliques des anachorètes martyrisés par les bandes de Chosroès au commencement du viiᵉ siècle. A cette époque, quatre mille religieux vivaient dans ce couvent et dix mille dans les antres des rochers, et aujourd'hui il n'y a que vingt ou trente moines qui sont obligés de faire venir de Jérusalem tout ce dont ils ont besoin, excepté l'eau ; car il y a une excellente source dans le couvent. Le monastère possède une belle église richement restaurée par les Russes.

On voit, auprès d'un mur, un palmier que les moines disent planté par saint Sabas et qui donne des dattes sans noyaux. Il est l'objet des soins des religieux et pourra vivre encore bien des siècles.

Je ne puis passer sous silence une grotte et une petite chapelle habitées autrefois par saint Sabas. Elles sont pour ainsi dire suspendues sur le Cédron. De là, l'œil du voyageur plonge, avec une sorte de frayeur, dans l'abîme creusé sous ses pieds. Cette grotte s'appelle la grotte du Lion, parce qu'un lion vint s'y coucher, pendant que le saint était sorti. A son retour, plein de confiance en Dieu, il y rentra et se mit à réciter son office; et, en le récitant, il s'endormit. Le lion le saisissant par la manche le traîna dehors. Le saint, réveillé, rentra et recommença son office. Il s'endormit de nouveau et fut traîné dehors comme la première fois. Alors il dit au lion d'un ton sévère : « *N'y a-t-il donc pas place pour deux?* » Et il lui assigna un coin. Le lion s'y installa et continua d'y habiter avec le saint.

Quoi qu'on doive penser de cette histoire, il n'en est pas moins vrai qu'aujourd'hui encore des oiseaux sauvages planant au-dessus des rochers, descendent et viennent manger sur les épaules et dans les mains des moines. En Syrie, j'ai entendu raconter plusieurs faits de ce genre. Dans ces lieux si sauvages où l'animal ne trouve aucune nourriture, il semble déposer sa férocité et se montrer reconnaissant envers la main charitable qui vient à son secours. Combien de faits non moins extraordinaires M. de Montalembert ne raconte-t-il pas dans son *Histoire des Moines d'Occident*?

Le soir du même jour, nous revenons sur nos pas à une demi-lieue du monastère, et nous campons sur les bords du Cédron. Là, nous commençons à imiter la vie nomade des Arabes. Sur un petit terrain assez bien choisi, se dressent nos tentes blanches dont l'aspect forme un contraste frappant avec celles des Bédouins qui sont noires et annoncent quelque chose de sinistre. Notre escorte, nos moukres et ceux de la caravane française veillent autour des tentes, ou plutôt font semblant de veiller; car il n'y a pas apparence de danger. Au moment où tout le monde commençait à dormir, je m'écarte à une certaine distance des tentes pour contempler la beauté du ciel; j'étais seul, lorsque j'entendis de loin des pas précipités. Je me sens saisi d'une sorte de frayeur, et je reviens vers le campement; mais les Bédouins ne tardent pas à arriver près de moi. Je fais bonne contenance, je les regarde passer. Ils étaient loin d'avoir des intentions hostiles. Ils portaient du lait pour le déjeuner des pèlerins. Je rentre et je me mets en devoir de me coucher. Un léger matelas étendu par terre, voilà tout notre lit; mais la terre n'est pas humide, et la tente met à l'abri de l'air de la nuit, funeste aux étrangers. Je pus à peine fermer les yeux quelques instants. Dès quatre heures, on est debout, on prend un café au lait et l'on part.

Nous quittons, pour ne plus le revoir, le lit du Cédron qui décharge ses eaux dans la mer Morte. Je crois qu'aucun voyageur ne l'a parcouru en entier, tant il est effrayant et sauvage. Je jette un dernier regard sur le lieu de notre campement entouré de toutes parts de hautes montagnes dénudées qui se dressent comme d'immenses forteresses. A peine voit-on les déchirures du torrent, tant elles sont étroites et profondes. Nous voilà donc cheminant dans les ravins, sur les versants et les arêtes des montagnes qui semblent se multiplier et devenir plus horribles que la veille. C'est assurément le plus affreux désert qu'on puisse imaginer. Evidemment, nous approchons de ces lieux où tomba le feu du ciel; et, en effet, du haut d'une montagne nous découvrons la mer Morte. C'est une blanche nappe d'eau qui se dessine parfaitement au pied des montagnes de Moab, de ces montagnes qui se dressent devant nous comme une immense muraille, d'une hauteur prodigieuse. La mer paraît, pour ainsi dire, à nos pieds, il semble qu'il ne faudra qu'une demi-heure pour descendre sur le rivage. Illusion, il faut encore marcher quatre heures. Il est vrai, nous remontons un peu vers le nord-est; la mer paraît et disparaît; au lieu d'approcher, il semble qu'elle s'éloigne.

Nous sommes en vue de Nébi-Moussa, tombeau de Moïse. Sur une haute montagne, à la place d'un ancien couvent, les Musulmans ont bâti une mosquée, avec un minaret, son appendice indispensable; et ils ont prétendu que là était le tombeau de Moïse, et pour accréditer cette fable, ils ont inventé une foule d'histoires qui ne méritent aucune créance. Les Mahométans vont en pèlerinage à ce prétendu tombeau de Moïse. Sur le chemin que nous parcourons, nous rencontrons à chaque instant des amas de pierres, en forme de pain de sucre, qui avertissent les Musulmans, que là, ils sont en vue de Nébi-Moussa. Bientôt les chemins deviennent plus âpres et plus difficiles encore. La prudence exige qu'on descende de cheval, tant les pentes des montagnes sont escarpées. La végétation a disparu complétement. Des pierres, des rochers énormes, une suite de sommets dénudés, interrompus par des déchirures horribles et profondes, dont les parois sont comme d'immenses pans de murs qui atteignent parfois la hauteur de trois à quatre cents mètres : voilà l'horrible spectacle que nous avons sous les yeux. Ces pierres sont en calcaire bitumineux; elles sont noires, et on dirait qu'elles ont été longtemps soumises à l'action des flammes. La mosquée de Nébi-Moussa domine cette contrée déserte, et toutes les fois qu'on a gravi une hauteur d'où on l'aperçoit, on est sûr de retrouver les amas de pierres dont nous avons parlé. Je ne crois pas qu'il y ait dans le monde un seul endroit qui présente un aspect aussi effrayant. J'ai vu les Alpes et les Apennins; mais rien n'approche de cette horrible et solennelle solitude. On répète involontairement : le châtiment de Dieu a passé par là; Dieu a imprimé sur ces rochers la malédiction qu'il prononça contre Sodome et Gomorrhe.

Enfin nous sortons de ces interminables défilés. Une plaine immense et déserte se déroule devant nous. La mer semble à nos pieds, et il nous faut encore plus d'une heure pour aller nous asseoir sur ses bords. Jamais route ne m'a paru plus longue, tant j'avais le cœur brisé du spectacle offert à mes yeux.

Enfin nous sommes sur le bord de la mer Morte. C'est la Bible à la main qu'il faut étudier ce lac maudit et toute la contrée qui l'environne. « *Lot*, nous dit la Genèse, *se séparant d'Abraham choisit la contrée du Jourdain qui était arrosée, comme le jardin du Seigneur et comme l'Egypte, avant que le Seigneur eût détruit Sodome et Gomorrhe.* » A la place de la mer Morte, était une vallée fertile que l'Ecriture appelle la vallée des Bois. C'est là que Lot dressa ses tentes jusqu'à Sodome et Gomorrhe. L'embouchure du Jourdain devait donc être voisine de ces villes et non pas, comme aujourd'hui, à vingt lieues de distance. Il traversait donc cette vallée qu'il fertilisait comme le Nil fertilise l'Egypte, et, après avoir reçu plusieurs affluents, il allait se décharger dans la mer Rouge. Il reste encore quelques traces de son cours primitif. Cependant les crimes de Sodome avaient comblé la mesure, et ils attirèrent sur cette malheureuse contrée le plus terrible châtiment, le plus effroyable bouleversement qui ait eu lieu sur la terre depuis le déluge. Le Seigneur fit descendre du ciel une pluie de souffre et de feu qui détruisit ces villes coupables, tout le pays d'alentour, et ne laissa pas un brin d'herbe sur la terre. Le texte sacré dit formellement que c'est le feu du ciel qui alluma ce grand incendie, et toute l'antiquité en conserva le souvenir; en sorte que Tacite, fidèle écho des siècles qui l'ont précédé, a écrit ces paroles bien remarquables : « *Non loin de là, étaient des plaines fertiles, des villes grandes et peuplées qu'on dit avoir été brûlées par le feu du ciel.* »

Que celui qui doute de la véracité de nos livres saints aille étudier cette grande question sur les lieux, et il sera bien forcé de reconnaître avec tous les voyageurs de bonne foi, que dans tout le bassin de la mer Morte la trace du feu est marquée. L'immense renversement de cette contrée est un phénomène toujours subsistant. Il y a un affaissement énorme dans cette vallée des Bois où étaient les puits de bitume et un soulèvement dans la partie méridionale; d'où il est arrivé que le Jourdain, ne trouvant plus d'issue dans la mer Rouge, a déversé ses eaux dans le gouffre qui s'était formé, et le niveau de cette nouvelle mer qu'on a appelée la mer Morte s'est élevé jusqu'au point où l'évaporation est venue faire équilibre aux eaux qu'elle recevait. C'est véritablement un gouffre, et les anciens disaient que c'était un abîme sans fond. Les savants modernes ont fait des sondages, et ils ont trouvé que la plus grande profondeur était de près de six cents mètres environ, ce qui établit une énorme différence avec celle de l'Océan, surtout si l'on tient compte d'un autre phénomène non moins extraordinaire : l'étrange dépression de cette petite mer qui n'a qu'environ vingt lieues de longueur sur quatre à cinq de largeur. Lorsqu'on descend des montagnes, on est surpris de la profondeur de la vallée qu'elle occupe. On embrasse d'un seul coup d'œil tous ses rivages. Malgré la divergence des mesurements, il est certain que son niveau est au moins à trois cent quatre-vingts mètres au-dessous de la Méditerranée, et c'est la plus grande dépression du globe. A l'époque où il fut question de percer l'isthme de Suez, un Anglais proposa de faire passer la route des Indes par le Jourdain et la mer Morte. On aurait percé la plaine d'Esdrelon; et les eaux de la Méditerranée, comme un courant du déluge, auraient envahi la vallée du Jourdain et de la mer Morte à une hauteur prodigieuse; mais comment ensuite auraient-elles pu se joindre par un canal navigable à celles de la mer Rouge? C'est un problème qu'on n'a pas résolu, et le canal de Suez empêchera qu'on en poursuive la solution.

Les voyageurs ont beaucoup varié dans les descriptions qu'ils ont faites de l'eau de la mer Morte. Les uns ont vu cette eau d'un violet prononcé ou du plus beau vert, les autres l'ont trouvée bleue comme le ciel ou blanche comme le lait; d'autres l'ont comparée au plomb ou à l'or fondu, quelquefois même à l'opale. Ces contradictions ne sont qu'apparentes. La position exceptionnelle de cette mer, sa forte évaporation, le reflet des montagnes doivent produire d'étranges effets de lumière. Les teintes doivent varier selon l'état de l'atmosphère, la hauteur du soleil et le lieu d'observation. Lorsque je l'ai vue, elle me parut aussi claire que l'eau d'une fontaine limpide. J'y trempai le bout de mes doigts, et je les approchais de mes lèvres : je la trouvai extrêmement salée et amère, âpre et nauséabonde. J'y lavai mes mains à plusieurs reprises; et, quelques instants après, elles devinrent rouges. Plusieurs de mes compagnons se mirent à l'eau jusqu'aux genoux; on peut le faire sans aucun danger, on peut même y prendre un bain complet; mais c'est une bonne et sage précaution de se laver ensuite dans de l'eau douce. Cette eau est d'une pesanteur telle qu'elle supporte le poids d'un corps humain et qu'on ne peut y plonger à une certaine profondeur : la résistance est trop forte; le corps surnage. Ce n'est pas à dire qu'on ne puisse s'y noyer. Il n'est pas rare que des Arabes aient été trouvés gisants sur ses bords. Le meilleur moyen d'y nager, c'est de se tenir debout, en agitant un peu les mains, ou bien sur le dos; on est moins exposé à avaler de cette eau exécrable. L'extrême salure de l'eau est sans doute la vraie cause de l'absence d'êtres vivants dans son sein. « Aucun poisson, dit Tacite, ne se meut dans ses eaux, aucun oiseau ne voltige à sa surface. » Il est certain que, jusqu'à présent, on n'a pu constater la présence de poissons dans cette mer, et que lorsque le Jourdain y en amène, ils meurent aussitôt. On a vu aussi quelquefois des canards et autres oiseaux nageurs effleurer la surface et même s'y plonger quelques instants, mais il est très-probable qu'ils ne pourraient y vivre, comme sur l'Océan ou la Méditerranée.

Cette mer serait un séjour aussi funeste à l'homme qu'aux poissons et aux oiseaux. Dans ces derniers temps, de hardis explorateurs ont voulu naviguer sur ce lac et faire des expériences, mais ils ont horriblement souffert, et la plupart s'en sont retournés malades ou sont morts peu de jours après. Le plus entreprenant et le plus habile est sans contredit M. Lynch, Américain qui a voulu faire le tour de la mer Morte et qui a recueilli les plus précieuses découvertes. « Après douze jours de navigation, dit-il, nous avions joui de la meilleure santé; mais il se présenta alors des symptômes qui m'inspirèrent des inquiétudes.... A l'horrible aspect que cette mer nous offrit, lorsque nous la vîmes pour la première fois, il nous semblait qu'on devait lire, comme au-dessus de l'*Enfer* de Dante : « Que celui qui entre ici renonce à toute espérance. » Mais depuis ce temps, ces impressions craintives avaient été diminuées.... Mais en regardant mes compagnons endormis, ou plutôt plongés dans un profond assoupissement, ce sentiment de terreur revint. Il y avait dans l'expression de leurs visages échauffés et enflés quelque chose de terrible. L'ange sinistre de la maladie semblait planer sur eux. Leur sommeil brûlant et fiévreux était pour moi l'avant-coureur de sa venue. Les uns, ayant le corps courbé, les bras pendants sur les rames abandonnées et les mains pelées par cette eau corrosive, dormaient profondément; les autres, ayant la tête penchée en arrière, les lèvres fendues et saignantes, avec des taches écarlates sur chaque joue, paraissaient, même pendant leur sommeil, accablés de chaleur et d'épuisement; tandis que d'autres encore, sur le visage desquels la lumière de l'eau se réfléchissait, ressemblaient à des spectres et sommeillaient avec un tremblement nerveux de tous les membres.... La solitude, la scène que j'avais sous les yeux, mes pensées... c'en était trop : assis que j'étais dans cette nacelle qui se mouvait lentement, il me vint le sentiment que j'étais Caron conduisant, non pas les âmes, mais les corps des morts et des réprouvés à travers je ne sais quel lac de l'enfer. » Ainsi parle M. Lynch, et ce tableau n'a rien d'encourageant pour les futurs navigateurs sur la mer Morte.

M. Lynch conclut toutes ses observations par ces paroles en faveur de Moïse : « Après vingt-deux jours d'explorations précises, nous avons été, si je ne me trompe, unanimement convaincus de la vérité des récits de l'Ecriture sur la destruction de cette plaine. » Et ailleurs il ajoute : « Nous croyons que tout ce qui se trouve dans la Bible au sujet de cette mer et du Jourdain a été complétement constaté par nos observations. »

Nous quittons les rivages désolés de la mer Morte. Nous avons hâte de reposer nos yeux sur un spectacle plus doux. Nous nous dirigeons vers le Jourdain, en répétant ce vers du poëte :

O rives du Jourdain, ô champs aimés des cieux!

Mais, hélas! la plaine que nous traversons, qui offrit aux Israélites les prémices de la terre de Chanaan, est aujourd'hui aride, inculte, presque sauvage.

Pleins de la pensée des prodiges opérés sur cette plage, nous marchions silencieux à travers ces vastes solitudes. A chaque pas, je sentais s'augmenter ce désir ardent de voir le Jourdain, qui me tourmentait depuis si longtemps. J'étais à une petite distance de ce fleuve sacré, et rien n'annonçait encore sa présence. Enfin, j'aperçus un rideau d'arbres de toute espèce, dont les cimes s'élevaient au-dessus d'un ravin qui serpentait comme un fleuve dans la plaine; un bruit léger se fit entendre : c'était le murmure des eaux. Je m'approche et je m'écrie : « Voilà le Jourdain! c'est bien le Jourdain qui coule mystérieusement à moitié caché au milieu des joncs! » Des saules, des acacias et d'autres arbres dont j'ignore le nom forment comme un dôme de feuillage au-dessus de ces ondes sacrées, qui se sont ouvertes devant l'arche du Seigneur et qui ont coulé sur le front de Jésus-Christ.

Nous nous sommes dirigés vers le lieu où saint Jean prêchait la pénitence et où Notre-Seigneur se présenta pour recevoir le baptême de ses mains. C'est aussi le lieu où le fleuve remonta vers sa source et livra passage aux Hébreux. Sur ce point la tradition est constante, et la simple inspection des lieux indique qu'il en doit être ainsi; car ce gué est en face de Jéricho, et sur l'autre rive est une vallée par laquelle la multitude pouvait facilement arriver sur ses bords, tandis qu'à droite et à gauche sont de hautes montagnes. C'est encore en ce même lieu que le prophète Elie frappa les eaux de son manteau et passa à pied sec avec Eliséo. David, poursuivi par son fils Absalon, traversa le Jourdain; et Nahaman le Syrien, par ordre d'Eliséo, vint s'y baigner sept fois pour être guéri de sa lèpre. Aux premiers siècles du christianisme, des légions de pieux solitaires vinrent se fixer sur ses rives et plantèrent une grande croix au milieu du fleuve, à l'endroit où Notre-Seigneur reçut le baptême.

Ce fleuve, quoique étroit, roule un volume d'eau assez considérable. Il est presque partout profondément encaissé. A l'endroit où nous nous sommes arrêtés, il est plus large, et on y accède plus facilement. C'est bien là le lieu où la foule pouvait se réunir pour entendre les prédications du saint Précurseur et recevoir son baptême. Je considérais avec attention ce fleuve sacré qui a été témoin de tant de prodiges, et il me semblait que je voyais ses eaux remonter vers leur source, tandis que les autres s'écoulaient rapidement vers la mer Morte. Sous ce beau ciel sans nuages, je voyais les cieux s'ouvrir, et j'entendais Dieu le Père proclamer la divinité de son Fils, aux yeux des spectateurs étonnés. Que de souvenirs religieux s'éveillent dans ces moments trop courts! que de douces émotions font battre le cœur! J'ai voulu me baigner dans ces eaux sanctifiées et en emporter une bonne provision, pour régénérer dans la patrie quelques-uns de ces enfants qui donnent de grandes espérances.

Le Jourdain est le seul fleuve de la Palestine. Il prend sa source au pied du grand Hermon, toujours couvert de neige. Il traverse le lac de Tibériade qu'il alimente, et il en sort pour aller se jeter dans la mer Morte, après un parcours total d'environ quarante lieues. Depuis sa sortie du lac de Tibériade, son cours est très-rapide, la différence de niveau entre le lac et la mer Morte étant de plus de deux cent trente-cinq mètres. Sa plus grande profondeur est de cinq mètres, et sa largeur varie de cinquante à soixante-dix mètres.

Nous avons parcouru à une certaine distance les bords de ce fleuve, et nous avons été frappés de la profondeur de son lit, qui, depuis le passage des Hébreux, doit s'être creusé d'une manière extraordinaire; ce qui explique pourquoi ses inondations sont devenues si rares.

Nous avons pris sur ses bords, à l'ombre des arbres qu'il fait croître, un frugal repas. L'eau du Jourdain en était le principal assaisonnement. Quoique un peu blanchâtre, elle est vraiment délicieuse, et l'extrême chaleur que nous avions à subir nous la faisait trouver meilleure encore. Heureusement, nous avions de l'ombrage. Sous un soleil ardent, rien de plus agréable que ces fourrés épais qui donnent une douce fraîcheur. Les bords du Jourdain sont un véritable Eden où règne un printemps presque éternel; toujours de la verdure dans ses bosquets; toujours des oiseaux qui chantent, et, parmi eux, le rossignol fait entendre sa voix mélodieuse comme en France et en Italie.

Après notre repas, nous sommes descendus de nouveau dans le fleuve, et nous avons recueilli de jolis petits coquillages dont on fait des chapelets. Nous avons aussi coupé des roseaux que nous n'avons pu emporter. Ces roseaux atteignent une grande hauteur et garnissent le rivage avec la lisière des beaux arbres dont j'ai parlé.

J'ai quitté trop tôt ces rives tant désirées; j'avais de la peine à m'en séparer. Il a fallu dire adieu au Jourdain que je ne reverrai jamais. Nous nous dirigeons vers Jéricho. Chemin faisant, nous rencontrons une dame anglaise ou américaine, qui avait trouvé le moyen de voyager à son aise et avec une sorte de luxe dans un pays où il n'y a aucune voiture. Voici à peu près quel était son attelage : deux longues perches, reliées entre elles à distance convenable, soutenaient une sorte de baldaquin qui servait de tente et mettait la voyageuse à l'abri des rayons du soleil, si ardents dans cette plaine. Une chaise ou fauteuil, vaste et établi dans de bonnes conditions, était suspendu au milieu. Pour transporter tout cet attirail, quatre mulets conduits par quatre moukres étaient attachés aux extrémités des perches. Les moukres réglaient leur pas; et l'illustre Anglaise, nonchalamment assise, les pieds bien appuyés, les coudes soutenus sur des coussins, s'avançait gravement, un livre à la main, étudiant sans doute les contrées qu'elle parcourait. Elle pouvait, au besoin, se livrer aux douceurs du sommeil. On voit que, si nos voisins d'outre-mer aiment à voyager, ils veulent que le confortable les suive partout; et c'est bien là un des traits les plus saillants du caractère britannique. Pour nous, pauvres pèlerins, nous contentant d'une vulgaire monture, nous bravons les ardeurs du soleil; nous traversons cette plaine sablonneuse, où l'on rencontre encore, mais moins souvent que sur les bords de la mer Morte, des taches blanches, produites par des matières salines, qui viennent s'incruster sur la surface de la terre. Cette plaine était autrefois couverte de riches moissons, et elle ne tarderait pas à recouvrer sa fertilité ancienne, si elle était cultivée. A chaque instant, on retrouve quelque débris du passé, qui atteste qu'une population nombreuse vivait autrefois sur cette plage désolée. Nous passons à côté de Galgala, où Josué dressa un autel avec douze pierres prises dans le lit du Jourdain. Sainte Paule, au IVe siècle, les vit encore; saint Arculphe, au VIIe, les trouva conservées dans une église bâtie en ce lieu. Aujourd'hui, on n'y voit plus que des ruines.

Nous arrivons à Jéricho. Je m'attendais à trouver au moins une ombre de ville; c'est à peine un village. Un débris de tour où vont coucher quelques Arabes, quelques misérables huttes brûlées l'année dernière par un incendie, quelques cultures, de rares habitants, à l'aspect sauvage, qui errent à travers ces ruines : voilà tout ce qui reste de Jéricho, de cette ville si célèbre qu'il fallut un miracle pour faire tomber ses murailles à l'approche des Israélites. Quand Josué fut maître de Jéricho, il la détruisit de fond en comble, parce que le Seigneur l'avait vouée à l'anathème, et il prononça cette imprécation : « Maudit soit celui qui se lèvera et rebâtira cette ville; que son premier-né meure lorsqu'il en jettera les fondements, et qu'il perde le dernier de ses enfants lorsqu'il en placera les portes. » Cette malédiction s'accomplit à la lettre sous le règne d'Achab. Hiel, de Béthel, entreprit de rebâtir Jéricho, et il perdit Abiram son fils aîné quand il en jeta les fondements, et Ségub lorsqu'il en posa les portes. Ce fut surtout à Hérode que Jéricho dut ses embellissements; il y fit bâtir un palais, un hippodrome, un amphithéâtre et d'autres monuments, en sorte que Jéricho devint la seconde ville de son royaume et ne le céda qu'à Jérusalem.

Jésus-Christ passa plusieurs fois à Jéricho et y fit plusieurs miracles. Du temps de saint Jérôme, on voyait encore le sycomore sur lequel était monté Zachée pour voir passer le Sauveur, et on croit que l'emplacement de sa maison, qui plus tard fut décoré d'une église, est situé près de cette vieille tour qu'on appelle le Château de Jéricho. Cette ville du désert a été une des premières qui sont tombées sous le joug des infidèles, et elle fut alors réduite à l'état de ruines. Au temps des croisades, elle reparut, fut de nouveau le siége d'un évêché, se soutint pendant deux siècles, et aujourd'hui ce n'est plus qu'un repaire de voleurs.

Après avoir considéré quelques instants ces lieux désolés, nous nous sommes dirigés vers la fontaine d'Elisée, qui en est distante d'environ deux kilomètres. Pour y arriver, il faut suivre un sentier qui serpente entre des broussailles et des arbres épineux, dont l'approche est vraiment dangereuse pour les vêtements, qui s'y accrochent et s'y déchirent. Ces arbres produisent deux fruits, dont l'un ressemble à de petites cerises blanches, et l'autre à l'olive. Des noyaux de ce dernier, on extrait une huile renommée pour la guérison des blessures, et c'est peut-être le baume dont parle l'historien Josèphe.

On a beau chercher à Jéricho la rose si célèbre dans les saintes Ecritures, on ne la trouve nulle part. Celle qui porte ce nom n'est pas la même et ne se rencontre que dans quelques localités sablonneuses de la Syrie et de l'Arabie.

Mais le fruit qu'on appelle la pomme de Sodome est commun aux environs de Jéricho, aussi bien que sur les rivages de la mer Morte. Nous l'avons vu et cueilli bien des fois. C'est une petite pomme jaune semblable aux petites boules que produisent les tiges de la pomme de terre. Plein de graines et de suc à sa maturité, ce fruit ensuite se crispe et devient noir. Un autre fruit est appelé par les indigènes *oskar*. Sa couleur tient du jaune et du rouge, son suc est âcre; en mûrissant, il devient brun et ensuite noir. Alors l'intérieur est spongieux et sert aux indigènes d'amadou pour allumer leurs cigares, ou de mèches pour leurs fusils. Tous ces fruits ont quelques ressemblances, mais aussi des différences essentielles, et c'est pourquoi les écrivains anciens et modernes ne sont pas d'accord pour décrire la pomme de Sodome.

CHAPITRE XXVI

De la fontaine d'Elisée à Jérusalem.

Fontaine d'Elisée. — Les Bédouins. — Spectacle nocturne. — Départ de Jéricho. — Montagne de la Quarantaine. — Fontaine des Apôtres. — Béthanie. — Tombeau de Lazare. — Retour à Jérusalem.

La fontaine d'Elisée est très-remarquable; c'est la plus belle de la Judée; elle sort de terre au pied d'un monticule, à une faible distance de la montagne de la Quarantaine. Abondante et limpide, elle se répand d'abord dans un bassin garni de dalles et assez mal entretenu. De ce bassin les eaux s'échappent précipitamment et forment un charmant ruisseau, qui a environ deux mètres de largeur sur quinze à vingt centimètres de profondeur. Fatigué des courses de la journée, je m'assis sur une pierre au bord de cette fontaine. Le murmure de ses eaux, la fraîcheur qu'elles répandent, l'ombre qui descendait des montagnes, la solitude de ces lieux me plongèrent dans une douce rêverie. J'admirais la bonté de Dieu, qui, sous ce ciel brûlant, auprès de ces montagnes stériles, avait fait couler cette source qui ne demande que la main intelligente de l'homme pour féconder cette vaste plaine que je venais de traverser, et je déplorais l'incurie d'un gouvernement qui ne donne pas assez de sécurité pour utiliser les trésors de la Providence. Ce beau ruisseau va se perdre presque sans fruit dans les sables et les ravins. Je pensais tout naturellement à l'admirable fécondité qui régna autour de Jéricho pendant bien des siècles, et dont les auteurs anciens nous ont laissé les plus magnifiques descriptions. Cette fontaine porte le nom d'Elisée, parce que le prophète, pendant son séjour à Jéricho, par un miracle éclatant, assainit cette eau qui auparavant n'était pas potable, et stérilisait la contrée au lieu de la féconder. Nous lisons au IVe livre des Rois que les habitants de Jéricho vinrent lui dire : « Seigneur, la situation de la ville est excellente, comme vous le voyez, mais les eaux y sont mauvaises et la terre stérile. » Et il leur dit : « Prenez-moi un vase neuf et mettez-y du sel. » Lorsqu'ils le lui eurent apporté, il sortit vers la source, y jeta le sel et dit : « Voici ce que dit Jéhovah : J'ai guéri ces eaux, et il n'en viendra plus la mort ni la stérilité. » Et, depuis cette époque, ces eaux sont guéries ; nulle part on n'en rencontre de meilleures et de plus fécondantes. L'Eglise, dans la cérémonie de la bénédiction de l'eau, rappelle cet événement.

Non loin de cette source, sont quelques jardins et bosquets, arrosés par ses eaux et qui témoignent des immenses avantages qu'on pourrait en retirer. A côté de ce ruisseau limpide, qui murmure doucement entre les broussailles, sont dressées nos blanches tentes avec celles de la caravane française. Le mouvement des pèlerins, des moukres et des escortes donnait une certaine animation à cette belle solitude. Chacun prend avec joie son petit repas ; les conversations sont bruyantes, le temps coule rapidement, les ombres de la nuit commencent à nous envelopper, et chacun se disposait à se retirer sous sa tente, lorsque des Bédouins, au nombre d'environ trente ou quarante, descendus des montagnes, s'approchent de notre campement, non pas dans des intentions hostiles, mais pour nous donner une représentation. Ce fut un spectacle si étrange que je ne l'oublierai jamais. Je ne sais de quelles expressions me servir pour rendre ce que j'ai vu. Etait-ce une danse, une musique ? C'était l'une et l'autre et quelque chose de plus. Debout, appuyés les uns contre les autres, ils formaient un demi-cercle ; ils chantaient en frappant de leurs mains, en se balançant, avec un ensemble merveilleux, à droite et à gauche et en fléchissant leurs genoux d'une manière langoureuse, selon l'expression de leur chant. Deux d'entre eux, dans l'hémicycle, réglaient la marche et le ton. Cette musique sauvage avait quelque chose d'effrayant. Quelquefois ils faisaient des contorsions épouvantables; d'autres fois ils s'agitaient en cadence, se jetaient à terre, chantaient ou plutôt hurlaient, gesticulaient avec un ensemble et une habileté qui déconcerteraient nos plus fameux histrions. Il y eut un moment saisissant, une scène qui me [illegible] dresser les cheveux à la tête. Sur un signal, tous se courbent presque à terre; leurs têtes paraissaient à la même hauteur; le silence s'établit; le chef d'orchestre se lève, et d'une main vigoureuse il agite au-dessus de sa tête une arme flamboyante, et après avoir décrit une foule de figures avec cette arme, il la promène sur les têtes des acteurs, il semble qu'il rase leurs cheveux, et il la fait passer avec la même rapidité que s'il voulait les abattre d'un seul coup. Je frissonnais et je disais en moi-même : entre de pareilles mains, quel serait le sort d'un pauvre voyageur! Pour eux, ils étaient immobiles comme des statues. A un signal donné, ils se relèvent, et une autre scène commence. Ce sont des chants sauvages, semblables aux cris des bêtes féroces, puis des solos d'un genre tout particulier. Quelques-uns, de temps en temps, faisaient entendre un son guttural qui ressemblait à un instrument. C'était comme une voix d'abord étouffée qui allait se développant et se changeait peu à peu en un cri prolongé qui retentissait au loin sur les montagnes, et qui devait être répété par tous les échos. Ne serait-ce point, me disais-je, avec ces cris qu'ils s'appellent les uns les autres pour dépouiller le voyageur imprudent qui s'est aventuré dans leurs retraites sauvages! Dégoûté d'un pareil spectacle, je me retire; bientôt le silence se fait autour de nous; nous nous réfugions sous nos tentes; et, comptant beaucoup plus sur la garde de Dieu que sur celle de nos moukres, nous nous livrons à un repos dont nous avions grand besoin. Couché à moitié sur un mauvais matelas et à moitié sur la terre, j'ai dormi pendant cinq heures d'un sommeil plus doux, plus profond que je n'eusse fait depuis mon départ. Aucun fantôme, aucune représentation sauvage n'est venue me troubler; c'était pour ainsi dire le sommeil du Seigneur qui s'était abattu sur moi.

Le matin, de bonne heure, je vais faire une dernière visite à la belle fontaine d'Elisée. Je prends un bain de pieds dans ses eaux, en conjurant le saint prophète d'assainir mon corps, comme il assainit autrefois cette source. Bientôt nous partons, et nous passons d'abord auprès de plusieurs ruines que les indigènes appellent ruines des Moulins à sucre. Il paraît en effet qu'au moyen âge, les croisés, en arrivant à Jéricho, y trouvèrent établie la culture de la canne à sucre, qu'ils continuèrent à la favoriser et qu'elle dura jusqu'au commencement du XVe siècle.

En vingt minutes, nous sommes au pied de la montagne de la Quarantaine, ainsi nommée parce que Jésus-Christ, après son baptême, s'y retira, et qu'après avoir jeûné quarante jours et quarante nuits dans le désert qui l'environne, il y fut tenté par le démon. Ici nous foulons encore une terre sanctifiée par la présence du Sauveur et illustrée par ses miracles. Là nous retrouvons les pages de l'Evangile gravées en quelque sorte sur tous les chemins, les rochers et les montagnes. « Jésus-Christ, nous dit l'Evangile, fut conduit par l'Esprit-Saint dans le désert. » Et quelle affreuse solitude règne autour de cette montagne! Il y resta quarante jours et quarante nuits; on montre encore la grotte où il habita pendant ces jours de pénitence. Sur les bords du sentier que nous parcourons, la montagne s'élève verticalement. Les rochers à une grande hauteur sont percés de grottes. Une d'entre elles, et la plus élevée, est celle où le démon dit à Notre-Seigneur : « Si tu es le Fils de Dieu, dis que ces pierres deviennent des pains. » Il est facile de la reconnaître à sa porte ogivale. Beaucoup d'autres grottes naturelles ou pratiquées par la main de l'homme apparaissent sur ces flancs escarpés. J'aurais bien voulu visiter celle de Notre-Seigneur; mais le sentier qui y conduit me parut si difficile que je n'osai tenter cette périlleuse ascension. Sur ce sentier est un rocher poli, de dix mètres de longueur, situé sur le bord d'un précipice, qu'il faut traverser nu-pieds pour éviter de rouler dans l'abîme. Cette grotte a dû être autrefois plus accessible. Sainte Hélène, y étant venue, la convertit en une chapelle dont on voit encore les restes. C'est du sommet de cette montagne fort élevée que le démon, tentant le Sauveur, lui montra tous les royaumes du monde. Et, en effet, de ce point, la vue est immense et pour ainsi dire sans horizon. Au sommet, on aperçoit de loin les ruines d'une ancienne chapelle dont l'abside est encore debout. Dès les premiers siècles du christianisme, de nombreux anachorètes, à l'exemple de Notre-Seigneur, vinrent habiter les grottes de cette pieuse solitude; au temps des croisades, ils furent plus nombreux encore; mais les barbares qui envahirent ces contrées les chassèrent peu à peu. Un d'entre eux coupa le sentier qui conduisait sur la montagne, afin qu'ils ne pussent en descendre et que les pèlerins n'y pussent monter. Le moine Boniface raconte qu'il a vu, dans une grande caverne, les corps d'une quantité d'anachorètes. « Ils étaient intacts, dit-il; les uns levaient les yeux au ciel, les autres étaient à genoux, et d'autres étendaient les bras comme s'ils eussent été vivants. »

C'est sur le chemin de Jéricho à Jérusalem que Jésus-Christ, entouré de ses apôtres et suivi d'une grande foule de peuple, guérit deux aveugles qui, ayant appris son passage, criaient : « Ayez pitié de nous, Fils de David. » C'est cette route de Notre-Seigneur que nous allons suivre. C'est aussi à Béthanie, à Jérusalem que nous allons. « *Ecce ascendimus Jerosolymam.* » Nous voilà de nouveau gravissant et descendant de hautes montagnes; mais elles sont moins désolées que celles de la mer Morte.

Après quatre à cinq heures de marche, nous arrivons à la fontaine des Apôtres. Les chrétiens l'appellent ainsi, parce qu'ils croient, non sans raison, que Notre-Seigneur et les apôtres s'y arrêtèrent chaque fois qu'ils parcoururent le chemin de Jéricho à Jérusalem. Il n'y a aucun autre endroit où l'on trouve de l'eau potable pour se désaltérer, et on comprendra que sur cette route aride et desséchée, la soif se fait vivement sentir, surtout au voyageur à pied qui monte presque sans cesse, puisque de Jéricho à Jérusalem il faut monter mille mètres. Nous faisons une halte à cette fontaine des Apôtres où nous faisons un repas plus que modeste.

Une heure après, nous apercevons Béthanie attaché au flanc d'une montagne, derrière celle des Oliviers. Je ne saurais dire quelle douce impression fit sur moi la vue de Béthanie, cette charmante bourgade où habitaient Lazare et ses sœurs, les amis de Jésus-Christ. Mon attention ne put s'en distraire, lorsqu'on me montra, au sud, Bahurim où Séméi jeta des pierres à David fuyant devant Absalon; je préférais contempler la pierre du Colloque où la tradition dit que Notre-Seigneur était assis quand Marthe vint au-devant de lui et lui dit : « Seigneur, si vous aviez été ici, mon frère ne serait pas mort. » Cette pierre est placée à une distance qui concorde parfaitement avec le récit évangélique.

Béthanie est aujourd'hui un triste village; mais sa situation est toujours belle. On voit encore, sur le bord du ravin qui coupe la vallée, de belles plantations d'oliviers et de mûriers. A mesure qu'on en approche, on s'aperçoit que les Musulmans ont là, comme partout, laissé s'amonceler les ruines; mais c'est là que Jésus aimait à se rendre; c'est là qu'il venait souvent passer la nuit, c'est là qu'il fit le plus éclatant de ses miracles, et ce lieu sera toujours cher au cœur chrétien.

Nous allons droit au tombeau de Lazare que les Musulmans respectent, parce qu'ils croient que, s'ils le déshonoraient, la mort leur ravirait leurs enfants.

L'Evangile nous dit que le tombeau de Lazare était une grotte et qu'une pierre était posée dessus. Il ne ressemblait pas au saint Sépulcre. C'était une grotte unique recouverte par une pierre horizontale. Ceci explique divers détails de l'Evangile. Jésus et ses apôtres, Marthe et Marie, beaucoup de Juifs étant présents, vinrent vers le tombeau, pleurant et se lamentant, et Jésus aussi pleura et frémit deux fois en lui-même. Tous étaient rangés autour du sépulcre. On n'y entrait pas comme dans beaucoup d'autres. Alors Jésus dit : « Otez la pierre; » et aussitôt il s'exhala une mauvaise odeur. Jésus fait entendre cette voix puissante : « Lazare, venez dehors; » et Lazare sort aussitôt.

Aujourd'hui, le tombeau de Lazare est voûté; mais cette voûte fut construite lorsque sainte Hélène fit bâtir par-dessus une église, et on distingue très-bien ce qui a été ajouté. Dans les premiers siècles, l'entrée de ce tombeau était très-facile et peu profonde; mais les Musulmans construisirent une mosquée auprès du vestibule, afin d'empêcher les chrétiens d'y entrer. Plus tard, à prix d'argent, les Pères de Terre-Sainte obtinrent le droit d'ouvrir au nord une petite porte sur un chemin fort élevé, en sorte que, pour arriver au sépulcre, il faut descendre un étroit escalier de vingt-sept degrés. Les mêmes Pères y viennent quelquefois célébrer la sainte messe, et alors on chante au dehors en latin et en arabe, l'évangile de la résurrection de Lazare que les assistants, même musulmans, écoutent avec un profond respect. Si cet évangile arrache des larmes à ceux qui le lisent, quelle impression ne doit-il pas produire lorsqu'on entend retentir ces divines paroles sur le lieu même où s'opéra le miracle qu'elles racontent en termes si vrais, si naïfs, si touchants! Pour moi, quand je fus descendu dans ce sépulcre, témoin du plus grand des prodiges, au milieu des ténèbres et de l'obscurité, je me rappelai le frémissement de Jésus; toutes les paroles de cet évangile me revenaient sur les lèvres; j'entendais surtout cette voix puissante qui disait: « Lazare, sortez. » Et la mort obéissante lâchait sa victime, et Lazare vivant reparaissait aux regards étonnés de cette foule qui l'environnait.

Enfin, il faut quitter Béthanie, ce lieu si saint et si profané où il y avait autrefois trois églises et un célèbre monastère de religieuses, et où l'on n'aperçoit plus que quelques ruines. Nous passons à côté de l'emplacement de la maison de Simon le lépreux; nous longeons ensuite le petit champ où Notre-Seigneur maudit le figuier; nous laissons à côté de nous l'emplacement de Bethphagé dont il ne reste rien. C'est une petite vallée où l'on voit quelques grenadiers et quelques figuiers. Nous sommes sur le penchant des Oliviers; nous apercevons Jérusalem que nous saluons avec bonheur, et nous rentrons dans cette cité sainte que nous devons quitter bientôt pour ne plus la revoir.

CHAPITRE XXVII

De Jérusalem à Naplouse.

Départ de Jérusalem. — Lieux célèbres que nous traversons. — El-Bireh (Béeroth). — Béitine (Béthel). — Djifna (Gophna). — Route de Naplouse. — Selloun (Silo). — Puits de Jacob. — Arrivée à Naplouse.

Le lundi, 14 avril, nous quittons Jérusalem. Je vais au Saint-Sépulcre pour y faire encore les stations. Je pensais que c'était la dernière fois, et j'avais le cœur plein de tristesse. Le saint Sépulcre attache à Jérusalem; on ne peut s'en arracher qu'avec peine. C'est pour le pèlerin l'heure cruelle de la séparation. Je me prosterne encore une fois dans tous les sanctuaires, le Calvaire me retient plus longtemps; je passe encore une fois ma main dans le trou de la croix, dans les fentes du rocher; je m'enfonce encore une fois dans le Saint-Sépulcre; je baise à plusieurs reprises la pierre du saint tombeau, et je me retire le cœur brisé en pensant que jamais je ne pourrai revoir ces objets si chers et si sacrés. Plusieurs fois je me retourne involontairement pour les voir encore et leur dire un dernier adieu, un adieu éternel.

Une pensée me console; nous partons pour Nazareth, la patrie de la sainte Famille; nous allons suivre la même route que parcoururent tant de fois Jésus et Marie. C'est un voyage d'environ trente lieues. On rirait en France, si l'on disait que faire ce voyage à cheval en trois jours, est au-dessus des forces ordinaires. Ce serait vrai cependant; car il y a sur la route tant de choses remarquables, que quatre jours suffisent à peine. Nous n'y avons employé que trois jours, mais notre témérité a failli nous coûter cher.

A deux heures après midi, nous sommes à cheval. Nous avions été retardés par les adieux à des pèlerins devenus nos amis. M. le consul d'Espagne, de Damas, voulait nous donner des lettres de recommandation pour la Syrie. M. l'abbé Codere, secrétaire du patriarche, dont je n'oublierai jamais la bonté, nous avait donné les siennes pour les prêtres des Missions où nous devions séjourner. Nous quittons enfin la ville sainte, mon confrère et moi, accompagnés de deux moukres, dont l'un était musulman et l'autre schismatique. Nous n'avons aucune escorte; les chemins sont sûrs. C'est la route de la Samarie et de la Galilée, qui fut toujours la plus fréquentée de la Palestine. De temps en temps, nous jetons un regard triste vers Jérusalem, cette ville dont la destinée est si mystérieuse et qui attache le chrétien par des liens qu'on ne saurait rompre. Arrivés sur une hauteur, nous nous arrêtons un instant; et, le regard fixé sur ses sombres murailles et surtout sur le dôme du Saint-Sépulcre, nous répétons ces paroles du prophète : « Jérusalem, si jamais je t'oublie, que ma langue s'attache à mon palais. » Jérusalem a disparu! Nous gravissons, nous descendons les montagnes par des sentiers pierreux, impraticables. C'est pourtant le grand chemin qui unissait les royaumes d'Israël et de Juda; c'est ce chemin qui a vu passer tant de peuples, des armées nombreuses, et qui a été témoin de mille combats; et nulle part, aujourd'hui, il ne porte les traces d'une seule voiture. Je doute qu'il en existe en Palestine. Il faut être à l'abri de la peur et hardi cavalier pour affronter ces ascensions et ces descentes vraiment périlleuses. On est forcé de s'y accoutumer, et les mauvais chevaux du pays ont le pied sûr comme des mulets de montagne.

Sur cette route antique, que de lieux autrefois célèbres nous allons voir à droite et à gauche ! Il est impossible de les décrire. Les voyageurs qui parcourent rapidement cette terre sacrée ne peuvent donner que quelques indications superficielles, et chaque localité mériterait un examen approfondi. Je me rappelle que, dans une conversation intime, un prêtre fort instruit qui est en Palestine depuis quinze ans, nous disait que si l'on étudiait sérieusement les lieux, qu'on ne dédaignât pas d'interroger les indigènes, on réussirait à reconnaître tous les lieux dont parle l'Ecriture ; mais il ajoutait que, pour cela, l'habitude de la langue arabe est nécessaire. Pour nous, nous ne pouvons qu'effleurer, comme nos devanciers, un sujet qui, plus tard, nous l'espérons, sera traité à fond.

C'est sur le mont Scopus que nous avons fait nos derniers adieux à Jérusalem, et c'est aussi sur cette hauteur que le grand-prêtre Jaddus vint à la rencontre d'Alexandre le Grand et le reçut comme un triomphateur. Alexandre reconnut en lui l'homme vénérable qu'il avait vu en songe et se prosterna pour adorer le nom de Dieu écrit sur sa tiare. Le conquérant, devant lequel la terre se taisait, offrit un sacrifice à Jérusalem et traita avec bonté le peuple de Dieu.

Bientôt nous découvrons la mer Morte et l'ancienne Anathot, patrie du prophète Jérémie. D'un autre côté, c'est Gabaa, patrie de Saül ; ensuite Hanena, et, sur une colline, l'ancienne Gabaon, aujourd'hui El-Gib. Ce furent les chefs des Gabaonites qui, par ruse, obtinrent de Josué de ne pas être enveloppés dans l'anathème, et c'est aussi à Gabaon que Josué, trouvant la journée trop avancée pour achever sa victoire contre Adonizédec, roi de Jérusalem, et les trois rois amorrhéens, dit, en présence des enfants d'Israël : « Soleil, arrête-toi sur Gabaon ; lune, n'avance point sur la vallée d'Aialon ; » et, à sa voix, le soleil s'arrêta jusqu'à ce que la victoire fût complète.

Je passe sous silence une foule de lieux moins célèbres, les deux Béthoron, Rama de Benjamin, Emmaüs où se rendirent les deux disciples qui furent rejoints par Notre-Seigneur, et j'arrive à la fontaine El-Birch, petit monument d'où jaillit une belle source d'eau excellente.

A quelques pas de là, on entre dans le village, appelé autrefois Béeroth, situé à trois lieues de Jérusalem. C'est là que Marie et Joseph s'aperçurent que Jésus leur manquait. C'est la première station, quand on vient de Jérusalem, et il n'est pas étonnant que Marie et Joseph crussent qu'il était avec quelqu'un de leur connaissance. « Les charmes du saint Enfant, dit Bossuet, étaient merveilleux, et il est à croire que tout le monde le voulait avoir. » A El-Birch, on voit encore les restes d'une ancienne église, de style gothique, consacrée à la sainte Vierge. Elle date probablement des croisades. Il serait encore facile de la faire sortir de ses ruines.

De là nous nous sommes dirigés vers Béthel, aujourd'hui Béitine. Je voulais voir Béthel, cette ville si célèbre, une des plus anciennes de la Palestine. C'est à Béthel qu'Abraham se sépara de Lot; c'est à Béthel que Jacob eut la vision de l'échelle mystérieuse. Samuel y venait tous les ans rendre la justice au peuple; avant la construction du temple de Jérusalem, on y accourait de toutes parts pour adorer le Seigneur. C'est à Béthel que Jéroboam plaça le veau d'or et les divinités qu'il fit adorer aux Israélites. Aujourd'hui Béthel n'est plus qu'un misérable village, où l'on ne trouve que quelques ruines éparses çà et là sur la montagne.

J'avais satisfait ma curiosité, j'avais vu Béthel; mais le détour que nous avions été obligés de faire, nous avait emporté un temps précieux. Le jour baissait, le ciel couvert de nuages était sombre, la nuit menaçait d'être obscure, et il nous restait une longue route à parcourir; il nous aurait fallu deux heures de jour, et nous n'avions pas, comme Josué, le pouvoir d'arrêter le soleil. Que devenir au milieu de ces montagnes, de ces ravins, de ces abîmes où la route était à peine tracée? Il fallait bien nous confier à nos moukres; mais quelle confiance donner à un musulman et à un grec? Encore si nous avions pu discuter avec eux notre position; mais ils ne savaient que l'arabe, et impossible de leur faire rien comprendre autrement que par signes. Ils avaient mission de nous conduire à Djifna, et nous étions forcés de nous en rapporter à eux.

Nous marchions plus lentement, le musulman en tête, avec un long bâton; nous faisons ainsi une longue course; mais voilà que tout à coup, notre musulman s'arrête; il paraît inquiet, embarrassé; il avait perdu son chemin; il nous fait descendre une hauteur, à travers des pierres énormes par une pente rapide, sans aucune trace de sentier, et puis nous remontons revenant presque sur nos pas. Nos guides cherchent le chemin en tâtonnant avec leurs bâtons et prennent nos chevaux par la bride pour leur faire franchir les passages dangereux. Nous patientons d'abord; mais ce manége se renouvelle à chaque instant. Nous descendons, nous remontons au risque de nous briser à chaque pas. Mon confrère pense comme moi que, dans ces conjonctures, il est bon de s'adresser à saint Joseph, ce que nous faisons de tout cœur. Un moment après, nous marchions par un chemin plus doux sur le flanc d'une montagne et je réfléchissais à notre position; je regardais à droite et à gauche si, dans l'obscurité, je n'apercevrais point quelque abri où nous pussions passer le reste de la nuit, et je ne voyais rien. Je fis part à mon confrère de cette pensée et j'ajoutai : « Vous savez que je suis très-convenablement armé. Pendant que l'un dormirait, l'autre veillerait; » mais il rejeta bien loin cette idée. J'admirais son sang-froid et son caractère inaccessible à la peur. Allons donc, me disais-je tout bas, allons sous la garde de Dieu et la protection de saint Joseph. Pendant ce temps, nous arrivons à un endroit plus périlleux, les chevaux hésitaient à descendre ; nous étions comme dans des fondrières. Les moukres allaient et venaient avant que de faire passer nos chevaux. L'obscurité était telle que ma vue me trompait à chaque instant, et sans ressentir aucune atteinte de la peur, je voyais des abîmes là où il n'y en avait pas. Une fois, je m'arrête tout à coup ; nous sortions d'un champ pour rentrer dans un chemin. Il fallait traverser une sorte de haie et pour la franchir, je voyais comme un petit pont de la largeur d'une planche, et à droite et à gauche, comme un fossé large et profond. J'hésite, je recule ; nous discutons, et mon compagnon, dont la vue était meilleure, franchit hardiment le passage. Je le suis, et grand fut mon étonnement de n'avoir pas été englouti. Ce n'était pas la fin ; les chemins devenaient plus difficiles. Pendant le jour, ils sont presque impraticables ; que doivent-ils paraître pendant la nuit ?

Cependant voilà qu'une lueur d'espérance ranime notre courage. En face, dans le lointain, nous apercevons une lumière, et nous ne doutons pas que ce ne soit Djifna ; nouvelle déception. Environ une demi-heure après, nous traversons ce village dont j'ignore le nom. Nos moukres marchaient fièrement à notre tête ; nous passions à travers les huttes des villageois qui nous regardaient avec un air d'étonnement, et nous suivions un étroit sentier sur le flanc d'une montagne. A droite, le terrain paraissait à pic, et il eût fallu peu de chose pour rouler dans l'abîme ; à gauche, c'était un autre spectacle : les toits des maisons arabes étaient couverts de troupeaux de chèvres et de moutons, et j'admirais l'adresse de ces animaux sautant sur ces toits, qui d'un côté étaient fort bas, et se groupant les uns contre les autres pour passer la nuit et respirer un air frais. Des lumières placées à chaque cabane donnaient à ce spectacle quelque chose de saisissant et de pittoresque.

Après avoir franchi ce village, il nous faut encore redescendre, remonter. Que le temps paraît long, quand on est dans l'obscurité, et comme on se demande si ce sera bientôt fini. Enfin, nous voilà dans une vallée qui paraît moins sauvage, et nous arrrivons au pied d'un mur bâti en pierres sèches. Nouvel obstacle, il faudra encore rétrograder, me disais-je ! Nos moukres en ont décidé autrement. Les voilà qui se mettent à l'œuvre, font une brèche au mur et y font passer nos chevaux. Je ne pus qu'admirer leur sans-façon. Après quelques détours, nous sommes enfin à Djifna, où nous fûmes bien dédommagés par l'accueil vraiment cordial d'un bon prêtre italien qui en est le curé. Il nous reçut comme des frères et consentit à peine à voir les recommandations de son supérieur que nous lui présentions.

Nous sommes dans la tribu d'Ephraïm. A gauche, nous avons les montagnes dont les formes sont encore belles, mais qui ne sont plus couvertes de vignes. Depuis longtemps les pressoirs d'Ephraïm ne foulent plus la vendange, dont les anciens avaient tant abusé.

En sortant de Djifna, nous marchons par une vallée riche et verdoyante. Bientôt nous gravissons une montagne escarpée dont le versant est planté, comme les vallées, d'oliviers, de figuiers et de grenadiers. Quelques coteaux sont garnis de vignes. Sans doute les campagnes sont désolées, les villes détruites. « La gloire d'Ephraïm, comme dit Osée, a disparu. » Cependant ce n'est plus l'affreuse nudité des rivages de la mer Morte. Là, mille fleurs particulières à ces climats croissent à travers les pierres ou les blés, et étalent leurs corolles nuancées des plus vives couleurs. Nous arrivons à une pente très-rapide ; mais à droite et à gauche nous admirons de magnifiques oliviers séculaires qui étendent au loin leurs rameaux chargés de fleurs. Environ une heure après, toujours sur le penchant de la montagne, nous passons auprès d'une source très-abondante, dont les eaux biens dirigées arrosent un grand nombre de jardins échelonnés jusqu'à la vallée. L'œil se repose avec délices sur ce charmant Eden. Nous continuons notre route par une étroite vallée, sillonnée d'un courant d'eau, plantée de beaux arbres.

Une heure après, nous passons près de Seïloun (Silo) que nous laissons à droite. Nous regrettons de ne pouvoir visiter ce lieu si célèbre dans les saintes Ecritures. Il est vrai, il y a longtemps que Silo est détruit. Jérémie parle de Silo comme d'un lieu frappé de malédiction à cause des crimes d'Israël. Du temps de saint Jérôme, on n'y trouvait plus que les fondements de l'autel des Holocaustes, et aujourd'hui c'est un monceau de ruines. Une mosquée seule reste debout, construite avec de belles pierres et du marbre provenant sans doute des monuments anciens. Malgré cette désolation, j'aurais voulu voir ce lieu qui rappelle tant de souvenirs, ce lieu où l'Arche d'alliance resta plus de trois siècles, ce lieu où Samuel fut consacré au Seigneur et où il annonça à Héli les malheurs qui allaient fondre sur lui et ses enfants ; il fallut nous contenter de le saluer de loin. Les aventures de la veille nous avertissaient de profiter du temps et de ne pas trop retarder notre marche. Nous poursuivons notre route et nous allons descendre de cheval, à l'ombre d'un beau chêne vert, au milieu d'un champ cultivé.

Là, nous nous installons de notre mieux et nous faisons gaîment un repas champêtre. Le bon prêtre italien de Djifna avait eu soin de garnir nos sacs ; nos provisions en pain et en viande étaient plus que suffisantes ; nous partageons avec nos moukres, qui s'empressèrent d'aller chercher de l'eau fraîche à une source qui coule au pied de la montagne voisine. Le repas se termina par un café fait au moyen d'une lampe à esprit de vin. Nous nous disposons à reprendre notre route ; mais auparavant je voulus essayer mon révolver. Le coup qui partit s'en alla retentir dans les montagnes et fut répété par mille échos. Nos moukres parurent stupéfaits. Je voulais leur faire voir qu'au besoin je saurais me servir de cette arme. Avant de quitter ce lieu, nous mesurâmes l'espace que couvrait ce vieux chêne qui a vu passer tant de générations, et nous trouvâmes qu'il ombrageait une surface circulaire de vingt mètres de diamètre.

Après avoir marché plus de trois heures sans rencontrer rien de bien remarquable, nous arrivons à une vallée spacieuse en face de deux montagnes dont la cime s'élevait au-dessus des autres, ne laissant entre elles qu'un étroit vallon qui s'ouvrait dans la plaine même où nous étions. Ce sont les monts Hébal et Garizim. Nous étions auprès du puits de Jacob, que les chrétiens appellent le puits de la Samaritaine. Là, nous descendons et nous examinons attentivement les restes d'une vieille église qui couvrait le puits célèbre. Quel triste spectacle! des monceaux de ruines, des troncs de colonnes gisants, un puits profond rempli à moitié et presque toujours sans eau. Ma pensée se reportait naturellement vers le passé. Je voyais Jacob arrivant de la Mésopotamie et achetant des enfants d'Hémor une portion de champ que, sur son lit de mort, il léguait à son fils Joseph. Je voyais les enfants d'Israël rapportant de l'Egypte les ossements de Joseph, pour les ensevelir dans cet héritage. Je me rappelais surtout que Notre-Seigneur, après la mort de saint Jean-Baptiste, vint se reposer sur le bord de ce puits et eut avec la Samaritaine cette admirable conversation qui la convertit; et en considérant les ruines qui m'entouraient, je pensais à cette vénérable impératrice Hélène qui couvrit la Palestine de monuments sacrés et n'oublia pas le puits de la Samaritaine, et puis les croisés qui relevèrent les ruines faites par les barbares, et firent reparaître tant d'églises qui sont tombées sous les coups de nouveaux démolisseurs.

Le tombeau de Joseph n'est pas éloigné du puits de la Samaritaine. C'est une construction moderne élevée sur l'ancien tombeau. Saint Jérôme nous apprend que tous ses frères furent ensevelis au même lieu. Ainsi, Joseph qui a été une des plus frappantes figures de Jésus-Christ, repose au milieu de ses frères, et après trente-quatre siècles, son tombeau est encore connu et vénéré, comme celui de sa mère auprès de Bethléem.

On se demande comment la Samaritaine pouvait venir de Naplouse ou Sichem, où il y a de si belles sources, puiser de l'eau au puits de Jacob. La meilleure réponse qu'on puisse faire à cette difficulté, c'est qu'elle ne venait pas de Naplouse, mais de Sichar, petite ville située dans le voisinage, et que sa maison pouvait bien être très-rapprochée du puits profond dont elle venait chercher l'eau. Une autre difficulté qui m'a paru plus sérieuse et dont ne parle aucun voyageur, c'est qu'à quelques pas du puits de Jacob, passe un petit ruisseau d'eau limpide et très-potable. Le temps ne m'a pas permis de remonter ce courant pour en connaître la source;

mais il n'est pas douteux qu'il n'ait été amené là tout récemment par des conduits ou qu'il ne coule que dans de rares circonstances; car Jacob n'aurait jamais eu l'idée de creuser un puits de plus de cent pieds de profondeur, s'il avait eu à sa disposition un courant semblable.

Suivons maintenant l'étroite vallée qui va nous conduire à Naplouse. Nous cheminons dans une forêt d'antiques oliviers. A droite, le mont Hébal lève fièrement la tête; à gauche, nous avons le mont Garizim, où chaque année au temps de la Pâque les Samaritains de Naplouse viennent encore dresser leurs tentes et offrir leurs sacrifices sanglants. Au moment où nous arrivions, ils y étaient tous réunis, et c'est pourquoi nous n'avons pu voir le vieux Pentateuque qu'ils conservent si précieusement depuis tant de siècles. Il paraît qu'ils sont réduits à un très-petit nombre, et il est assez probable que cette secte opiniâtre ne tardera pas à disparaître.

Du puits de la Samaritaine à Naplouse, il faut environ une demi-heure. Nous approchions de cette ville, lorsque nous aperçûmes se reposant à l'ombre quelqu'un qui nous parut de loin vêtu comme un prêtre. Nos regards se fixent sur lui, et il ne tarde pas à reconnaître en nous des confrères et des compatriotes. C'était en effet le prêtre français chargé de diriger la petite chrétienté de Naplouse. Quel bonheur, loin de la patrie, de rencontrer un compatriote qui nous accueille comme des frères. Ce vénérable ecclésiastique a su, par sa cordialité et sa franchise, conquérir l'estime et l'affection de la population entière, à quelque culte qu'elle appartienne. Nous descendons de cheval, et nous faisons avec lui notre entrée dans la ville. Naplouse est la reine de cette contrée, et cependant quelle triste ville! rues étroites, bazars obscurs, pavages en grosses pierres, où l'on risque à chaque instant de tomber; aucune régularité, c'est un vrai dédale. Malgré cela, elle passe pour être très-riche. Les mahométans, qui sont en très-grand nombre, sont devenus moins fanatiques. Les chrétiens et les prêtres ne sont plus exposés à leurs avanies. Personne ne nous a insultés, quoique nous ayons parcouru en tous sens la ville, le soir même et conduits par un enfant.

CHAPITRE XXVIII

De Naplouse à Nazareth.

Pentateuque samaritain. — Sébastieh (Samarie). — Ruines de Samarie. — Repas auprès d'un puits. — Sanour (Béthulie). — Djénine. — Plaine d'Esdrelon. — Zéraïn (Jezraël). — Solem (Sunam). — Le petit Hermon. — Montagnes de Galilée. — Saint Louis arrivant à Nazareth.

Avant de quitter Naplouse, nous demandâmes à voir le Pentateuque écrit en langue et en caractères samaritains sur de grandes feuilles de parchemin roulées sur des baguettes. Ce précieux manuscrit se trouve dans la synagogue samaritaine; mais, tous les samaritains étaient campés sur le Garizim pour leurs sacrifices de la Pâque, il ne se trouva personne pour nous ouvrir. D'après le témoignage du prêtre français qui réside à Naplouse, c'est vraiment un manuscrit très-remarquable par son antiquité, et selon l'opinion la plus probable, il remonte à Manassès qui, le premier, sacrifia dans le temple de Garizim, l'an 330 avant Jésus-Christ. En sortant de Naplouse, on suit une belle et fertile vallée, où coulent plusieurs sources abondantes, dont on fait circuler les eaux pour arroser une étendue considérable de terrain. Avec Jaffa, c'est le site le plus agréable, le mieux cultivé de la Palestine. On ne voit, de toutes parts, que des oliviers, des cognassiers et une foule d'arbres dont j'ignore le nom. C'est dans ces environs que le Tasse a placé sa forêt enchantée; le lieu était admirablement choisi. Cette vallée se prolonge entre l'Hébal et le Garizim; et, à droite et à gauche, on aperçoit de nombreux villages appliqués aux flancs des montagnes comme des nids d'hirondelles.

Après deux heures de marche, après avoir traversé une longue suite de collines, nous descendons dans une vallée; nous sommes auprès de Sébastieh, l'ancienne Samarie.

Cette ville qui fut pendant deux siècles la résidence des rois d'Israël, qui donna son nom à toute la contrée, était arrivée à un haut degré de prospérité et de gloire. Elle subit bien des échecs. Salmanasar la détruisit et emmena ses habitants en captivité. Elle fut rebâtie et détruite plusieurs fois. Hérode lui rendit son ancien éclat et l'appela Sébaste, en l'honneur d'Auguste. Il l'embellit de plusieurs édifices, dont le principal était un temple, devant lequel il y avait une place immense. Saint Philippe porta l'Evangile à Samarie, et il y fit tant de conversions, que saint Pierre et saint Jean vinrent visiter les disciples et leur imposèrent les mains, afin qu'ils reçussent le

Saint-Esprit. Le christianisme y fit de grands progrès. Aux Conciles généraux assistèrent et souscrivirent plusieurs évêques de Sébaste. Les invasions des Perses et des Musulmans ont fait disparaître ses monuments; et là, comme ailleurs, à la place d'une grande ville, on ne retrouve plus que des débris et un misérable village.

Rien de plus intéressant que les ruines de cette vieille capitale. De loin, je n'apercevais d'abord sur la hauteur que quelques huttes d'Arabes, et au milieu, des ruines qui paraissaient celles d'une église, et je me disais : « Est-ce donc là l'emplacement de la grande Samarie? » Mais, quand je fus monté, mes idées s'agrandirent, et je dus reconnaître que jamais, peut-être, aucune ville ancienne ne fut plus avantageusement située. Ce n'est pas une montagne, mais c'est un vaste plateau allongé sur un mamelon dont les formes sont presque régulières, ayant tout autour, à ses pieds, une belle et profonde vallée, fermée par de hautes montagnes qui l'environnent comme une immense ceinture. Samarie ne pouvait guère être prise que par la famine. Le siége qu'en fit Bénadab, roi de Syrie, en est une preuve remarquable. Nous avons d'abord visité les ruines de l'église ou cathédrale de Saint-Jean-Baptiste, dont quelques parties sont encore assez bien conservées. Cette église qui avait été élevée par Théodose au IVe siècle, subit le sort de toutes celles de ces contrées malheureuses; mais elle fut rebâtie avec une grande magnificence par les chevaliers de Saint-Jean qui voulaient ainsi honorer le tombeau de leur saint protecteur. On descend dans le caveau où est le tombeau de saint Jean-Baptiste, par un escalier de vingt et une marches.

Saint Jean-Baptiste fut mis à mort par Hérode Antipas dans le château de Marchérus ou Marchéront. Ses disciples emportèrent son corps et l'ensevelirent. Il est très-probable que ce fut à Samarie, puisque les païens de cette ville violèrent son tombeau pour plaire à Julien l'apostat. Des chrétiens zélés sauvèrent, au prix de leur vie, quelques parties de ses reliques. Saint Jérôme atteste que de son temps on vénérait à Sébaste les mausolées d'Abdias, d'Elisée et de saint Jean-Baptiste. Sainte Paule, qui les visita, y vit s'opérer des prodiges. Les Musulmans respectent les tombeaux de ces trois saints, et ils n'empêchent pas les chrétiens d'y entrer. Quand on est au bas de l'escalier, on voit, au moyen d'une lumière, dans le mur de face, trois ouvertures rondes : ce sont les trois tombeaux, qui ont la forme hébraïque. Celui qui se trouve à droite est celui de saint Jean-Baptiste. Samarie était bâtie comme une couronne sur le sommet d'une montagne. Nous avons donc parcouru ce plateau. Partout des monceaux de cailloux et de grosses pierres. Çà et là des débris de colonnes dont plusieurs ont roulé jusqu'au fond de la vallée. Les matériaux ordinaires n'ont guère résisté à l'action du temps. Un peu plus loin, dans un champ de blé, au milieu de beaux oliviers, nous avons trouvé debout seize fûts de colonnes enfoncées. Une de ces colonnes était dégagée jusqu'à sa base et attestait que le sol primitif est exhaussé de plusieurs mètres par les ruines amoncelées. Ailleurs, à l'angle nord-ouest du plateau, on voit encore les restes de deux tours qui devaient défendre la porte de la ville. Cette porte s'ouvrait sur un vaste espace, aujourd'hui cultivé, labouré. Deux rangées de colonnes, dont on voit encore quatre-vingt-quatre debout, soutenaient, dit-on, une immense galerie. La ville entière pouvait venir y chercher l'ombre et la fraîcheur. Rien ne m'a paru plus bizarre que ces colonnes sans chapiteaux, enfoncées dans la terre et s'élevant au-dessus à une hauteur considérable. On se rappelle ces paroles du prophète Michée : « Je ferai de Samarie un monceau de pierres dans un champ où l'on plante la vigne ; je ferai rouler ces pierres dans la vallée et je mettrai à nu ses fondements. »

Nous nous sommes assis un instant sur des débris pour mieux contempler le spectacle que nous avions sous les yeux, et nous nous sommes demandé comment cette multitude de chars, dont il est si souvent parlé dans les Ecritures, pouvait aborder à cette porte et pénétrer dans la ville; car, à nos pieds, est une pente si abrupte qu'aucune voiture ne peut la gravir. Il fallait donc qu'une route dont il ne reste aucune trace fût pratiquée sur les flancs de la montagne. Du reste, en examinant attentivement la position de cette grande ville, les vallées et les montagnes qui l'environnent, on s'explique facilement les grands événements qui se sont passés sur ce petit coin de terre. Il semble qu'il ne manque rien à ce malheureux pays pour redevenir ce qu'il était au temps de Notre-Seigneur. Alors la moindre bourgade comptait plusieurs milliers d'habitants, et aujourd'hui, presque partout sur ces collines et ces montagnes si fertiles, règnent la désolation, la solitude, le silence de la mort. Quittons cette triste nécropole des grandeurs humaines, et reprenons notre route. Comme à Béthel, nous nous sommes arrêtés trop longtemps, et la nuit viendra encore nous surprendre avant que nous n'arrivions à Nazareth.

Après une marche assez longue et presque toujours sur les montagnes, au bord de belles vallées, nous sommes arrivés à un lieu où près d'un chemin à droite se trouve un puits d'eau potable. Il faut, comme la veille, s'asseoir sur la terre pour prendre son repas ; mais nous n'avions plus l'ombre si fraîche du vieux chêne. Le puits était entouré de quelques bergers qui venaient abreuver leurs troupeaux, comme au temps d'Isaac et de Jacob. Il y avait aussi plusieurs femmes qui étaient venues là d'assez loin pour puiser de l'eau, mais qui étaient bien loin de ressembler à Rebecca et à Rachel. Nous nous plaçâmes un peu à l'écart. Nous envoyâmes nos moukres chercher de l'eau. Il fallait avoir recours à ces femmes qui seules avaient une corde et un vase convenable pour en tirer. Moyennant le bakchich ordinaire, on nous remplit une bouteille qui fut bientôt vide, tant la soif nous pressait. Nous fîmes signe, et une personne prit la cruche d'une autre et nous l'apporta. Alors il s'éleva entre ces deux femmes une querelle affreuse, à laquelle il ne manqua qu'une bataille en règle. Nous ne comprenions pas un mot des injures qu'elles vomissaient ; mais leur colère devait être grande, car l'une d'elles, la plus âgée, écumait de rage, et la voilà qui, les cheveux épars, les yeux égarés, le visage comme celui d'une bacchante, court vers nous. Je reste immobile, tenant fortement de la main droite le vase d'eau qui avait soulevé cette tempête. Elle s'agitait et parlait avec fureur, témoignant qu'elle voulait son vase. Notre calme l'atterra, et nous finîmes tranquillement notre repas. Je ne pus m'empêcher de dire à mon confrère : « Assurément ce n'est pas une chrétienne, c'est une possédée. »

A peine sommes-nous en route que nous apercevons, sur la gauche, la petite ville de Sanour, située sur une colline arrondie. C'est l'ancienne Béthulie, patrie de Judith. Ce lieu s'accorde parfaitement avec la description de l'écrivain sacré : d'un côté, à quelque distance, les montagnes de la Samarie dont les habitants occupaient les défilés ; auprès de Béthulie, une magnifique plaine où pouvaient se développer les masses assyriennes avec leurs tentes. C'est dans le voisinage que se trouvait Dothain, où les frères de Joseph gardaient leurs troupeaux quand ils le vendirent aux Ismaélites. Bientôt nous arrivons à un lieu d'où l'on aperçoit la plaine d'Esdrelon et les montagnes de Nazareth. Mais que nous sommes loin encore ! Ce jour-là, il nous faudra passer plus de quinze heures à cheval.

Nous arrivons à Djénine, petite ville toute mahométane. Avant d'y entrer, nous apercevons une sorte de camp où les caravanes dressent leurs tentes auprès d'une source très-abondante qui arrose les jardins et porte ses eaux à travers la plaine. Au milieu de la ville, il y a une autre source non moins abondante. Comme nous sortions de Djénine, quelques enfants se mirent à nous jeter des pierres ; nous tournons bride comme pour revenir sur eux : en un instant ils disparurent. Il paraît qu'autrefois on ne traversait pas la ville sans avoir à subir quelques avanies de la part de ces fanatiques habitants.

De là nous entrons dans la fameuse plaine d'Esdrelon que nous n'avons pu traverser en moins de quatre à cinq heures. Cette plaine, la plus vaste et la plus célèbre de la Palestine, a environ douze lieues sur cinq. Elle n'est pas parfaitement unie ; elle présente plusieurs ondulations de terrain ; elle est traversée par divers courants d'eau dont les uns se jettent dans le Jourdain, les autres dans la Méditerranée. Excepté le Cison, tous sont à sec, hors la saison des pluies. Du côté du Jourdain, cette plaine se divise en trois parties : la première se prolonge entre le Thabor et l'Hermon, la seconde entre le petit Hermon et la montagne Gelboé, la troisième entre Gelboé et Djénine. C'est par cette dernière partie que nous sommes entrés. Nous apercevions devant nous, sur notre droite, toutes ces montagnes, et nous étions loin de soupçonner que nous les verrions si longtemps. Cette plaine est appelée le paradis et le grenier de la Syrie. Nous l'avons trouvée couverte de riches moissons, et cependant elle est mal cultivée. Les Arabes se contentent de déchirer un peu la terre et d'y jeter de la semence, et le sol est si fécond qu'elle se couvre de blés magnifiques. Que serait-ce, si elle était cultivée comme en France? Nous marchons le plus vite possible; car nous voyons que le soleil, quoique ardent, s'abaisse sur l'horizon. Nous avons le temps de rappeler nos souvenirs bibliques. Nous sommes en face des monts Gelboé qui semblent s'obstiner à nous poursuivre. C'est dans cette plaine que vint camper Saül pour combattre les Philistins. C'est dans ces montagnes que les Israélites furent taillés en pièces; que Saül, qui avait consulté la pythonisse d'Endor, périt avec ses trois fils. Triste défaite qui fournit à David le sujet de cette belle élégie qui a immortalisé les monts Gelboé.

Après deux heures, nous sommes à Zérain (Jezraël) où habitèrent deux rois d'Israël, Achab et Joram. L'histoire de Naboth et de sa vigne, le châtiment de l'impie Achab et de Jézabel, les terribles exécutions de Jéhu; tout ce passé si dramatique se représenta devant nous, et en contemplant un petit tertre gratifié de quelques huttes arabes, je disais : « Est-ce donc là cette fière Jezraël ornée de palais où Jézabel étalait sa beauté? » A deux lieues ouest de Zérain, on aperçoit Zélaphec, autrefois Aphec, où Bénadad, roi de Syrie, dans un combat, perdit cent mille hommes, et ensuite vingt-sept mille qui furent écrasés sous les murs écroulés de la ville. Du côté opposé, sur notre droite, au pied du Gelboé, se trouve la source où Gédéon fit boire ses soldats et en choisit trois cents qui mirent en déroute cette armée des Madianites et des Amalécites si nombreuse qu'on la compare aux sauterelles répandues dans la plaine, et le nombre des chameaux aux grains de sable qui sont sur le bord de la mer.

A une heure de Jezraël, nous approchons de Solem (Sunam) où étaient venus camper les Madianites avant le combat contre Gédéon, et les Philistins avant de combattre Saül. Abisag, épouse de David, était de Sunam. C'est là aussi qu'Elisée ressuscita le fils de la Sunamite qui lui avait donné l'hospitalité.

Sunam est au pied du petit Hermon; on l'appelle le petit Hermon, non parce que ce soit une petite montagne, mais pour le distinguer du grand Hermon, le géant des monts de cette contrée, toujours couvert de neige. Le petit Hermon est une montagne étendue et élevée. Nous avons marché longtemps à côté de lui, et toujours il paraissait être à la même distance. Nous avions beau le prier de disparaître, il s'obstinait à nous poursuivre. O combien est fatigante et ennuyeuse une longue route, à travers une plaine cultivée, mais sans aucun arbre, à côté de montagnes qu'on ne peut dépasser qu'en plusieurs heures! Enfin l'Hermon consent à nous quitter; le Thabor nous montre sa cime arrondie et verdoyante, et, au côté opposé, à l'extrémité de la plaine, nous apercevons la pointe du Carmel. Un instant après, le phare resplendit au loin sur la mer, et ses rayons étincelants traversant l'immense plaine, parviennent jusqu'à nous. Au pied du petit Hermon, en face du Thabor, on voit le petit village de Naïm, où Notre-Seigneur ressuscita le fils d'une pauvre veuve. Sur le lieu du miracle s'éleva autrefois une église aujourd'hui en ruines.

Les montagnes de Galilée s'approchent; mais la nuit est arrivée lorsque nous débouchons dans une étroite gorge, après avoir traversé le Cison à sec, à l'endroit même où eut lieu la célèbre bataille de Débora et de Barac contre l'armée innombrable de Sisara. Nous voilà de nouveau au milieu des ténèbres, obligés de faire une longue ascension par des sentiers abruptes et partout ailleurs estimés impraticables. Nous sommes tout près de ce lieu bordé de rochers affreux d'où les Nazaréthains voulurent précipiter Notre-Seigneur qui enchaîna leurs mains et passa tranquillement au milieu d'eux. On croit que la sainte Vierge, apprenant qu'on voulait faire mourir son Fils, accourut effrayée jusque sur une colline, au sud de la ville. On y trouve les ruines d'une église dédiée à Notre-Dame de l'Effroi.

Je marchais avec précaution au milieu de ces rochers, gourmandant mon confrère qui ne pensait pas au danger et qui n'attendait pas même que les moukres lui traçassent le chemin. Après une longue heure, voilà que tout à coup nous entendons retentir, dans ces solitudes, les aboiements d'une multitude de chiens. C'était l'heure où ils prenaient possession de la ville de Nazareth. Tout le monde sait qu'en Orient une foule de chiens errants parcourent toutes les nuits les rues des villes en faisant un vacarme épouvantable.

Enfin, d'une hauteur, nous apercevons quelques lumières. C'est Nazareth. Je la salue avec respect. « C'est donc là, me disais-je, qu'un ange, parti des hauteurs du ciel, dirigea son vol rapide; c'est là que, s'inclinant devant une jeune Vierge, il la salua pleine de grâce. » Je répétai alors plusieurs fois l'*Ave Maria*, le *Magnificat* et autres prières à la sainte Vierge. Je me sentais heureux d'entrer dans cette ville que Notre-Seigneur, la très-sainte Vierge et saint Joseph habitèrent près de trente années. Entrer à Nazareth, je ne crois pas qu'il puisse y avoir dans la vie de moments plus délicieux. A côté d'une douce émotion se trouve presque toujours une déception. Il y avait au moins dix-sept heures que nous avions quitté Naplouse, et nous avions un extrême besoin de repos. Nous frappons à la porte de l'hôtellerie du couvent, et personne ne répond. Il était dix heures et demie. Nous voilà exposés à passer la nuit couchés à la porte. Enfin, après vingt minutes d'attente, un Frère vient nous ouvrir. Il était temps, car nos forces étaient épuisées.

Saint Louis, grand roi et grand saint, est bien digne de servir de modèle à ceux qui visitent les Lieux saints. Aucun pèlerin n'a édifié comme lui tout l'Orient. Sa mémoire y est restée en bénédiction. C'est la veille de l'Annonciation que, revêtu d'un cilice, il se dirige vers Nazareth. A la vue de la cité sacrée, il descend de cheval, il se prosterne et ensuite marche à pied, et, malgré les fatigues d'une longue course, il jeûne ce jour-là au pain et à l'eau. Les offices de la fête sont célébrés avec une solennité extraordinaire. Saint Louis fut la dernière tête couronnée qui visita cet auguste sanctuaire avant que la sainte maison fût transportée à Lorette.

CHAPITRE XXIX

Nazareth.

La maison de la sainte Vierge. — Autres lieux remarquables. — Vue de Nazareth. — Mœurs des Nazaréthains.

La maison de Marie à Nazareth fut un des premiers lieux honorés par les chrétiens. Constantin la couvrit d'une belle église. Pendant le siége de Jérusalem par les croisés, cette églis fut pillée et saccagée, mais non détruite. Tancrède la restaura. En 1263, elle fut renversée par des hordes sauvages, et en 1291, la maison de la très-sainte Vierge, qui avait été épargnée, fut enlevée de ses fondements et transportée à Tersato, en Dalmatie, et, trois ans après, à Recanati et à Lorette.

Les habitants de la Dalmatie furent extrêmement surpris de trouver une maison en pierres rouges inconnues dans le pays, de forme orientale et placée sans fondements sur le sol. Elle n'avait qu'une porte et une fenêtre. A une des extrémités était un autel surmonté d'un crucifix; dans une niche, une statue en bois de cèdre représentant la sainte Vierge avec l'Enfant-Jésus, une armoire renfermant quelques vases, enfin une petite cheminée à l'orientale.

Le peuple était dans l'admiration, lorsque le curé de Tersate, retenu au lit depuis trois ans par une hydropisie incurable, parut au milieu de la foule et raconta qu'au moment où il avait été guéri, une révélation lui avait fait connaître que cette demeure est la même que celle où le Verbe s'est fait chair, que l'autel est celui qui fut dressé par saint Pierre pour y célébrer le saint sacrifice, et que le crucifix et la statue ont été faits par saint Luc. Une députation fut envoyée à Nazareth et constata que la sainte maison s'appliquait parfaitement aux fondations qui étaient restées. Cette translation est un fait si constant, si bien prouvé, qu'il est inutile de s'y arrêter. Deux fois j'ai fait le pèlerinage de Lorette, et j'ai eu occasion de me convaincre qu'aucun fait historique ne repose sur des témoignages plus solides. Maintenant pénétrons dans le sanctuaire de Nazareth, où le Fils de Dieu s'est incarné dans le sein d'une Vierge. Il est vrai, la sainte maison est à Lorette; mais, sur l'emplacement où s'opéra le grand mystère, on a dressé un autre autel. Au-dessous, sur le marbre blanc du pavé, on a gravé ces mots : *Verbum caro hic factum est :* c'est *ici* que le Verbe s'est fait chair. C'est dans ce petit sanctuaire que l'ange apparut, que Marie fut saluée pleine de grâce, que le Saint-Esprit survint en elle et que la vertu du Très-Haut la couvrit de son ombre, et c'est dans ce lieu si saint que j'ai eu le bonheur de célébrer le plus saint des mystères. Voilà encore un jour qui restera à jamais gravé dans mon cœur.

Après avoir vu deux fois Lorette, aucun lieu ne m'intéressait plus vivement que Nazareth. Je voulais m'expliquer la position de la *santa Casa.* Bien des fois j'y suis allé seul et, dans mon imagination, je reconstruisais les murs de la sainte maison, telle que je l'avais vue; je rencontrais des obstacles, je demandais des explications, je trouvais que les auteurs qui ont traité cette matière manquaient de clarté. Enfin, voici les idées auxquelles je me suis arrêté : Une église avait été construite par sainte Hélène, enveloppant dans ses vastes proportions la sainte maison, à peu près comme aujourd'hui la cathédrale de Lorette. Cette maison était adossée à une grotte: elle était d'une profondeur peu considérable et ouverte aux regards. On y descendait par six marches. Au moment où elle allait disparaître sous les coups des musulmans et des barbares, les anges furent chargés de la soustraire à la profanation. Fut-elle immédiatement transportée en Dalmatie? c'est une question à laquelle je ne saurais répondre.

L'époque de son apparition à Tersato est certaine, celle de sa disparition de Nazareth n'est nullement contestée. Dieu fait ce qu'il veut. L'église de Nazareth, où elle avait été renfermée, fut ruinée de fond en comble. Le fanatisme musulman empêcha longtemps de rétablir ce sanctuaire. Les Pères Franciscains, ces gardiens intrépides ou plutôt ces martyrs des saints lieux, s'obstinèrent à habiter au milieu des décombres, jusqu'à ce qu'ils obtinssent, en 1620, de l'émir Fakreddin, l'autorisation de rebâtir l'église; mais elle est à peine le tiers de la basilique de sainte Hélène dont on voit encore quelques arceaux et une partie du pavé. Ce fut alors qu'en déblayant le terrain, on retrouva les fondements de la sainte maison de Lorette. Quelques années après, l'église fut brûlée par les tribus nomades du Jourdain, et les Pères furent encore réduits à habiter des ruines. Enfin, en 1730, ils élevèrent l'église et le couvent qui existent aujourd'hui; mais le pacha leur laissait si peu de temps, qu'ils ne purent découvrir le sol de l'ancienne église. Il leur fallut se contenter de déblayer la grotte et de bâtir à la hâte sur les ruines de l'ancienne église, ce qui occasionna un exhaussement de terrain d'environ deux mètres.

Par conséquent, ils ne purent déblayer la *santa Casa* et reconnaître les fondations que les députés de Dalmatie et d'Italie, avaient vues et constatées peu de temps après sa translation à Tersate et à Lorette, et qu'on avait encore retrouvées en 1620. Aujourd'hui, au lieu de descendre dans le lieu de l'Annonciation par un escalier de six marches, comme on le faisait encore en 1638, il faut, à cause de l'exhaussement du sol, descendre dix-sept marches. L'emplacement de la sainte maison se trouve donc en partie recouvert par cet escalier. Une pierre noire placée de chaque côté à la huitième marche en indique l'extrémité sud. La porte nord qu'on a bouchée à Lorette répond au milieu de la grotte. A l'angle-ouest de la grotte, on voit une sorte d'ouverture qui figure la fenêtre de l'apparition, en sorte qu'on se demande si l'ange apparut d'abord sous la grotte. Je voulus en connaître le motif, et il me fut répondu qu'on n'avait pu faire autrement, raison qui ne satisfit pas. Quand donc viendra le jour où l'on enlèvera toutes les substructions, pour mettre à nu les fondations de ce sanctuaire le plus saint de l'univers, et faire briller d'une clarté nouvelle le fait miraculeux de la translation ?

Les Franciscains trouvent dans Quaresmius d'excellentes indications pour déblayer l'église du Thabor, n'y en trouveraient-ils pas pour déblayer la *santa Casa* ? Quelle joie dans toute la chrétienté, si un jour on pouvait porter à l'incrédulité moderne ce glorieux défi : Vous ne voulez pas croire à un fait si bien constaté par l'Eglise ; croyez en vos propres yeux. Allez à Lorette, prenez les mesures exactes de la sainte maison, et allez ensuite à Nazareth, et vous verrez qu'elles s'appliquent parfaitement aux vieilles fondations qu'on a découvertes, et expliquez-nous ensuite comment cette sainte maison a pu traverser la mer pour venir se poser à Lorette, sur le sol, sans aucune fondation.

Rien de plus touchant que l'aspect des lieux que Notre-Seigneur a honorés de sa présence. Après avoir célébré deux fois à l'autel de l'Annonciation, avec quel respect j'ai visité toutes les grottes attenantes où Jésus, Marie et Joseph habitèrent si longtemps ! J'ai voulu voir aussi l'atelier de saint Joseph, transformé en église ; il est à une certaine distance du lieu de l'Annonciation. Une bonne religieuse nous fit remarquer qu'à Nazareth, l'atelier était toujours séparé et même éloigné de la maison d'habitation, et qu'aujourd'hui encore, les choses se passaient ainsi, tant les coutumes se conservent bien en Orient. Nous avons encore visité une autre église ou chapelle, au milieu de laquelle on voit une vaste pierre ou rocher qui servait de table à Notre-Seigneur et à ses apôtres, avant et après sa résurrection.

Nous ne pouvions quitter Nazareth sans aller voir la fontaine de Marie, et boire quelques gouttes de son eau. Sa source est enfermée dans l'église des Grecs, et de là, par un aqueduc, elle est conduite à la fontaine qui en est rapprochée. C'est là que la Vierge Marie venait puiser de l'eau, pour les besoins d'une famille pauvre et obscure, que les anges auraient été heureux de servir. C'est l'unique fontaine rapprochée de Nazareth. L'eau y est peu abondante, et il y a toujours encombrement. Les Grecs plus nombreux, ont de la peine à souffrir les Latins qui se trouvent obligés, quand les citernes sont taries, de faire trois kilomètres pour se procurer de l'eau. Ce sont les jeunes filles qui sont chargées de cette rude corvée. On les accoutume de jeune âge à porter des cruches sur leurs têtes, ce qui donne à leur démarche quelque chose de raide et de mesuré. Une religieuse déplorait devant nous le triste sort de ces pauvres petites filles, qu'on envoyait tous les matins, nu-pieds, à une grande distance, par des chemins raboteux, chercher de l'eau, avec une lourde cruche sur la tête, et qui lui arrivaient en classe exténuées de fatigue. C'est ainsi que sont traitées les jeunes compatriotes de la sainte Vierge.

Nous avons passé plusieurs jours à Nazareth, et nous avons voulu jouir du coup d'œil de cette ville, dont nous avions été privés en arrivant le soir. Nous montons sur une colline, et de là, nous pouvons admirer la situation pittoresque de cette petite ville devenue si célèbre. Nazareth nous apparaît, avec ses blanches maisons, rayonnant comme un lis virginal; c'est bien la fleur de la Galilée où a grandi dans l'ombre la plus belle fleur qui se soit épanouie sur la terre, cette fleur sortie de la racine de Jessé, où a germé ce rejeton divin qui s'est assis sur le trône de David et dont le royaume n'aura point de fin. Nazareth, vue d'une hauteur, est belle. Des vignes, des grenadiers, des oliviers et beaucoup de nopals entourent la ville, et tempèrent l'éclatante blancheur du sol et des maisons; mais que l'intérieur est sale et dégoûtant! Des rues tortueuses, non pavées, remplies d'immondices, voilà le spectacle qu'on a sous les yeux.

Les habitants sont vêtus assez convenablement; généralement les femmes ne se voilent pas comme en Egypte et ailleurs. Dans les jours de fêtes, elles sont vêtues de blanc. On dirait que c'est une première communion générale. Nous y avons passé le dimanche de Quasimodo qui était la Pâque des Grecs, et il est hors de doute que les plus beaux costumes étaient en évidence. Malgré cela, je suis obligé de contredire ce que la plupart des voyageurs ont dit de la beauté des femmes de Nazareth. J'avoue que je n'ai rien remarqué d'extraordinaire, et une bonne religieuse me disait qu'à vingt-cinq ans toute la fleur de la jeunesse est flétrie. Il paraît que les mariages se font à un âge encore bien tendre. Le climat et l'usage ont force de loi. Pendant notre séjour, a eu lieu une grande noce musulmane; je ne l'ai vue que de loin, mais je l'ai entendue de trop près. Pendant une nuit entière, nous avons été fatigués par le bruit et le tumulte des convives, par les sons aigus et stridents des cymbales, entremêlés de quelques décharges. C'est encore la coutume de porter en grande pompe tous les objets précieux de la fiancée, sans doute pour étaler sa richesse, et il paraît même qu'on emprunte ce qui manque, pour se montrer avec plus de luxe et d'ostentation. La vanité se trouve partout. Les jeunes filles, même chrétiennes, portent bien jeunes encore, autour du cou et de la tête, des colliers de pièces d'or, d'argent ou de cuivre, selon leur fortune, et quand on en demande la raison, on repond invariablement que c'est la coutume. On a souvent répété que l'Orient est immobile. Il est vrai que nulle part on ne conserve plus religieusement les traditions, nulle part on n'est plus esclave des usages anciens. Le costume, le langage, les habitudes sont encore les mêmes qu'autrefois, et en étudiant les divers peuples de ces contrées, on est frappé de la ressemblance qu'on leur trouve avec les personnages bibliques. Cependant, depuis quelques années, les mœurs et les usages de l'Occident pénètrent peu à peu, même dans l'intérieur. Nos missionnaires et nos religieuses, en instruisant les enfants du peuple, ont mis en honneur la langue française et fait tomber une foule de préjugés contre la religion catholique, préjugés tellement invétérés qu'il semblait impossible de les déraciner; mais la civilisation moderne qui fait aussi invasion sur les côtes, détruit une partie du bien que font les missionnaires et les religieuses, et retarde la conversion de l'Orient. Revenons à Nazareth; cette petite ville est bien partagée sous le rapport de l'instruction. Les enfants de tous les cultes sont admis dans les écoles, et le nombre des chrétiens s'augmente sensiblement.

CHAPITRE XXX

Voyage de Tibériade.

De Nazareth au Thabor. — Le Thabor et ses ruines. — Tibériade. — Ruines de Tibériade. — Eglise de Saint-Pierre. — Mer de Tibériade. — Montagne de la Multiplication des pains. — Montagne des Béatitudes. — Cana.

Le 18 avril, de grand matin, nous sortons de Nazareth; et, conduits par un moukre chrétien, instruit, parlant un peu le français et mieux l'italien, nous prenons le chemin du Thabor. Nous marchons, comme toujours, par des chemins rocailleux. Nous montons et descendons des collines. Quelques petites vallées se rencontrent et étalent une riche verdure. Ce n'est plus l'affreuse aridité, la nudité horrible des bords de la mer Morte et des environs de

Bethléem; c'est un charmant paysage, c'est un bocage délicieux, où le chant des oiseaux, à l'aube du jour, réjouit le voisinage de la sainte montagne comme un cantique du matin. Ce sont des champs de blés, des forêts d'oliviers, d'arbustes, de chênes verts dont les vieilles branches s'étendent horizontalement et doivent ressembler à celles où s'embarrassa la chevelure d'Absalon. Nous arrivons au pied du Thabor. Cette belle montagne qui a tressailli au nom de Dieu, s'élève vers le ciel, comme un autel sublime. toute resplendissante de la gloire de Jésus-Christ. C'est un dôme immense et presque régulier dont le sommet est un peu aplati et couvert de belles cultures. Il faut bien trois quarts d'heure à cheval pour atteindre le point le plus élevé. Le Thabor est à peu près de huit cents mètres au-dessus du lac du Tibériade. Il est presque entièrement couvert d'arbustes et de petits chênes dont la verdure se détache heureusement sur la pierre blanche. Lorsque nous arrivâmes, le sommet de la montagne était enveloppé d'un épais brouillard qui nous dérobait ses formes gracieuses, mais un soleil brillant ne tarda pas à pénétrer cet humide manteau et à nous le montrer dans toute sa splendeur.

Sur le Thabor, il y a un couvent et une église grecs. Les Pères Franciscains y possèdent aussi un terrain assez considérable et d'autant plus précieux qu'il renferme le lieu de la Transfiguration où nous avons pu célébrer la messe. Sur le Thabor., il y avait autrefois une petite ville, dont il ne restait rien au temps de Jésus-Christ. Dès les premiers siècles de l'ère chrétienne, on y bâtit une forteresse et ensuite trois églises. Tous les pèlerins les plus célèbres ont visité le Thabor. Le sommet est encore couvert de ruines gigantesques, les plus intéressantes de la Palestine.

Nous avons vu avec une vive satisfaction que les Pères Franciscains font exécuter des fouilles, des déblaiements, sur une vaste échelle. Uniquement appuyés sur les données de l'histoire, et surtout sur les mémoires de Quaresmius et de l'Igoumène russe, Daniel, ils ont déjà obtenu de magnifiques résultats. L'enceinte de la grande église qui était enfoncée dans les décombres reparaît presque toute entière avec les petits monuments qui l'entouraient, et si ces travaux se continuent en paix, ils seront couronnés d'un plein succès. Un bon Frère nous disait : « Nous n'avons pas d'autre guide que Quaresmius, et nous ne l'avons pas encore trouvé en défaut. Ainsi, de pauvres religieux entreprennent une œuvre de restauration que les gouvernements chrétiens devraient leur envier. Dans quelques années peut-être, le pèlerin retrouvera les monuments de la piété des âges de foi. Le Thabor verra une nouvelle Transfiguration. On ne se fait pas une idée de la quantité de grottes et de citernes qu'on retrouve de toutes parts. Au delà des fouilles qui ont été pratiquées pour déblayer les ruines de l'église, on découvre parfaitement l'enceinte des murailles élevées par les robustes bras des croisés, et ensuite par les Sarrasins. Plusieurs parties sont bien conservées; car les pierres énormes des assises les ont mises à l'abri des injures du temps et des barbares. Après avoir admiré les ruines qui jonchaient le sol, nous avons un instant admiré le beau spectacle dont on jouit sur cette célèbre montagne. La vue n'est pas moins belle que sur le mont des Oliviers. Au midi, elle s'étend sur les chaînes bleuâtres d'Ephraïm et de Juda; au couchant, sur les sombres hauteurs du Carmel et sur la surface noirâtre de la Méditerranée. L'immense plaine d'Esdrelon se développe à vos pieds; le lac de Tibériade brille comme un vaste miroir où se reflètent les rayons embrasés d'un soleil resplendissant; à côté, la vallée du Jourdain se déroule avec son sillon de verdure. Au nord, l'œil embrasse toute la Galilée et découvre au delà l'anti-Liban et le grand Hermon. En contemplant ce magnifique spectacle de la nature, on se demande quelle devait être cette montagne au jour où une nuée brillante l'enveloppa et y fit paraître un rayon de la gloire du Très-Haut qui inspira à saint Pierre cette parole d'enthousiasme : « *Seigneur, il est bon que nous restions ici; faisons-y trois tentes.* »

Nous nous éloignons à regret; mais, comme Pierre, il faut descendre la sainte montagne. Nous nous dirigeons vers Tibériade, et bien des fois nous retournons nos regards pour la voir encore et, plus nous la contemplons de loin, plus nous l'admirons. Après une course de plus de quatre heures, nous arrivons en vue de Tibériade ou Tabarieh.

C'est un spectacle éblouissant; c'est une véritable surprise. Tout à coup apparaît à nos pieds le beau lac de Génézareth; il se présente dans toute son étendue qui est d'environ cinq lieues sur deux. Il est entouré de montagnes hautes et resplendissantes. Sa nappe d'eau claire, tranquille est inondée d'une lumière qui exerce sur les sens une sorte de fascination. Sur le rivage se détache la seule ville qui subsiste encore, Tibériade entourée de murailles en ruines. Cette ville fondée seize ans avant Jésus-Christ, par Hérode Antipas, parvint bientôt à un haut degré de prospérité. Elle devint la capitale de la Galilée; elle conserva longtemps sa prééminence. Après la ruine de Jérusalem, elle fut un lieu de refuge pour les Juifs, le siége du Sanhédrin. Il s'y forma une école célèbre d'où sortit le Talmud qui est aujourd'hui le Code des Israélites dispersés.

Les chrétiens ne purent s'y établir que sous Constantin, lorsqu'un habitant de Tibériade ayant découvert dans le trésor de la nation juive l'Evangile de saint Jean et les Actes des Apôtres traduits du grec en hébreu, et l'Evangile de saint Matthieu écrit en hébreu, se convertit et y bâtit une église. Aujourd'hui, Tibériade a subi tant de désastres dans le cours des siècles, que ce n'est plus la ville d'Hérode; c'est plutôt celle des croisés, et encore elle est bien déchue de l'état de splendeur qu'elle avait un moment reconquis.

Nous avons voulu connaître l'emplacement et les ruines de la vieille cité. En traversant la ville actuelle, nous rencontrons une foule de Juifs qui se rendaient à la synagogue. Les hommes étaient, pour la plupart, vêtus de costumes brillants, de vastes robes de soie sur lesquelles descendait une barbe longue et soignée. Les femmes n'étaient pas moins richement parées. Tous portaient sous le bras un bel exemplaire de la Bible ou du Talmud, qui annonçait le respect qu'ils conservent pour les saintes Ecritures. Leur démarche était grave, silencieuse; mais leur attitude n'avait rien d'hostile pour les chrétiens. En général, les habitants se montrèrent polis, même complaisants envers nous. Plusieurs nous indiquaient les ruelles et les sentiers que nous devions suivre. Quelques-uns même nous firent passer à travers leurs habitations pour arriver à l'angle de la ville près du lac, dans un endroit où il y a encore une vieille forteresse assez remarquable et une brèche aux murailles. A Tibériade, il n'y a qu'une seule porte; mais on passe en divers endroits par les brèches des murailles qu'on ne répare pas. Sortis de la ville, au sud, nous sommes sur les bords du lac, et à côté de nous est l'emplacement de l'ancienne ville. Sur une vaste étendue, nous n'avons rencontré que des tronçons de colonnes, des fondements d'édifices, de monceaux de débris de toute espèce, à travers lesquels croissent des arbustes épineux qui obstruent les passages et répriment la curiosité des visiteurs. Au nord même de la ville actuelle, on retrouve aussi des ruines, ce qui fait voir combien était étendue l'ancienne capitale de la Galilée.

Après cette course, nous sommes rentrés à l'hôtellerie des Pères Franciscains, où un bon Père italien nous avait accueillis avec la plus douce et la plus franche cordialité. Auprès de l'hôtellerie est une jolie église bâtie sur le lieu où, suivant la tradition, Notre-Seigneur se manifesta pour la troisième fois à ses apôtres. Ce fut là qu'il adressa à saint Pierre ces paroles si remarquables : « *Pierre, m'aimez-vous? Paissez mes agneaux... paissez mes brebis.* » Avec quel bonheur je lisais toutes ces paroles écrites en lettres d'or sur une large bande qui circule autour de l'autel, et quand j'y célébrai le saint sacrifice, ces paroles retentissaient sans cesse à mes oreilles, et je répondais comme Pierre : Oui, Seigneur, vous savez que je vous aime et dans ce lieu sacré je vous le répète mille fois.

Après avoir célébré la sainte messe, je me rends à quelque distance de la ville pour prendre un bain dans le lac. Dès la veille, le soir, j'en avais pris un et j'avais trouvé l'eau si douce, si tiède que je voulais en prendre un second, et considérer à loisir cette petite mer dont les eaux sanctifiées rappellent de si précieux souvenirs. Le rivage est bordé de grosses pierres qui rendent l'accès de l'eau difficile. Des rochers énormes s'élèvent çà et là à fleur d'eau. Je m'avance avec précaution; mauvais nageur, je craignais de tomber dans quelque précipice, et cette précaution n'était pas inutile, car depuis, j'ai lu dans quelques voyageurs, qu'à une faible distance du rivage l'eau parvient tout à coup à une grande profondeur. J'arrive à une roche et je l'embrasse fortement; car je sentais que l'eau menaçait de m'entraîner. Je regagne le rivage, je gravis une petite élévation, et de là, je contemple à loisir ce beau lac auquel l'Evangile donne le nom de mer. Voilà donc, me disais-je, cette mer privilégiée autour de laquelle Notre-Seigneur a prodigué ses miracles. Les apôtres qu'il choisit étaient de pauvres pêcheurs dont la barque sillonnait ces flots. C'est ici que Jésus, au milieu d'une tempête, commande aux vents et à la mer. C'est ici qu'il marcha sur les eaux, et que Pierre, voulant aller à lui et se sentant enfoncer, s'écria : « O Seigneur, sauvez-moi. »

Comme elle devait être belle cette petite mer, alors que quinze villes l'entouraient, comme une couronne vivante, enrichie par la plus riche et la plus magnifique végétation. S'il y a un paradis sur la terre, dit le Talmud, c'est Génézareth. Capharnaüm, Corozain, Bethsaïda et les villes au delà du lac paraissaient échelonnées sur ses bords, au milieu de forêts de noyers, de palmiers, de figuiers. Les sources nombreuses qui descendent dans le lac sillonnaient la plaine, et portaient partout l'abondance. Une population nombreuse s'agitait sur ces rivages fortunés, goûtait la délicieuse fraîcheur des ombrages et se nourrissait des plus excellents fruits pendant presque toute l'année; mais aujourd'hui cette belle végétation a disparu; on n'aperçoit plus que les roseaux et les lauriers-rose du rivage et quelques palmiers qui s'élèvent au-dessus des masures de Tibériade. Les villes sont détruites, les populations ont disparu; c'est un véritable désert. En vain vous cherchez Capharnaüm, Corozain, Bethsaïda : la prophétie du Sauveur s'est accomplie. On retrouve encore la place qu'elles occupaient, quelques ruines, et c'est tout. Les souvenirs évangéliques, marqués partout ailleurs par quelque signe ou monument, n'y ont laissé aucune trace.

Malgré cette désolation, quelle différence entre la mer Morte et ces rivages! A Génézareth, c'est une mer de bénédiction; à Sodome, une mer de malédiction; et cependant c'est la même vallée, c'est le même fleuve du Jourdain qui alimente les deux lacs. Et l'eau de Génézareth est douce et vivifiante, abondante en poissons de toute espèce, tandis que l'eau de la mer de Sodome est excessivement salée, pleine d'amertume et ne nourrit pas un être vivant.

Tout plein de ces pensées, je revenais doucement vers notre hôtellerie, où le bon Père voulut nous faire une agréable surprise en nous servant de jolis poissons pêchés dans le lac, et de ceux qu'on appelle le poisson de Saint-Pierre.

Mais le temps nous presse; nous voulons rentrer à Nazareth et visiter en passant Cana; nous partons et nous suivons une autre route.

Après avoir gravi, par un chemin noir et pierreux, la montagne qui borde le lac, nous arrivons dans la célèbre plaine d'Hittine, théâtre de cette malheureuse bataille où les chrétiens perdirent, avec la vraie Croix, la ville sainte et bientôt après, la plus grande partie de la Palestine. Il est impossible de traverser ce champ de mort sans verser une larme sur tant de généreux guerriers qui succombèrent après les efforts les plus héroïques, décimés par la soif et la chaleur encore plus que par le cimeterre des féroces soldats de Saladin. Bientôt nous sommes dans ce lieu désert où Jésus fit le miracle de la multiplication des pains. Dans la partie la plus élevée, où étaient Notre-Seigneur et les apôtres, on remarque de grands blocs de basalte qu'on dit y avoir été placés par sainte Hélène et qu'on appelle les douze trônes des Apôtres. Saint Jérôme raconte que sainte Paule vint vénérer ce lieu où Notre-Seigneur avait opéré un si grand prodige.

Nous continuons notre course et, après trois quarts d'heure, nous sommes sur une autre montagne non moins célèbre; c'est celle où Notre-Seigneur fit cet admirable sermon qu'on appelle le Sermon sur la montagne, et où il commence par proclamer les huit béatitudes. Il est assez probable que Notre-Seigneur, parlant à la foule réunie autour de sa divine personne, n'était pas au sommet, mais sur une petite butte qui se trouve sur le penchant et autour de laquelle pouvait se grouper une grande multitude.

Le mont des Béatitudes est divisé en deux plateaux dont l'un, assez grand, est entouré de fragments de rochers qui ressemblent à des ruines, et l'autre, plus petit, est très-uni; ils forment donc deux pointes que les indigènes appellent les cornes d'Hittine. On voit ces cornes de fort loin, et elles ont un singulier aspect. Quoique le sommet d'Hittine soit moins élevé que le Thabor, la vue est très-belle. Le lac de Tibériade, l'Iturée, la Trachonite, les déserts de Bosra, les tribus de Zabulon et de Nephtali, l'Hermon, le Liban, les montagnes de Galaad se déroulent sous vos regards et forment un magnifique tableau.

De loin, nous apercevons la ville de Sephet, suspendue, pour ainsi dire, au point le plus élevé de cette contrée. Cette ville, située au nord et près de la ville de Nephtali, patrie de Tobie, est célèbre par ses malheurs. Les croisés en firent une forteresse qui résista deux ans à Saladin, et ne se rendit qu'après la funeste bataille d'Hittine. En 1263, deux mille martyrs y furent égorgés par les ordres de Bibars, sultan de Babylone. Dans la suite des temps, elle eut encore à subir plusieurs exécutions sanglantes. Plus d'une fois victime des tremblements de terre, elle fut complétement détruite par celui de 1837, dont les oscillations durèrent plusieurs semaines et se firent sentir sur une longueur de près de deux cents lieues. A peine sortie de ses ruines, cette ville compte aujourd'hui environ quatre mille habitants.

Après une heure de marche, nous passons près du village de

Loubieh, où le général Junot fut attaqué par des mamelouks supérieurs en nombre. Après un combat opiniâtre, les Français rentrèrent à Cana où le général Kléber arriva à leur secours et refoula les Musulmans jusqu'au delà du Jourdain. Ceci se passait en 1799.

Nous poursuivons notre route et nous traversons le champ des Epis, ainsi appelé parce que les disciples de Jésus, ayant faim, y arrachaient des épis pour en manger le grain. La même coutume subsiste encore aujourd'hui parmi les Arabes. Personne ne le trouve mauvais. Prendre des épis pour les manger est considéré comme un droit que confère la charité. J'ai remarqué même que les Arabes, traversant les plaines cultivées de la Palestine et de la Syrie, ne se font aucun scrupule d'arrêter un instant leurs chevaux pour manger le blé qu'ils rencontrent sur la route, et je n'ai jamais vu aucun propriétaire s'en plaindre.

Cependant il nous tardait d'arriver à Cana, ce lieu que l'Evangile a rendu si célèbre et où Notre-Seigneur a opéré plusieurs prodiges. Ce n'est qu'un village dans une belle position. Il est bâti en gradins sur une colline, et la première construction qu'on y rencontre est une mosquée en ruines indiquant l'emplacement de la maison de Nathanaël qui fut amené à Jésus par Philippe. C'est à Cana qu'un officier de Capharnaüm vint prier Jésus de guérir son fils mourant; mais le plus éclatant de ses miracles, celui qu'il opéra le premier pour exciter la foi de ses disciples, ce fut le changement de l'eau en vin, à la prière de sa très-sainte Mère. Nous avons examiné le lieu où il fit ce prodige symbolique. Une grande église y avait été construite. On en voit encore les ruines. Des colonnes brisées marquent la place du miracle. Tout près de là, dans une église grecque non unie, on montre deux des urnes dans lesquelles Notre-Seigneur a changé l'eau en vin. Elles sont en pierre du pays, assez grossièrement travaillées. Leur forme est conique, et en calculant ce qu'elles peuvent contenir et le comparant avec les mesures indiquées par l'Evangile, on trouve un rapport exact. Tout porte à croire qu'elles sont authentiques, et c'est une vraie satisfaction de pouvoir contempler, sur les lieux mêmes, ces vieux témoins du premier miracle que Jésus opéra en présence de ces disciples et de la foule réunie dans une circonstance si solennelle. A quelque distance du village, dans une petite vallée, est une excellente source, la seule qui existe, et, par conséquent, celle où fut puisée l'eau changée en vin. Ce lieu est extrêmement fertile, tout planté de figuiers, d'oliviers, de caroubiers et surtout de grenadiers. De là, par une route très-ondulée, à travers des montagnes nues et crayeuses, nous arrivons en une heure et demie à la fontaine de la Vierge et à Nazareth.

CHAPITRE XXXI

Voyage au mont Carmel.

De Nazareth au mont Carmel. — Le Carmel.

Nous avions visité de nouveau Nazareth ; nous avions assisté le dimanche à plusieurs offices et entre autres à ceux des Grecs unis ; nous nous prosternons une dernière fois devant le lieu si saint de l'Annonciation, et nous partons pour le mont Carmel. A peine sortis de la ville, nous rencontrons un certain nombre de petites filles revenant d'une fontaine éloignée et marchant nu-pieds par un sentier rocailleux, portant sur leurs têtes des cruches pleines d'eau. Ce spectacle nous inspire un vif sentiment de compassion. Comment oserions-nous nous plaindre de la fatigue du voyage, nous qui sommes à cheval, libres de tout fardeau, pendant que ces pauvres enfants font presque chaque jour une course si pénible? Cependant la route que nous avons à parcourir est longue ; il nous faut sept ou huit heures. Le chemin est d'abord difficile ; mais quand on arrive dans la plaine d'Esdrelon, la route est relativement belle, surtout hors la saison des pluies.

Lorsque nous arrivâmes près de la belle source de Ain-Samounieh, notre guide nous raconta avec une certaine satisfaction que les Prussiens, en 1867, avaient voulu prendre possession de la fertile vallée d'Esdrelon, et qu'ils avaient établi en ce lieu une petite colonie pour faire un essai ; mais que la Providence avait su déjouer leurs projets et les empêcher de prendre pied sur cette terre sacrée. Tous furent pris de fièvre et moururent, et toute trace de colonie a disparu.

Nous passons par Djedda, l'ancienne Jédala de la tribu de Zabulon, et bientôt, après avoir traversé le torrent du Cison qui est à sec, nous arrivons au pied de la chaîne du Carmel, à un lieu où il sort de la montagne une multitude de sources qui forment un petit fleuve. C'est le Cison qui se grossit, dans la saison des pluies, de toutes les eaux qui descendent de la Samarie et de la Galilée. C'est alors un torrent fougueux qui traverse toute la plaine d'Esdrelon, depuis le Thabor jusqu'à la Méditerranée ; et il est impossible de le franchir sur le rivage de la mer sans barque. C'est dans ce torrent qu'Elie fit mourir tous les prophètes de Baal qui abusaient du peuple et l'entraînaient à l'idolâtrie. Achab, sur l'ordre d'Elie, avait rassemblé le peuple sur le mont Carmel, et, en sa présence, le feu du ciel dévora l'holocauste que le prophète offrit au vrai Dieu, tandis que les prêtres de Baal invoquèrent en vain leur prétendue divinité. Tous connaissent les détails de ce solennel défi porté par la vérité à l'erreur et de la victoire éclatante que Dieu accorda à son serviteur en présence d'Achab et de tout le peuple. Le lieu du prodige n'a pas été oublié; sur la colline du sacrifice d'Elie, s'élève le plus ancien sanctuaire du mont Carmel. Mais nous ne sommes encore qu'au pied de la montagne, assez loin du promontoire où est situé le célèbre couvent des Carmes, à une hauteur de deux cents mètres. Ce n'est pas une montagne isolée, c'est une chaîne qui court sur une longueur d'environ cinq lieues sur une de largeur.

Nous continuons à longer cette chaîne, et nous arrivons à Khaïpha, l'ancienne Helba de la tribu d'Aser. Cette ville, dans une position magnifique, est entourée de murailles en ruines. L'intérieur de la ville est sale et dégoûtant; la rade est sûre et pourrait, un jour, lui donner plus d'importance; c'est ce que la Prusse a compris; car, au sortir de la ville, elle a établi une colonie. De jolies constructions s'élèvent çà et là sur un vaste terrain qu'elle a acquis, et ses essais de colonisation dans la plaine d'Esdrelon indiquent assez qu'elle voudrait faire de Khaïpha ou Caiffa l'entrepôt des productions de la Galilée et de la Samarie. Au delà des constructions prussiennes, est une forêt de vieux oliviers qu'on traverse avant de gravir la montagne. Le chemin est, pour ainsi dire, à pic; et, avec le secours de nos moukres, nous arrivons en peu de temps au couvent du Carmel.

Qui pourrait raconter la gloire du Carmel, de ce lieu célèbre qui, au temps de Josué, formait un petit royaume, qui fut ensuite habité par les prophètes, qui a été respecté dans tous les siècles et qui, aujourd'hui encore, est en vénération par tout l'univers. L'Ecriture le représente comme un lieu plein de beauté, de fertilité et de délices. Le Cantique des cantiques compare au Carmel les ornements qui brillent sur la tête de l'épouse, et Isaïe, pénétrant dans l'avenir et découvrant les splendeurs de l'Eglise, la véritable épouse du Christ, ne saurait mieux la dépeindre qu'en lui donnant la beauté du Carmel.

C'est sur le Carmel qu'Elie avait fixé sa demeure, et ce fut après avoir confondu les prêtres de Baal qu'il vit s'élever de la mer ce nuage mystérieux que les saints Pères ont considéré comme le symbole de la sainte Vierge.

Elie ayant été enlevé sur un char de feu, son disciple Elisée vint aussi se fixer sur le Carmel. A l'exemple de ces prophètes, de pieux disciples vinrent ensuite s'établir sur cette montagne. Ce furent de vrais anachorètes qui précédèrent la venue de Jésus-Christ. Plus de deux mille grottes reçurent tour à tour ces solitaires qui, loin du tumulte du monde, s'occupaient à méditer les vérités éternelles. On croit, non sans raison, qu'Elie, qui avait eu sur le Carmel la vision prophétique relative à la sainte Vierge, consacra, au même endroit, un lieu de prière à Celle qui devait être la Mère de Dieu, *Virgini pariturœ*. Les descendants et les imitateurs des prophètes furent des premiers à embrasser le christianisme, et comme ils avaient vu à Jérusalem et peut-être même sur le Carmel l'auguste Vierge et qu'ils avaient été frappés du spectacle de ses vertus, ils conçurent pour elle une si tendre dévotion, qu'on les appela les Frères de la Vierge du mont Carmel. Dès le Ier siècle, le sanctuaire qui existait depuis longtemps, fut renouvelé et agrandi, et, au commencement du second, Jean d'Antioche écrivait que ces pieux solitaires descendaient souvent de leur montagne pour répandre la foi dans la Galilée et la Samarie. Au milieu des révolutions qui se succédèrent dans les siècles suivants, les Frères du mont Carmel, à l'ombre de la Vierge leur protectrice, conservèrent la foi dans toute sa pureté, et, pour mettre plus d'unité dans leurs pieux exercices, saint Albert, patriarche de Jérusalem, leur donna, en 1209, une règle pleine de sagesse, dont les principales dispositions sont encore en vigueur aujourd'hui. Cet ordre ainsi constitué se répandit rapidement dans toute l'Europe. Saint Simon Stock, devenu général, y ajouta un nouveau lustre, en instituant, d'après une révélation divine, la confrérie du Saint-Scapulaire que l'Orient et l'Occident s'empressèrent d'adopter pour honorer spécialement la sainte Vierge. Depuis cette époque, dans toutes les parties du monde catholique, des millions d'associés unissent leurs prières à celles que les religieux offrent, sur le Carmel, à la Vierge bénie, et, de la sainte montagne, s'élève continuellement vers le ciel un faisceau d'hommages, de prières, de bonnes œuvres, comme un nuage de l'encens le plus pur, pour redescendre sur la terre en une pluie abondante de grâces qui rafraîchit les cœurs, comme ces eaux que le prophète Elie fit tomber du ciel pour désaltérer la terre desséchée. Avec quel bonheur on pénètre dans cette église du mont Carmel dédiée depuis si longtemps à la sainte Vierge. Elle est simple, mais fort belle. Au fond de la nef est la grotte du prophète Elie où l'on descend par quelques marches. Elle est fort vénérée, aussi bien par les Turcs et les Druses que par les Grecs et les catholiques. C'est sur le maître-autel que se trouve la belle et célèbre statue de la Vierge que tout le monde connaît. Après avoir célébré la messe dans la grotte d'Elie, j'ai voulu recevoir des mains d'un Père carme le saint scapulaire et inscrire mon nom sur le registre des associés. C'est pour moi un souvenir précieux. Un pèlerin venu des extrémités de l'Occident pourrait-il en agir autrement?

Un voyageur a appelé le Carmel le *donjon du christianisme*. Sentinelles vigilantes, du sommet de la montagne, les religieux regardent tour à tour vers la plaine et sur la vaste étendue des mers. De la plaine viennent leurs ennemis, de la mer leurs défenseurs. Quel courage il a fallu aux Pères Carmes pour se maintenir dans le poste périlleux confié à leur garde ! Que de martyrs ont été immolés ! Et quand les barbares avaient inondé les sanctuaires du sang des religieux, il s'en trouvait toujours de nouveaux qui venaient prendre leur place, tout disposés à cueillir aussi la palme du martyre. Le Carmel a pour eux un attrait invincible; c'est là que leur ordre a pris naissance, dans cette grotte sacrée où la sainte Vierge eut son premier sanctuaire. A certaines époques, on put croire que le Carmel était abandonné à jamais; mais la persistance des religieux est toujours parvenue à réparer les ruines. Pendant le siége de Saint-Jean-d'Acre, les religieux transformèrent leur couvent en hôpital pour soigner nos blessés; Bonaparte vint leur faire une visite; mais, après la retraite de l'armée française, les musulmans les massacrèrent tous et laissèrent leurs corps sans sépulture. Longtemps après, quand de nouveaux Carmes vinrent reprendre possession du couvent, ils trouvèrent les ossements des victimes épars sur la montagne. Ils les recueillirent avec respect et les ensevelirent dans un tombeau commun situé en face de la porte du couvent qui regarde la mer. Le voyageur s'incline respectueusement devant ce sépulcre des martyrs, surmonté d'une petite pyramide.

En 1821, Abdallah, le fameux pacha de Saint-Jean-d'Acre, renversa de fond en comble l'église et le couvent du mont Carmel, et avec les matériaux il bâtit à côté un palais où il venait chercher la fraîcheur en été. La grotte du prophète Elie fut le seul asile qui restât aux religieux et aux pèlerins sur cette montagne révérée. Qui a réparé tant de ruines? un simple Frère envoyé de Rome en Orient par ses supérieurs. Il ne s'assit point là pour pleurer sur les ruines de son couvent, comme Jérémie sur les ruines de Jérusalem; mais, comme Elie, il se prosterna contre terre, fit sa prière et revint en Europe. Il alla à Paris, à Londres, à Vienne, à Berlin, et il recueillit assez d'aumônes pour construire le plus grand et le plus bel édifice de la Syrie et de la Palestine. Sur les réclamations de la France, le sultan avait rétabli les Carmes dans leurs droits et, plus tard, le frère Jean-Baptiste acheta le palais d'Abdallah dont les Grecs voulaient s'emparer; et aujourd'hui, sur le mont Carmel, on trouve un couvent qui est à la fois une église, une hôtellerie, une forteresse, un lazaret; et le fameux kiosque d'Abdallah sert d'hospice aux Levantins; il est maintenant surmonté d'un phare.

Devant le couvent, il y a un jardin en terrasse, et au milieu s'élève une chétive pyramide. C'est le tombeau des soldats français morts sur le Carmel en 1799.

Du côté de la mer, on aperçoit, vers le bas de la montagne, une petite colline. C'est là que fut jeté saint Louis, roi de France, lorsqu'ayant appris la mort de sa mère et s'en retournant dans son royaume, il vit son vaisseau brisé par la tempête.

Du côté de Khaïpha, on descend une pente rapide et, à environ deux cent cinquante mètres, on arrive par un escalier à une petite chapelle dédiée à saint Simon Stock ; un peu plus bas, se trouve l'*Ecole des prophètes*, ainsi appelée, parce que c'était la synagogue où les fils des prophètes étudiaient les Ecritures et se livraient à la prière et à la contemplation.

Le mont Carmel, comme tous les lieux célèbres de la Palestine, est dépouillé, en grande partie, de sa gloire et de sa splendeur. Il n'est plus, comme autrefois, couvert de belles forêts, de vignes et de cultures de toute espèce ; mais il conserve encore de précieux restes de son antique beauté. On peut encore dire : *Decor Carmeli et Saron.* Son sommet est encore couvert d'arbres et, sur ses coteaux, l'air est embaumé de plantes rares et odoriférantes ; mais c'est surtout dans le sanctuaire de la Vierge qu'on respire une odeur de vertus et de sainteté qui embaume le cœur et que le pèlerin emporte avec joie dans sa patrie.

CHAPITRE XXXII

Saint-Jean-d'Acre (Ptolémaïde).

En descendant du Carmel, nous découvrons toute la côte jusqu'au delà de Saint-Jean-d'Acre. Cette ville semble donner la main à Khaïpha, et cependant il faut près de quatre heures pour parcourir la distance qui les sépare. Il n'y a pas d'autre route que le sable de la mer. On suit sans cesse tous les détours du rivage ; mais qu'il est beau ce rivage! Les rayons du soleil qui se jouent dans les flots, donnent à la mer une couleur d'émeraude moirée d'or, et les vagues argentées viennent mollement se briser sur le sable. Aucune voile, aucune barque de pêcheur ne se berce sur ces ondes calmes et tranquilles ; cependant des débris que l'on rencontre çà et là annoncent que cette plage est quelquefois dangereuse. A une demi-lieue environ de Khaïpha, nous traversons le Cison, qui roule encore un volume d'eau assez considérable. En hiver, c'est un grand fleuve ; en été, son lit est à sec et l'embouchure est presque comblée par les sables que le vent soulève. Nous laissons derrière nous les beaux jardins de Khaïpha ornés de magnifiques palmiers, et nous sommes dans la plaine de Saint-Jean-d'Acre, aujourd'hui aride et désolée. Sur notre route nous rencontrons quelques voitures qui glissent sur le sable ; ce sont des Européens qui passent d'une ville à l'autre ; mais plus souvent nous trouvons des Arabes à pied, vêtus d'une tunique légère, retroussée jusqu'au dessus du genou et retenue par une ceinture. Leurs jambes et leurs bras noirs et nerveux sont complétement nus ; la tête seule est garantie contre l'ardeur du soleil par des coiffures lourdes et incommodes, mais nécessaires dans ces climats, où il faut avoir toujours la tête en moiteur.

Avant d'entrer dans Saint-Jean-d'Acre, nous traversons le Bélus si célèbre dans l'antiquité. Son cours n'est que de deux lieues. Ses eaux ne sont pas abondantes, et cependant c'est à l'aide du sable que charrie cette petite rivière que les Phéniciens découvrirent la manière de faire le verre, invention admirable dont la science s'est servie pour scruter les secrets de la nature et porter ses regards jusque dans les profondeurs du ciel.

Nous pénétrons dans la ville par l'unique porte pratiquée dans ses murailles. Saint-Jean-d'Acre est l'ancienne Acco de la tribu d'Aser. Quand Ptolémée s'en fut emparé, elle s'appela Ptolémaïde. Cette ville fut des premières à recevoir l'Evangile, puisque saint Paul, venant de Tyr, y passa un jour avec les frères. Plusieurs évêques de Ptolémaïde parurent avec honneur dans les Conciles, à Nicée, à Constantinople, à Chalcédoine.

Lorsque Ptolémaïde fut au pouvoir des croisés, les chevaliers de Saint-Jean s'y établirent, et la ville prit le nom de Saint-Jean-d'Acre. Cette ville a subi un grand nombre de siéges. Le plus remarquable est celui des croisés commencé en 1180, et qui ne se termina que deux ans après par la chute de cette ville. C'est un des événements les plus mémorables, non-seulement dans les guerres saintes, mais dans les annales du monde. Napoléon l'assiégea aussi à la fin du siècle dernier; mais le pacha, secondé par les Anglais, la défendit avec succès contre les Français.

Aujourd'hui Saint-Jean-d'Acre ne présente qu'un faible intérêt: toute sa gloire est dans le passé. Ses murailles délabrées ne supporteraient pas la moindre attaque sérieuse. Les rues étroites, tortueuses et sales semblent appeler les fléaux des maladies contagieuses qui viennent si souvent décimer la population.

Cette ville renferme encore un bon nombre de chrétiens. Les Pères Franciscains prennent soin de la paroisse latine. Les Sœurs de Nazareth ont une école parfaitement tenue, où elles reçoivent les élèves de tous les cultes, et spécialement des Grecs unis. L'année dernière, elles ont préparé à la première communion vingt-cinq jeunes filles du rit grec, et l'évêque catholique uni de la ville a présidé cette belle cérémonie dans la chapelle des Sœurs, selon les usages de son rit, mais en langue arabe; car les Syriens ne connaissent pas assez le grec pour célébrer en cette langue. Les religieuses sont françaises et jouissent de la plus haute estime. Ce sont nos écoles qui propagent en Orient, avec le catholicisme, l'amour de la France.

A Saint-Jean-d'Acre, nous avons été accueillis avec la plus tendre cordialité par les bons Pères Franciscains. Fatigués de cette multitude de courses qui se succédaient sans relâche depuis notre départ de Jérusalem, nous avons résolu de prendre la voie de mer, pour nous rendre à Beyrouth. Nous espérons par là nous épargner de nouvelles fatigues, et je ne sais si nous ne sommes point tombés de Carybde en Scylla. Car ce n'est plus sur un vaisseau français que nous allons monter ; c'est sur un vaisseau russe qui doit bientôt paraître. C'est le seul qui prenne des passagers à Saint-Jean-d'Acre. Nous nous entendons avec l'agence russe pour monter à bord. Nous espérions partir le soir du 22 ; mais un dernier télégramme annonce que le vaisseau ne sera en vue que vers minuit. Il faut se résigner à partir au milieu d'une nuit obscure.

CHAPITRE XXXIII

De Saint-Jean-d'Acre à Beyrouth, à bord du Rostock russe.

Après un sommeil troublé et bien court, nous entendons frapper rudement aux portes du monastère. C'est l'agence russe qui nous fait avertir que le paquebot est en vue. Vite, nous nous mettons en mesure de partir. La nuit, c'est quelque chose d'inextricable et de rebutant, de suivre sans lumière un guide par des passages inconnus et surtout, de descendre et de monter de grands escaliers extérieurs, presque sans appui ; et cependant, c'est par là qu'il faut commencer. La sortie du couvent est difficile, et le bureau russe est perché sur la terrasse d'une maison, et la nuit, pour l'escalader, on risque de se rompre bras et jambes. L'agent nous reçut avec politesse, et nous eûmes le temps de contempler, du haut de cette terrasse, l'arrivée du vapeur qui se fixa à trois kilomètres en mer. C'est un beau spectacle que la vue d'un vaisseau qui, au milieu des ténèbres, glisse comme un phare mobile sur la surface des flots.

Le signal est donné, et nous partons précipitamment, portant avec nous nos petits bagages, continuel embarras du voyageur. A la lueur d'une misérable lanterne, nous traversons je ne sais combien de ruelles, sous la conduite, je crois, de quelques Arabes que je pouvais à peine suivre. Arrivés au lieu de l'embarquement, nous nous jetons vite dans une nacelle ; ou plutôt, on m'y pousse, et j'y tombe comme un colis Nous voilà sous la garde de Dieu ; car, pour les hommes, il ne faut guère y compter. Les Arabes sont d'une hardiesse épouvantable. Plus d'une fois, il me sembla que la frêle barque, rudement poussée par les bras vigoureux de nos rameurs, allait chavirer. Au bout de quelques instants, on accoste le vapeur. Il faut se lancer sur l'échelle. Je laisse passer les plus pressés. Enfin, deux Arabes me poussent fortement sur l'escalier ; mais une corde invisible s'empare de mon chapeau et le jette à la mer. Des Arabes s'en aperçoivent et le voient flotter. Le recueillir fut l'affaire d'un instant. Mon chapeau me revient plein d'eau, trop heureux de le recouvrer dans cet état, car j'aurais été condamné à avoir la tête nue je ne sais combien de temps. J'arrive au haut de l'échelle et je jette un coup d'œil sur le bateau. Oh ! quel horrible spectacle! Il était littéralement couvert de passagers, sans le moindre vide. L'agent m'indique les secondes. « Comment passer ? » lui dis-je. Et il me répond avec un sans-gêne imperturbable : « Comment passer ? à travers les jambes et les têtes. »

C'était au milieu de la nuit, et tous étaient couchés pêle-mêle, sans laisser le moindre interstice. « Mais, si je blesse quelqu'un, répliquai-je. — Que voulez-vous, répond-il, avec la même insouciance. — Mais, ajoutai-je, je ne voudrais pas faire de mal. — Il y a mille deux cents passagers couchés sur le pont; il faut savoir se prêter aux circonstances. » Cette dernière raison me paraît concluante. Je vais doucement; je froisse l'un, je froisse l'autre. L'un soulève sa tête, l'autre sa jambe. Quelques-uns sur lesquels j'appuie trop fort, crient; je trébuche à chaque pas, je tombe à droite et à gauche et enfin, j'arrive aux secondes, où je suis loin de trouver le confortable des vapeurs français. Je me jette sur un lit, et je dors quelques instants. Bientôt le jour commence à paraître, je me lève et je me sens balloté comme au milieu d'une tempête, et en effet, la mer était devenue mauvaise. Le vaisseau ressemblait à un berceau d'enfant, fortement secoué dans tous les sens. Je ne puis me tenir debout et je saisis la rampe de l'escalier. Je veux voir quel aspect présente le pont. Je n'avais pu en juger, en le traversant pendant la nuit. C'était le spectacle le plus étrange, le plus bizarre, le plus grotesque dont on puisse jamais être témoin. Je ne puis mieux le comparer qu'à un vaste bazar rempli de chiffons de toutes couleurs, à travers lesquels on verrait surgir une multitude de têtes plus ou moins hideuses. Le pont tout entier était comme tapissé d'un amas de véritables loques, que l'on distinguait à peine de cette fourmilière d'êtres vivants, qu'elles recouvraient à moitié. Une odeur infecte s'exhalait de cette agglomération fétide, et l'air de la mer était impuissant à l'emporter. Le cœur en était affadi et malade. Quels étaient donc ces pauvres passagers, entassés les uns sur les autres? C'étaient des paysans russes, des provinces méridionales; des pèlerins revenant de Jérusalem, et que la Russie transporte à des prix fort réduits. On nous a assuré que l'impératrice avait recommandé de leur accorder toute sorte de facilité pour le passage. Quand je considère ces pauvres pèlerins et les sacrifices qu'il leur faut faire, j'admire leur courage. Quand je songe qu'il leur faudra passer huit à dix jours, dans le triste état où je les vois, avant de débarquer à Constantinople ou à Odessa, pour suivre ensuite la voie de terre, je ne sais dans quel équipage; je reste confondu de tant d'abnégation, surtout quand je la compare avec la délicatesse de nos Français, avec cet amour du bien-être qui a pénétré dans toutes les classes. Malgré cela, je n'en reste pas moins convaincu que la piété s'allie mieux avec la propreté, et que les paysans russes pourraient conserver une noble simplicité, sans être sales et dégoûtants. Tout ce peuple m'a paru disgracié de la nature. Les figures des hommes étaient vieillies avant le temps, et les femmes semblaient arrivées aux dernières limites de la laideur. Un teint jaunâtre, de grandes rides précoces, des cheveux en désordre, des vêtements dont j'ignore la couleur primitive, mais, dont les uns me paraissaient cendrés, d'autres d'un noir pâle et sale ; de vrais chiffons déchirés, des sacs en vieux crin, des paquets de loques sous les têtes, de gros bonnets de laine blanchâtre ; des rustiques souliers avec des bas grossissant énormément les jambes; la plupart des femmes enveloppées de sacs de toile en guise de manteaux, la tête couverte de vieux mouchoirs, et tout ce monde couché pêle-mêle, supportant sans bruit, sans rixes, avec une patience vraiment stoïque les épreuves d'une pareille traversée : voilà le spectacle étrange que j'ai sous les yeux. Je considère avec étonnement cette foule silencieuse, j'essaie de la traverser pour aller sur l'arrière ; mais je trébuche à chaque pas; je ne trouve pas où poser le pied ; je me sens renversé à droite, à gauche, sur des hommes, sur des femmes; j'entends partout des soupirs ou des ronflements, et me voilà forcé de rentrer; mais le tangage est si fort que, si je ne me fusse fortement retenu au haut de l'escalier, je roulais en bas. Cette secousse m'occasionna à la jambe une blessure assez grave.

Quand je fus rentré au salon des secondes, ce fut un autre spectacle. Le mal de mer s'y faisait horriblement sentir; mon confrère était si malade, qu'il craignit un instant de mourir. Je fus effrayé de son état. Je réveille un médecin russe qui était là. Il avoua son impuissance à le soulager. Il le considéra un instant, lui indiqua une position plus favorable, et puis il retomba impassible dans le sommeil d'où je l'avais tiré. Heureusement, notre traversée devait être courte et l'air du rivage, plus efficace que l'art médical, allait changer un état qui devenait dangereux. Nous apercevons Beyrouth.

TROISIÈME PARTIE

Syrie.

CHAPITRE I

Beyrouth.

Beyrouth, l'ancienne Béryte, est aujourd'hui le port le plus fréquenté de la Syrie et la ville la plus considérable. Elle renferme au moins soixante mille habitants. De la mer, elle présente un coup d'œil charmant. Quand je l'aperçus, se déployant gracieusement sur la plus délicieuse colline, couronnée de ses flèches, de ses terrasses, de ses ruines mauresques, de ses murailles crénelées, de ses minarets, de ses dômes et de ses pins, de ses somptueuses maisons européennes, réfléchie dans la plus belle des mers, et éclairée par un océan de lumière, je restai saisi d'étonnement. Je ne pouvais en détacher mes regards. Derrière et au loin s'étendent les cimes élevées du Liban, dont les crêtes blanches se perdent dans les nues. Dans nos climats, les plus belles montagnes s'effacent à une certaine distance; mais en Syrie, sous le beau soleil d'Orient, on distingue parfaitement les moindres détails, les plus délicates découpures de ces sublimes montagnes. On croit voir le Liban, à travers un cristal, légèrement coloré de rose et de violet. On croit pouvoir toucher de la main les petits clochers des couvents maronites qui couronnent tous les sommets. C'est pourquoi la sainte Ecriture parle si souvent du Liban en termes magnifiques. Les prophètes y trouvent leurs plus belles images, et saint Jérôme compare l'innocence et la candeur de la sainte Vierge à cette neige brillante qui resplendit sur les cimes les plus élevées.

A ce spectacle délicieux en succède un autre qui est bien loin de lui ressembler. Il faut débarquer, et voilà une nuée d'Arabes qui s'abat sur le vaisseau. Comme des oiseaux de proie, ils se disputent vos bagages. Ils vous jetteraient volontiers à la mer pour gagner quelques piastres. Vous êtes culbuté, poussé dans une barque au milieu d'un tumulte effroyable. Il faut s'armer d'une patience et d'un sang-froid plus qu'ordinaires. La même scène se renouvelle lorsqu'on sort de la barque pour mettre pied à terre, et on se sent heureux quand on n'entend plus retentir à ses oreilles leurs sons aigus et criards.

Quand on entreprend un long voyage, il faut s'attendre à quelques contre-temps. Ces incidents ne nous ont pas manqué; mais, toujours à la suite, la Providence nous a ménagé quelque faveur. A Beyrouth, nous sommes forcés de chercher un refuge à l'hôtel; mais le lendemain nous sentons que nous ne sommes pas là dans notre élément, et, d'ailleurs, notre santé a souffert. Nous cherchons un autre asile chez les Pères Franciscains; mais le supérieur, malgré sa bonne volonté, ne pouvant nous garder, nous conduit chez les Lazaristes qui nous reçoivent à bras ouverts. Là nous respirons à l'aise; nos souffrances diminuent. Nulle part nous n'avons trouvé plus de bonté, d'affabilité, de dévouement. Le Père provincial a eu pour nous toute la tendresse d'un père pour ses enfants. Avec lui nous parcourons la ville et les charmantes villas qui l'entourent. Nous passons de douces heures à visiter l'établissement des Sœurs de Charité qui nous initient à toutes leurs œuvres et surtout à l'éducation de leurs enfants. Leurs classes sont très-nombreuses et embrassent toutes les branches de l'enseignement, et, de plus, l'étude de diverses langues dont la connaissance est indispensable dans une ville qui renferme tant de nationalités.

Les Lazaristes et les Sœurs de Charité, quelle providence pour l'Orient! Que d'âmes parviennent à la connaissance de la vérité et se sauvent par leur ministère! Combien de Musulmans, même dans l'hôpital où l'on accepte des malades de tout culte et de toute nation, se trouvent touchés de la grâce et implorent, au dernier moment, la faveur du baptême qu'on ne pouvait leur accorder plus tôt! La supérieure nous a raconté, dans les termes les plus touchants, avec une naïveté qui allait au cœur, les scènes si déchirantes des massacres du Liban. Que de plaies il fallait alors cicatriser! Quel encombrement de misères dans cet hôpital et même dans la ville, lorsque les malheureux habitants de la montagne, pour échapper aux égorgeurs, descendirent en foule, presque nus, mourant de faim, implorant du secours d'une voix plaintive, avec un œil égaré, une sorte de tremblement convulsif produit par la frayeur qui les poursuivait! C'est sur ce théâtre que s'exerça la charité infatigable des Sœurs. Les Français étaient arrivés fort à propos pour clore cette horrible boucherie, et les maronites n'ont pas oublié les services qu'ils en reçurent dans des circonstances si déplorables. Je ne parlerai pas davantage de Beyrouth; c'est une ville bien connue, où la population catholique est nombreuse, et si tous les étrangers y donnaient le bon exemple, la Syrie ne tarderait pas à recouvrer son ancienne splendeur.

CHAPITRE II

De Beyrouth à Damas.

Le 26 avril, à quatre heures du matin, nous quittons Beyrouth, et nous partons pour Damas. Le trajet est d'environ trente lieues; mais il est devenu facile, depuis qu'une compagnie française a tracé une route et établi un service régulier. C'est une merveille dans l'Orient de trouver une grande et belle voiture et surtout une magnifique route, semblable à celles de France, pour faire en douze ou treize heures vingt-cinq à trente lieues. Le chemin de Beyrouth à Damas est devenu peut-être un peu moins romantique; mais il est beaucoup plus agréable et toujours très-pittoresque. Pendant deux heures, nous traversons une fertile plaine couverte de mûriers, de grenadiers, etc.

Nous arrivons aux montagnes, et il nous faut d'abord gravir la chaîne du Liban. Les sinuosités de cette belle route permettent d'admirer, sur toutes leurs faces, ces montagnes que le travail du pauvre maronite a su rendre fertiles presque jusqu'à leur sommet. Pas un petit courant d'eau sortant du rocher qui ne soit utilisé, surtout pour les plantations de mûriers, principale richesse de la contrée. Partout s'élèvent des étages où les terres sont soutenues par des murs en pierres sèches. Pendant près de quatre heures la voiture roule sur ces pentes, sur ces sommets, par mille détours tracés avec une rare intelligence; il semble que ce soit un labyrinthe inextricable; mais enfin on arrive sur le pic le plus élevé, et alors c'est un coup d'œil admirable. On découvre de loin et de tous côtés des terrasses sans fin, plantées de mûriers, de figuiers, garnies de vignes, de lauriers et de fleurs éclatantes, et quelquefois couronnées de pins; et, au milieu de ces charmantes cultures, apparaissent une multitude de beaux villages, avec des populations joyeuses, laborieuses et envoyant un gracieux sourire au Français qui passe.

Enfin, nous voilà sur le versant oriental des montagnes, et nous descendons rapidement dans une plaine couverte de verdure et de moissons. C'est la plaine de Békaa, et au delà nous apercevons une nouvelle chaîne de montagnes pareille à la première, c'est l'Anti-Liban. Cette plaine de Békaa est l'ancienne Cœlésyrie ou Syrie-Creuse, ainsi appelée, non qu'elle soit au-dessous du niveau de la mer, mais parce qu'elle est encaissée entre le Liban et l'Anti-Liban. Des sources abondantes qui sortent des montagnes viennent se joindre au Sytani qui la traverse dans presque toute sa longueur et va se jeter dans la mer près de Tyr, sous le nom de Leontès.

Cette plaine serait une des plus fertiles du monde si elle était mieux cultivée et si l'on savait profiter des eaux pour l'arroser. Déjà, en certains endroits, le contact des Européens a produit sur les indigènes une certaine rivalité, et d'heureux essais ont été couronnés de succès. Tout fait présager que cette route qui traverse la plaine dans sa largeur et une autre qui est commencée et la reliera avec Baalbeck, changeront la face du pays et lui rendront son ancienne splendeur. Il ne faut, pour cela, que la sécurité pour les populations agricoles.

Au milieu de la plaine est Stora, nouveau village où les voitures s'arrêtent et où les voyageurs peuvent prendre un repas dans un petit restaurant tenu par un Italien.

Nous poursuivons notre route, et nous ne tardons pas à gravir la chaîne de l'Anti-Liban. Là aussi des vues magnifiques. D'un côté, le grand Hermon dont la cime est couverte de sillons de neiges éternelles, de l'autre le Sannin qui montre de loin son sommet où resplendit aussi la neige dans sa plus éclatante blancheur. On ne saurait se faire une idée de l'éclat que les rayons du soleil répandent sur ces montagnes. Quel contraste! Dans la plaine, une chaleur étouffante, et, sur ces montagnes, la neige! Souvent je portais mes regards sur cet étrange spectacle, et je ne pouvais me lasser d'admirer les œuvres de Dieu. J'ai vu les Alpes et leurs glaciers; mais les effets de lumière sont loin de ressembler à ceux de l'Orient.

L'Anti-Liban n'est pas aussi beau que le Liban. Il possède, il est vrai, la cime la plus élevée et la plus majestueuse; mais il n'offre nulle part les scènes grandioses qu'on admire dans la chaîne opposée. Les plateaux paraissent brûlés, les pentes sont plus âpres, plus stériles; moins de cultures, moins de plantations, peu d'habitants; quelques tribus d'Arabes métualis, des troupeaux, surtout beaucoup de chèvres qui grimpent sur les montagnes les plus abruptes et se tiennent souvent suspendues à la pointe d'un rocher.

Vers cinq à six heures du soir, nous descendons tout à coup au fond d'une gorge étroite, bordée de bouquets de peupliers, dont la verdure contraste singulièrement avec la nudité des rochers, et nous entendons le doux murmure d'un ruisseau qui descend de toutes parts, en légères cascades, et forme un des affluents du Barada. Nous suivons assez longtemps les sinuosités de cette étroite vallée, et enfin nous entrons dans une plaine sans limites au milieu de laquelle apparaît Damas avec ses nombreux minarets et ses coupoles resplendissantes. A l'entrée de la ville la voiture s'arrête, et, après trois quarts d'heure de marche à travers un dédale de rues et de bazars, nous arrivons à la maison des Pères Lazaristes où nous trouvons, comme à Beyrouth, le plus cordial accueil et un repos bien nécessaire.

CHAPITRE III

Damas.

Damas et les œuvres catholiques. — Intérieur des maisons de Damas. — Les chrétiens à Damas. — Visites. — Maison de saint Ananie. — Porte de Damas. — Lieu du baptême de saint Paul. — Mosquée de Damas. — Vue de Damas. — Abd-el-Kader.

Loin de la patrie, au milieu d'une ville musulmane, fanatique, quand on entend les sons d'une petite cloche catholique appelant les fidèles à l'église; quand on entend les chants religieux de notre belle liturgie répétés par des milliers de voix étrangères, on se sent ému, pénétré jusqu'au fond des entrailles; c'est ce que j'éprouvai à Damas. C'était un dimanche, et sur l'église du couvent est un modeste campanile dont la petite cloche envoie ses sons argentins aux quatre vents de la cité musulmane. Il paraît que les dévots de Mahomet furent effrayés la première fois qu'ils entendirent résonner l'airain catholique, parce qu'il y a parmi eux une vieille croyance que, du moment où l'on entendra les cloches des chrétiens, ce sera fait de l'islamisme. C'est pour cela que les Lazaristes ont eu la prudence de donner à leur cloche les plus modestes dimensions.

A peine le signal fut donné que la belle et grande église des Lazaristes se trouva remplie. Les élèves garnissaient les tribunes, et les Sœurs de Charité remplissaient la nef avec environ six cents petites filles auxquelles elles donnent l'éducation religieuse. La grand'messe fut célébrée par les Lazaristes et chantée par eux et une foule de leurs enfants. Quelques personnes de la ville sont admises à leurs offices et ont une place séparée au bas de la nef. Dans l'Orient, les hommes et les femmes qui assistent à la messe sont accroupis sur des nattes, à peu près comme chez nous les tailleurs sur leurs tables; mais les Pères et les Sœurs de Charité accoutument leurs enfants à se servir de bancs, en sorte que l'ensemble ne diffère guère de l'aspect de nos églises.

Il y a, à Damas, un grand nombre d'autres églises où les chrétiens assistent aux offices, chacun selon son rite. Les Pères Lazaristes font un immense bien à Damas où ils jouissent de la plus haute considération. Leurs écoles, où l'on enseigne le turc, l'arabe, le français et tout ce qui peut compléter une solide éducation, sont très-fréquentées, même par les Juifs et les Musulmans. Et les Sœurs de Charité, cette création catholique de saint Vincent de Paul que l'hérésie n'égalera jamais, qu'on aime à les voir à l'œuvre au milieu d'une population mélangée comme celle de Damas! Nous avons visité leurs classes, et nous avons été agréablement surpris des progrès étonnants qu'elles obtiennent de cette multitude d'enfants de langues si différentes. Le français devient la langue commune; mais les Sœurs ne sont pas moins obligées d'étudier et d'enseigner les langues de leurs élèves. Malgré cette diversité, le plus bel ordre règne partout. Les enfants montrent une docilité extraordinaire et les plus heureuses dispositions pour l'instruction religieuse, en sorte que, si les Sœurs étaient parfaitement libres et que leurs enfants ne fussent pas retenues par leurs familles, presque toutes deviendraient catholiques. A leurs écoles, les Sœurs ont joint un ouvroir où les plus âgées de leurs enfants s'exercent dans les travaux d'aiguille si peu connus dans le pays. Mais une institution qui rend à Damas d'immenses services, c'est un dispensaire tenu par les Sœurs et dirigé par un médecin. Les Sœurs ont dit comme Notre-Seigneur : « Venez à moi, vous tous qui souffrez, et je vous soulagerai. » Et chaque matin, de toutes les parties de la ville, de la plaine et des montagnes, de dix lieues à la ronde, accourent une foule de malades, chrétiens et musulmans, juifs et druses, métualis, kurdes, turcomans, arabes, bédouins, affligés d'horribles maladies, de plaies dégoûtantes, et les Sœurs, avec une héroïque patience, avec une douceur angélique, trouvent toujours quelques remèdes pour guérir ou adoucir tant de misères. Aussi, malgré le fanatisme, tout le monde respecte la Sœur de Charité.

Mais la grande œuvre des Sœurs, c'est l'hôpital; c'est là que leur zèle s'exerce sur un vaste théâtre. Dans ces malheureuses contrées, parmi ces peuples abandonnés, se trouve la réunion des plus affreuses maladies. Quel dévouement dans ces héroïnes de la charité! mais elles ne sont pas sans consolation. Elles introduisent dans le ciel bien des âmes qui, sans elles, n'auraient jamais connu la vérité et le bonheur! Pendant longtemps, nous avons eu l'avantage de nous entretenir avec la supérieure de toutes ces œuvres en apparence bien modestes, mais dont les résultats sont admirables. C'est une femme d'un âge mûr, d'un grand caractère, d'un talent plus qu'ordinaire, mais d'une belle et digne simplicité. Elle a assisté à toutes les scènes d'horreur qui ont désolé Damas, il y a quelques années. Avec quel accent convaincu, naïf, touchant, elle nous raconta l'histoire des massacres! Ce récit si simple et si vrai me grossit le cœur, et me tira malgré moi des larmes. Elle ne pleurait pas, et je pleurais! Et qui n'aurait pas versé des larmes, en voyant ces vénérables Sœurs marchant avec leurs enfants au milieu d'un peuple furieux qui, sans les gardes d'Abd-el-Kader, en eût fait une horrible boucherie. Aussi, quelle reconnaissance elles conservent pour celui qui les a sauvés! Là on prie, chaque jour, pour la conversion d'Abd-el-Kader; car, sans lui, il n'y aurait peut-être plus de chrétiens à Damas, et il y en a encore plus de quinze mille.

Le quartier chrétien est rétabli; on y voit encore néanmoins quelques maisons en ruines, témoins éloquents de l'incendie et de la dévastation. La paix la plus profonde règne partout, et le fanatisme semble enchaîné pour toujours; mais il paraît que le volcan est mal éteint; que dans ses entrailles, sous la cendre, couvent des feux qui n'attendent qu'une occasion favorable pour éclater. On m'a assuré qu'on a découvert, il y a peu de temps, un complot infernal qui aurait pu achever ce que le premier avait si tristement commencé. Le pacha fut alors destitué et le danger disparut. Aujourd'hui, un prêtre peut parcourir seul tous les quartiers de Damas, sans être exposé à aucune avanie. Plusieurs fois même, à notre passage devant un poste, les soldats, par honneur, nous ont présenté les armes. Les Franciscains, les Lazaristes, les Sœurs de Charité sont partout respectés. Il y a, à Damas, beaucoup de chrétiens distingués, beaucoup de jeunes gens instruits par les Lazaristes qui occupent des positions élevées dans le commerce et même dans le gouvernement. A chaque pas, le Père lazariste qui nous conduisait et qui avait professé plusieurs années au collége d'Antourah, était arrêté par quelqu'un de ses élèves qui le saluait du doux nom de Père et lui témoignait le vif attachement qu'il conservait pour ses anciens maîtres.

Nous avons visité quelques-unes des plus belles maisons de Damas. Je ne parle pas des rues et des places publiques; des places, il n'y en a pas qui méritent ce nom; des rues, elles sont, comme dans tout l'Orient, étroites, sinueuses, mais moins sales. Pendant le jour, on ne ferait pas dix pas sans rencontrer des chiens étendus et dormant au soleil. Gardez-vous de les réveiller, vous ne le feriez pas impunément. Pas de voitures, mais des ânes à foison et de longues files de chameaux dont il faut se garer. Les rues ont une apparence misérable, et quand on frappe à la porte de quelque grande maison, on se demande si ce n'est point la chétive demeure de quelque pauvre ouvrier. Mais à peine avez-vous franchi le seuil que vous vous trouvez dans un palais oriental. Vous restez stupéfait à la vue de ces cours pavées en marbre blanc, de ces jets d'eau, de ces fleurs, de ces divans, de ces salons revêtus des plus beaux marbres d'Italie, et couverts de sculptures mauresques des dessins les plus variés. C'est une profusion incroyable de marbres et de sculptures qui coûtent des millions aux propriétaires. Toute l'ambition des riches habitants se concentre sur une somptueuse demeure. Ordinairement, il n'y a qu'un seul étage, et au-dessus, des terrasses magnifiques d'où l'on découvre la ville qui est presque partout de niveau. D'une terrasse à l'autre, il est facile de se faire entendre et même d'entretenir une conversation suivie. Nous avons visité plusieurs maisons de riches chrétiens; partout le même luxe, partout la même profusion d'ornements.

Nous sommes entrés dans la maison d'un juif, le plus riche de Damas. Sa maison est un vaste palais; en le contemplant, en le parcourant, on est ravi hors de soi-même, on croit rêver ; c'est un songe des mille et une nuits. Ce juif n'a pas oublié de se construire une synagogue. Elle est d'une richesse incroyable. Dans une armoire artistement travaillée, on conserve les saintes Ecritures. Deux rouleaux mobiles développent le parchemin et présentent au lecteur une écriture hébraïque parfaitement soignée, et dont l'imprimerie n'égalera jamais la beauté. Dans toutes les synagogues d'Orient, on a conservé la méthode antique de transcrire sur de longues bandes de parchemin les saintes Ecritures, et de se servir de rouleaux pour en développer les nombreuses pages.

Nous devions aussi visiter la maison d'un des plus riches musulmans avec un bon Frère lazariste qui tient une classe que fréquente l'enfant de cette famille. Ce jeune enfant aime beaucoup le Frère, et, depuis longtemps, il le presse d'aller voir sa maison en l'assurant que son père le recevra avec grand plaisir. Le temps ne nous permit pas de faire cette nouvelle visite, où nous n'aurions rien vu de plus beau que chez le juif.

Tous ces bons procédés des juifs et des mahométans m'ont convaincu que, si le fanatisme ne se réveillait de temps en temps, le séjour de Damas serait pour les chrétiens le plus agréable de la Syrie. Dans cette ville, qui compte près de 120,000 habitants, on jouit d'un grand calme, d'une tranquillité parfaite. On ne voit point ce mouvement continuel, on n'entend point ces criailleries agaçantes qui distinguent les villes de la côte. Ce n'est pas un mélange de toute nation qui vous heurte et vous choque sans cesse. La population de Damas est homogène. C'est un des plus beaux types. Les hommes d'une taille élevée, avec leurs longues robes de soie quelquefois brochées d'or, ont une démarche grave qui ne manque pas de dignité. Les femmes, avec leurs manteaux blancs, leur maintien modeste, gracieux, un certain air de politesse, contrastent singulièrement avec les femmes musulmanes de l'Egypte et de la Palestine, dont le costume bizarre et l'horrible voile sont pour l'étranger de véritables caricatures. N'oublions pas que nous sommes dans le quartier chrétien et que c'est un dimanche ; et à Damas, les chrétiens dans leurs habits de fête observent religieusement le jour du Seigneur. J'ai remarqué un usage qui ne manque pas d'une certaine originalité. Les jeunes filles jusqu'à l'âge de quinze ans ne peuvent sortir qu'avec une chaussure très-incommode. Ce sont, pour ainsi dire, des échasses attachées à leurs pieds et qui les élèvent tellement qu'elles ne peuvent aller loin, ni marcher vite, sans tomber. Je crus d'abord que c'était une sorte de jeu pour ces enfants, un exercice gymnastique pour apprendre les lois de l'équilibre ; mais, pas du tout, c'est un usage général. J'en demandai la cause, et la réponse ne me parut pas entièrement satisfaisante. On veut les accoutumer, dès l'enfance, à ne pas trop s'écarter de la maison paternelle. Il est certain que, chez nous, une pareille mesure remédierait à bien des inconvénients. A Damas, la jeunesse chrétienne est un modèle de régularité. On n'y voit point de ces désordres, de ces scandales qui affligent nos contrées. La plus sévère modestie règne parmi les jeunes personnes, même musulmanes; et l'on m'a assuré qu'une jeune fille qui se déshonorerait serait infailliblement sacrifiée. Le procédé paraîtra bien contraire à nos mœurs; mais il n'en est pas moins un remède très-efficace contre l'immoralité.

Les chrétiens, à Damas, sont généralement instruits, pieux, remplis de respect pour les prêtres. Il y a des chrétiens de plusieurs rites unis, qui tous vivent en bonne intelligence, des latins, des grecs, des arméniens, des syriens, des maronites. Tous ont leurs églises particulières.

Nous avons fait une visite à l'archevêque grec qui nous a reçus avec honneur comme si nous eussions été de hauts personnages. Introduits dans son divan, nous l'avons vu se présenter avec dignité, accompagné d'un certain nombre de ses prêtres. C'est un homme d'une soixante d'années, d'un extérieur avantageux et portant une magnifique barbe. Il parle très-bien le français et l'italien, et plusieurs de ses prêtres parlent aussi les langues de l'Europe. Cet évêque a assisté au Concile du Vatican; il avait fait ses études à Rome, et il connaît parfaitement la France. Aussi, sa conversation pleine de franchise et d'aménité a été fort agréable.

Sur ces entrefaites, on apporte, selon l'usage, le café, et on nous offre les friandises du pays; tout cela se prend en causant sur le divan. Le vénérable évêque me fit un compliment auquel je ne m'attendais pas, il me félicita de ma belle barbe et, si je ne me trompe, ce fut pour que l'attention se portât sur la sienne; car il ajouta: « *Cependant la mienne est un peu plus longue.* — C'est vrai, monseigneur, répondis-je en souriant, elle est fort belle et beaucoup plus longue; cependant, si je pouvais ajouter à la mienne tout ce que j'en ai retranché depuis cinquante ans, elle dépasserait la vôtre en longueur. »

Cette réponse provoqua un éclat de rire et, à ce propos, le digne et aimable évêque nous dit que les Orientaux paraissaient très-étonnés et même choqués, quand on leur disait que le Pape, le chef de l'Eglise universelle, était rasé. Ils ne comprennent pas un Pape sans barbe. La visite finit par des vœux en faveur de la France. En Orient, c'est aujourd'hui le refrain de toutes les conversations. Que serait-ce si la protection séculaire de la France redevenait plus efficace dans ces contrées.

L'archevêque chargea un de ses prêtres de nous faire les honneurs de sa cathédrale. Elle est grande et brillante. On ne sait à quel style elle appartient; en Orient on ne s'occupe guère que de l'ornementation. La nef tout entière est occupée par les hommes. Les femmes sont confinées dans de grandes tribunes. Les Grecs catholiques conservent le Saint-Sacrement dans le tabernacle; seulement, ils renouvellent souvent les saintes espèces, parce qu'ils consacrent avec le pain non-azime, et qu'ils laissent tomber sur la sainte Hostie qu'ils conservent, quelques gouttes du précieux Sang.

Nous avons aussi fait une visite à l'évêque des Syriens. C'est un vénérable vieillard, à cheveux blancs, d'une figure austère, mais bienveillante. Il ne parle pas le français; mais nous avions un interprète, et sa conversation, douce, sérieuse, affable a laissé en nous une bonne impression. On voit que ces évêques orientaux reçoivent avec satisfaction les pèlerins de l'Occident, et qu'ils sont heureux d'être en communion avec le Saint-Siége. De là, nous nous sommes présentés chez l'évêque des Arméniens qui n'est pas moins digne et qui nous a reçus avec les mêmes égards. A Damas, il n'y a pas d'évêque maronite, mais un bon et excellent curé qui nous a accueillis avec la plus tendre cordialité, comme des frères et des amis, et qui, le lendemain, nous a rendu sa visite chez les Lazaristes. Ces maronites sont vraiment le peuple bon par excellence, et ils aiment tant la France, qu'ils ne croient jamais en faire assez pour les Français.

La ville de Damas est riche en souvenirs religieux. Elle existait déjà du temps d'Abraham. A la gauche de Damas, dit la Génèse, était Hoba où il s'arrêta après avoir défait les rois de Syrie, et d'où il ramena Loth, son neveu, qu'ils avaient fait prisonnier. Eliézer, son serviteur, était de Damas. Quand le roi Achab fit alliance avec Bénadad, les Juifs obtinrent un quartier de la ville pour y habiter, et ils y étaient encore nombreux lorsque saint Paul y arriva.

Mais le plus grand fait religieux qui se rattache à Damas est la conversion de saint Paul. A un kilomètre de la porte du Midi, sur la route de Jérusalem, est le lieu où il fut renversé en entendant cette voix : « *Saul, Saul, pourquoi me persécutes-tu?* » Il y avait autrefois une église; c'est aujourd'hui un cimetière chrétien, et les fidèles de Damas s'y rendent chaque année en procession le jour de la Conversion de saint Paul. C'est de là qu'il entra dans la ville et qu'il se rendit dans la maison de Jude qui habitait dans la rue qu'on appelle Droite. Tous ces lieux subsistent encore aujourd'hui à peu près tels qu'ils étaient alors.

Nous avons voulu examiner le lieu où saint Paul avait été descendu dans une corbeille pour échapper à la fureur des Juifs; c'était à la porte Orientale, que les chrétiens appellent porte de Saint-Paul. Là, il y avait une sorte de forteresse ou avant-corps où l'apôtre était emprisonné et, à l'extérieur, on montre encore l'appui d'une petite fenêtre par où on le descendit; il y a une hauteur assez considérable. Cette porte est murée, fermée, et tout à l'entour, on voit des ruines accumulées. L'aspect des murailles atteste une haute antiquité. La tradition est constante et s'accorde parfaitement avec les lieux. Il y avait là, auprès des murs, plusieurs ouvriers, et je ne fus pas peu surpris d'entendre quelques-uns d'entre-eux nous expliquer en français la manière dont les choses s'étaient passées. On voit que ces souvenirs qui se transmettent de génération en génération, ne sont pas moins précis, moins frappants que dans les premiers siècles.

A la suite de cette porte où saint Paul fut descendu, se trouve la rue Droite qui subsiste encore. Elle occupe le même emplacement, elle garde le même nom, elle traverse la ville de l'est à l'ouest, c'est la seule qui soit droite, et si elle n'a plus les mêmes ornements, les mêmes colonnades qu'autrefois, elle est encore la principale et la plus riche de Damas. A une très-faible distance de la porte de Saint-Paul, aujourd'hui fermée, la rue Droite cesse, et, pour sortir de la ville, il faut prendre une autre rue à laquelle on l'a jointe par un brusque détour, en sorte que tout est parfaitement conforme au récit des Actes des Apôtres. La maison de Jude où saint Paul se retira est dans cette rue Droite. Elle est aussi conservée. Malheureusement, elle est en la possession d'un musulman, qui cependant se met de bonne grâce à la disposition des visiteurs. C'est là qu'Ananie, par l'ordre de Dieu, vint trouver saint Paul et lui imposa les mains, en lui disant : « Saul, mon frère, le Seigneur Jésus m'a envoyé, afin que tu voies et que tu sois rempli du Saint-Esprit. »

Auprès de cette maison est une belle fontaine où l'apôtre fut baptisé. La maison de saint Ananie n'est pas très-éloignée de celle de Jude; elle a été convertie en chapelle. On y descend par un escalier de seize à dix-huit marches. J'ai eu le bonheur d'y célébrer la sainte messe. Tout ce quartier est chrétien. Quelques-uns se doutèrent que, prêtres étrangers, nous allions au sanctuaire vénéré, et quoique ce fût un jour où l'on n'y célèbre pas la sainte messe, l'escalier et la chapelle se trouvèrent remplis d'assistants. Ce sont de délicieux moments, ceux qu'on passe dans un lieu témoin d'un si grand événement, dans un lieu qui nous rappelle Ananie baptisant Paul et préparant la conversion du monde.

Damas possède une grande et belle mosquée. C'est l'ancienne église de Saint-Jean-Baptiste, dont les chrétiens furent entièrement dépossédés vers la fin du VIIe siècle. Cette église subit alors une transformation. Les musulmans détruisirent les autels, les chapelles, tout ce qui rappelait le culte chrétien et ne conservèrent qu'une enceinte carrée, où ils élevèrent de grandes et belles constructions. Il paraît que Tamerlan, en 1400, la saccagea et qu'elle fut en grande partie détruite, et c'est à un sultan d'Egypte qu'elle doit sa restauration et son état actuel. Cette mosquée est sainte aux yeux des musulmans, comme celle d'Omar à Jérusalem, et, il y a peu d'années, aucun chrétien ne pouvait y pénétrer. Ce qui rendait cette mosquée particulièrement vénérable aux musulmans, c'était la tête de saint Jean-Baptiste qu'ils y croyaient conservée, tandis que les chrétiens l'avaient transportée à Constantinople. On y montrait aussi le tombeau de Zacharie recouvert de riches tapis.

Aujourd'hui le fanatisme musulman est tombé; les barrières qui fermaient l'entrée de cette mosquée se sont abaissées et, moyennant quelques précautions, on peut la visiter. En parcourant la ville, nous rencontrons un chrétien influent qui jouit des bonnes grâces du pacha. Il entre au poste le plus voisin, parle au chef de la troupe qui lui promet de nous donner à une heure fixe, un gendarme pour nous conduire. Le lendemain, précédés du gendarme et accompagnés du drogmann du consulat d'Espagne, auquel son consul avait écrit de se mettre à notre disposition, nous nous dirigeons vers la mosquée. Notre cortége n'avait rien d'imposant. Notre petit gendarme était un jeune homme de vingt-cinq ans, qui paraissait en avoir quinze; tout habillé de blanc, sans barbe, portant une arme bien inoffensive d'une main qui ne paraissait guère habituée à la manier. Il aurait fait triste figure à côté de nos vieux gendarmes; mais, en revanche, notre drogmann avait un extérieur très-avantageux, une haute taille, une démarche noble, une figure remarquable. C'est lui qui nous présente aux gardiens de la mosquée; un d'entre eux se détache, et vient nous conduire. Nous pénétrons d'abord dans une grande cour carrée, et, marchant nu-pieds, car les musulmans ne permettent pas d'entrer avec les chaussures, nous pouvons à notre aise, parcourir les galeries et les colonades qui règnent autour de cette vaste cour, qui est comme le vestibule de la mosquée. Au milieu de l'esplanade, il y a une fontaine surmontée d'une coupole.

Nous entrons dans la mosquée proprement dite. C'est, comme nous l'avons dit, une ancienne et vaste église à cinq nefs, avec un immense transept. On reconnaît facilement qu'elle a subi de grands changements, des reconstructions partielles et successives. Il y a des choses très-remarquables; mais nous avons une foule d'églises dont on ne parle guère et qui seraient plus dignes d'attention. Le goût est loin de régner dans l'ornementation. Il y a une forêt de belles colonnes, mais elles sont badigeonnées en rouge et en vert. La chaire est en bois de chêne bien sculpté, les murs mal blanchis, et, en quelques endroits, grotesquement peints. Pas de plafond; comme à Bethléem et à la mosquée de Jérusalem, on voit les poutres qui supportent le toit. Ce qu'il y a de plus remarquable, c'est la porte d'entrée qui ressemble tout à fait à celle d'une église. On voit encore des restes de belles mosaïques. On a fait disparaître presque tout vestige de christianisme; cependant, vers le milieu, au côté gauche en entrant, on voit s'élever un monument que les musulmans appellent le tombeau de saint Jean-Baptiste. Il paraît, en effet, assez probable que le chef de saint Jean-Baptiste était conservé dans cette église qui lui était dédiée et que, pour le soustraire à la profanation, on le transporta à Constantinople. Le mausolée actuel est très-respecté; des gardiens veillent sans cesse pour réprimer la curiosité des chrétiens, qui voudraient le contempler de trop près. C'est ce qui m'arriva; un mouvement très-significatif m'avertit qu'il fallait m'écarter. Pendant que nous parcourions la mosquée, en face du tombeau de saint Jean-Baptiste, voilà qu'une espèce d'énergumène s'agitait comme un possédé. C'était un vrai fou, ce qu'on appelle un santon. Ses mouvements étaient violents, animés, convulsifs; il lançait son bonnet ou turban en l'air; il prenait ses pantoufles, les jetait contre terre, et faisait mille simagrées qui excitaient en nous un sourire de pitié. Il est bien certain que notre présence le gênait. La sainte mosquée était profanée par les infidèles, par ces chiens de chrétiens, comme ils daignent nous appeler. Les fervents de l'Islamisme craignent plus que jamais que l'édifice de Mahomet ne soit prêt à s'écrouler.

Nous quittons la mosquée, nous nous dirigeons vers le principal minaret dont la base a été évidemment un clocher, et dont le sommet a reçu l'horrible appendice du croissant. Nous montons jusqu'à la galerie, et de là, nous contemplons à l'aise le magnifique panorama de Damas. Nous sommes presque au centre de la ville, et, de cette hauteur, l'œil plonge jusque dans les cours, les jardins, l'intérieur des maisons. C'est un tableau féérique. Toutes les maisons à toit plat, à vastes terrasses, semblent à peine séparées l'une de l'autre; des arbres qui s'élèvent de toutes parts, coupent la monotonie de ce plan uni, sans en dérober aucune beauté. Cette grande cité est bordée de toutes parts par un large rideau de verdure, où s'élèvent une multitude de peupliers, de platanes, de grenadiers, de pruniers, d'abricotiers. Cette dernière espèce domine. C'est la richesse de Damas qui expédie au loin ses confitures ou compotes d'abricots. Il y a une foule d'autres produits, qu'il serait trop long d'énumérer.

Au delà de cette belle végétation, tout à coup, sans aucun intervalle, le sable du désert et, plus loin, les montagnes. Rien ne fait mieux ressortir la beauté et la fertilité de l'oasis de Damas, que cette brusque transition à l'aspérité des montagnes et à l'aridité du désert.

Au sortir de la mosquée, nous nous dirigeons vers le quartier habité par l'émir Abd-el-Kader. Nous nous présentons sans avoir préalablement demandé une audience. Abd-el-Kader, dans sa noble retraite, est assurément le personnage le plus distingué de Damas. Il mène une vie princière; il est entouré d'une petite cour; de nombreux Algériens forment, autour de sa personne, une garde respectable. Ils sont pour ainsi dire à sa solde, et, de temps en temps, de nouvelles recrues viennent de l'Algérie, remplacer ceux qui sont morts ou recrutés dans leur patrie. On les appelle Mogrebins, et ils sont pour Abd-el-Kader d'une fidélité à toute épreuve, ce qu'ils ont bien montré au moment des massacres, lorsque, sur un signe de leur maître, ils continrent et firent trembler les bourreaux des chrétiens.

Nous frappons à la porte de l'émir. Un Africain, revêtu d'un burnous blanc, vient nous ouvrir, et nous introduit dans un divan. Nous demandons à voir l'émir; on fait d'abord quelques difficultés en disant que nous aurions dû nous faire annoncer au moins le matin. Notre drogmann nous dit que tout allait s'arranger, que ces difficultés n'étaient qu'une simple formalité, pour conserver le prestige qui entoure cet homme célèbre jusque dans sa retraite. L'émir consentit donc à nous recevoir. Il se présenta avec cette douce simplicité qui lui est si familière et, malgré cet extérieur si modeste, on s'aperçoit qu'il est rempli du sentiment de sa dignité, et de la haute position qu'il a conquise dans le monde. Il est vêtu assez simplement, il a adopté le costume de Damas; un turban couvre sa tête; il affecte une mise très-propre; sa figure et sa barbe sont soignées. Malgré ses soixante-cinq ans, il ne porte pas les rides ordinaires à cet âge; vous n'apercevez pas un seul poil de sa barbe, pas un seul cheveu de sa tête qui aient blanchi, et cependant ils commencent à s'éclaircir. On prétend qu'il a soin de les faire teindre, pour réparer l'outrage des ans; c'est ma conviction, après l'avoir examiné de près. C'est cependant une figure bien conservée. Son visage est ovale, son front large; ses yeux respirent l'intelligence et la douceur. Sa figure, un peu pâle, a quelque chose d'agréable, de méditatif, d'expressif, je dirai même de mystique. Tel il m'apparut au premier abord. Nous nous levons à son approche. Il nous salue avec un sourire gracieux et me fait asseoir sur le divan à sa droite. Tout le monde garde le silence. J'attendais que quelqu'un prît la parole, et il me fallut entamer la conversation. L'émir sait quelques mots de français, mais ne le parle pas. Le drogmann nous mit en rapport, et voici en substance quel fut notre entretien :

« Emir, vous voyez aujourd'hui deux pèlerins étrangers, deux prêtres français qui n'ont pas voulu quitter Damas, sans venir vous offrir leurs hommages et saluer en vous le sauveur de tant de chrétiens et de Français.

— Je suis très-sensible à votre démarche, et je vous en remercie; vous me faites grand plaisir, et votre présence est pour moi un honneur.

— Quand on apprit les scènes déplorables de Damas, un cri d'horreur s'éleva de toutes parts; mais quand on connut la grande et belle action que vous aviez faite, la France entière applaudit, et célébra une conduite si généreuse, si héroïque. La louange d'Abd-el-Kader était dans toutes les bouches. »

Et l'émir répondit avec une simplicité touchante :

« Je n'ai fait que mon devoir, et je ne pouvais agir autrement.

— Emir, c'est votre modestie qui vous inspire ce langage ; car il y a beaucoup de gloire et de mérite à remplir un pareil devoir, en des circonstances si difficiles, en face d'un danger réel, évident... »

Abd-el-Kader, à ces mots, interrompit tout à coup la conversation, en changeant de sujet.

« Et la France, dit-il, que devient-elle?

— Emir, la France jouit en ce moment de la paix et, malgré ses malheurs, elle ne se décourage pas. Elle est profondément humiliée, elle est meurtrie; mais elle commence à panser ses blessures.

— Oui, la France a eu des malheurs ; mais c'est le Tout-Puissant qui l'a punie. C'est un vrai châtiment.»

Ces paroles me surprirent ; un musulman qui voit dans les malheurs de la France le châtiment de Dieu! Je crus que notre drogmann rendait mal sa pensée, et l'émir, s'en apercevant, répéta avec un vif accent de conviction : « Oui, c'est le Tout-Puissant qui a puni la France. »

Je répondis :

« C'est vrai, nous le reconnaissons; la France a mérité ce châtiment; mais Dieu ne l'abandonnera pas; elle est humiliée, mais elle n'est pas abattue ; elle est brave et généreuse, et elle sortira de cette crise plus grande et plus glorieuse.

— Je la connais, la France, dit-il, elle ne périra pas; elle se relèvera.

— La France a déjà payé sa rançon, et bientôt l'étranger ne foulera plus son sol. Tout nous fait espérer que l'union renaîtra, et que l'avenir sera meilleur.

— Je l'espère aussi, je le souhaite de tout mon cœur, et je fais des vœux pour son bonheur. »

Tel fut notre entretien. Au milieu de la conversation, Abd-el-Kader n'avait pas oublié l'étiquette orientale. Un serviteur était venu en grande tenue, nous offrir des cigares et des pipes. Un Algérien était entré tenant un plateau, couvert d'un voile à riches broderies d'or. Abd-el-Kader soulève ce voile et nous présente un riche moka, que nous prîmes avec plaisir. Plusieurs friandises furent ensuite offertes. C'est le cérémonial obligé. En nous quittant, Abd-el-Kader nous serra plusieurs fois la main de la manière la plus affectueuse, et nous sortîmes enchantés d'avoir reçu un si touchant accueil, d'un homme qui fut longtemps notre ennemi, mais qui s'est montré fidèle à la parole donnée, et qui, dans sa lointaine retraite, a rendu à la chrétienté, et en particulier à la France, le plus signalé des services, en arrachant à une mort certaine, des milliers de chrétiens, parmi lesquels étaient les Lazaristes et les Sœurs de Charité.

Quelques-uns, en voyant tant de dévouement dans Abd-el-Kader, se sont demandé s'il ne se ferait point chrétien. Les innocentes victimes qu'il a sauvées prient sans cesse pour lui, et la miséricorde divine peut bien atteindre son cœur; mais rien n'annonce une si consolante conversion. D'après les renseignements que j'ai recueillis et mes propres observations, je suis très-porté à croire qu'Abd-el-Kader est dans l'islamisme une sorte de philosophe qui s'est tracé à lui-même une règle de conduite; qu'il se croit dans une bonne voie et qu'il y a chez cet homme rempli d'excellentes qualités un secret orgueil qui gâte ses meilleures actions. Les orgueilleux ne se convertissent pas, et tout dans l'émir, le langage compassé, la pose, la mise, le train qu'il mène, annonce un homme plein de lui-même. Puissé-je me tromper et apprendre quelque jour que cet homme a mérité d'ouvrir les yeux à la lumière de l'Evangile.

CHAPITRE IV

Baalbeck.

De Damas à Baalbeck. — Arrivée à Baalbeck. — Messe dans l'église des maronites. — Origine de Baalbeck. — Ruines de Baalbeck. — Examen de ces ruines. — Epoques diverses de ces monuments. — Qui les a construits, et comment a-t-on transporté les pierres? — Dîner à Baalbeck. — Départ de Baalbeck.

Nous quittons Damas. A trois heures du matin, nous traversons la ville, guidés par un bon Frère lazariste muni d'une lanterne. Pendant près d'une heure, nous parcourons les rues solitaires et silencieuses de cette grande cité. Les chiens nombreux qui la nettoient avaient terminé leur œuvre, et, à chaque pas, nous les rencontrions gisant çà et là sur le pavé. Nous avions grand soin de n'en blesser aucun, car un seul en eût déchaîné contre nous des centaines.

A quatre heures, nous prenons la voiture pour Stora où nous arrivons vers onze heures. Je déjeune à la *locanda* où l'on me sert de soi-disant cailles qui sont loin de valoir celles de France. Ne pouvant organiser notre voyage à Baalbeck, nous prenons le parti d'aller à pied jusqu'à Malloâka, faubourg de Zahleh où se trouve un établissement de Jésuites. Jamais je n'ai éprouvé plus de peine qu'à faire les six kilomètres qui le séparent de Stora. La chaleur était excessive, et j'étais exténué de fatigue. Deux femmes de Zahleh, chrétiennes charitables, témoins de notre faiblesse, se chargèrent de nos sacs. Nous nous reposons à Malloâka, et nous louons des mulets pour faire le voyage de Baalbeck. Nous partons avec un jeune moukre, Grec non uni, qui ne savait pas un mot de français, mais à qui le Père jésuite avait fait la leçon.

Malheureusement, les apprêts du départ nous avaient retardés au delà de nos prévisions, et il était plus de quatre heures quand nous nous mîmes en route, et nous avions pour six à sept heures de marche. La plaine est magnifique, couverte de moissons; c'est la Cœlésyrie dans toute sa beauté. Le chemin est assez bon; mais, entre les deux chaînes du Liban, la chaleur est très-forte, quoique le soleil baisse. Pour surcroît d'embarras, les selles de nos mulets sont si incommodes, que j'éprouve un engourdissement des jambes qui me fait horriblement souffrir. Nous faisons, de jour, à peu près la moitié de la course; mais que le reste semble long! Un bon sentier, le jour, devient mauvais, la nuit, surtout quand on ne le connaît pas. Nous nous apercevions aussi que notre jeune moukre avait de la peine à reconnaître son chemin au milieu des ténèbres. Vers la fin du jour, au milieu de la plaine, un cavalier convenablement vêtu, monté sur un joli cheval, nous avait rejoints et salués du nom de *monsieur*. Nous n'avions pu extraire de sa bouche aucun autre mot français. Cette rencontre soudaine, au milieu de cette plaine déserte, m'inspire d'abord quelques inquiétudes. Ne serait-ce point quelqu'un de ces Arabes nomades qui cherchent l'occasion de dévaliser les étrangers? Ce cavalier s'arrêtait de temps en temps pour donner à son cheval le loisir de brouter les blés et de s'en repaître; car, dans ces contrées, on n'y met pas plus de façons; et puis il nous rejoignait et cavalcadait à côté de nous. A force de l'examiner, je reconnus que sa figure, son attitude, ses manières n'annonçaient rien d'hostile, et, la nuit approchant, il dirigea plus d'une fois notre petit moukre par des sentiers que celui-ci ne connaissait pas, et nous commençâmes à avoir confiance en cet étranger qui, le reste du voyage, se montra très-affable et très-complaisant. La Providence l'envoya fort à-propos pour nous guider dans une circonstance où nous pouvions errer toute la nuit à l'aventure. Imaginez, en effet, deux prêtres âgés, fatigués, montés sur d'incommodes mulets, traversant, la nuit, une région inconnue et naguère infestée de Bédouins et de sauvages Métualis, sans aucune arme, conduits par un enfant qui ne reconnaît plus son chemin, et vous aurez une faible idée de notre position. Notre charitable cavalier nous fut donc d'un grand secours. Sans lui, il est assez probable que nous eussions été obligés de coucher à la belle étoile, sous la garde de Dieu.

Enfin, après bien des souffrances, nous voilà à Baalbeck. Nous suivons nos guides par des chemins qu'en France on trouverait impraticables, et nous descendons dans une maison arabe et chrétienne. Il fallut frapper longtemps pour réveiller les habitants endormis. Quand nous entrâmes, il était onze heures. La faim nous pressait, et on n'avait rien à nous offrir. Quelque peu de pain arabe et de l'eau que nous versions dans notre gobelet; car il n'y avait pas de verre. Un verre, ce serait du superflu; la bouteille suffit. Ce dénûment, loin de nous affecter, nous inspira une sorte de gaîté; en déchirant le pain-galette et en vidant tour à tour le gobelet d'eau, nous éprouvions le besoin de rire et de plaisanter, et, d'ailleurs, les figures qui nous environnaient étaient souriantes. Ces pauvres gens croyaient sans doute nous faire une réception confortable. Minuit arrive. Il faut se coucher. L'appartement où nous étions servait non-seulement de divan ou salle de réception, mais de salle à manger et de chambre à coucher. En voyant sept à huit personnes qui nous entouraient, je me demandais si cet appartement allait être un dortoir commun; et cette idée m'inquiétait. Nous fîmes comprendre par signes que nous voulions reposer. Alors, sur une natte de jonc, on étend deux matelas très-minces, et je dispose mon sac pour servir d'oreiller, en me disant qu'il serait encore plus doux que celui que Jacob, à Béthel, posa sous sa tête. Je fis un grand signe à tout le monde de se retirer, et, à ma grande satisfaction, nous restâmes seuls. J'ai soin d'appuyer la porte et je me jette à moitié vêtu sur notre lit improvisé, et je dors paisiblement jusqu'à cinq heures. Combien ce court sommeil fut réparateur et, en me réveillant, combien j'étais surpris d'être à Baalbeck!

De bonne heure, nous allons faire une visite au directeur du télégraphe qui parle français. C'est un jeune homme distingué, qui a été élevé par les Jésuites et qui conserve une vive affection pour ses anciens maîtres. Ne pouvant s'absenter, il nous donne son commis pour nous conduire à l'église maronite où nous désirons célébrer la messe. Il y a, à Baalbeck, un évêque grec catholique, qui aime à exercer l'hospitalité; mais il était absent et, d'ailleurs, nous n'aurions pu célébrer la sainte messe dans son église; car les Grecs se servent de pain non-azime, d'ornements bien différents des nôtres, d'une liturgie particulière, tandis que les maronites, tout en suivant un rite spécial, se servent, comme nous, de pain azime, d'ornements semblables et ont un missel latin pour les étrangers. Nous fûmes parfaitement accueillis; mais que l'église est pauvre, et quel contraste ce misérable sanctuaire présente en face des grandes ruines des temples païens qui se dressent là tout près, comme une montagne! Après la messe, nous retournâmes chez le directeur du télégraphe, qui nous fit servir un café au lait et se montra envers nous d'une bonté, d'une complaisance dont nous gardons le meilleur souvenir. Son commis vint ensuite nous conduire aux ruines.

A une extrémité de la grande et fertile plaine de la Cœlésyrie, au pied d'une assez haute colline sablonneuse, s'élève une misérable ville, ou plutôt un gros village encore entouré de vieilles murailles crénelées et de tours : c'est Baalbeck. Cette ville est tellement déchue que son nom serait ignoré dans le monde sans les ruines gigantesques qui attestent son ancienne splendeur. Admirablement située sur un point où se croisait tout le commerce de l'ancien monde, elle devint comme un entrepôt général entre Tyr, Sidon, Palmyre, l'Egypte et l'Assyrie et conquit une importance qui fit affluer dans son sein d'immenses richesses. Il a manqué à la gloire de Baalbeck un historien. Son origine se perd dans les nuages du passé. Josué l'appelle Baal-Gad; le IIIe livre des Rois, Baalath; les Phéniciens, Baal-Bek, et les Grecs, Héliopolis. Ce furent les Egyptiens qui y introduisirent le culte du soleil. Le paganisme se maintint à Héliopolis jusqu'au règne de Constantin. Sous Julien l'apostat, il reprit son empire et, pendant assez longtemps, Héliopolis ne fut célèbre que par ses martyrs. Depuis Omar, cette ville est constamment restée sous le joug des Sarrasins et des Turcs, qui en auraient fait disparaître les derniers vestiges, si elle n'eût renfermé des monuments que les hommes ont élevés, mais que les hommes sont impuissants à détruire.

Des auteurs célèbres ont décrit ces grandes ruines avec une exactitude et un talent remarquables. Je me contenterai de quelques indications succinctes.

Les principales antiquités de Baalbeck occupent au couchant de la ville, un vaste espace qui doit avoir environ quatre cents mètres sur cent. C'est une immense terrasse entourée de murailles d'une épaisseur et d'une solidité extraordinaires, et renfermant deux cours spacieuses, l'une hexagonale, l'autre rectangulaire, aboutissant aux ruines du grand temple du Soleil; puis, au sud-est, se trouve le temple de Jupiter.

Il ne reste du temple du Soleil que six colonnes d'ordre corinthien; elles ont sept mètres de circonférence et, avec leur entablement, vingt-quatre mètres de hauteur. Primitivement, il y en avait quarante-cinq, ce qui donnait au péristyle du temple une longueur de quatre-vingt-neuf mètres sur une largeur de quarante-neuf.

Le second temple, appelé le temple de Jupiter, est beaucoup mieux conservé. Quoique plus petit, il est encore colossal. Il était entouré d'une galerie formée par trente-huit colonnes dont vingt sont encore debout. Elles ont quinze mètres de hauteur et plus de cinq de circonférence. Il est assez probable que ce temple fut converti en église sous Constantin ou quelqu'un de ses successeurs. Nous avons cru reconnaître des emplacements d'autels. Nulle part je n'ai vu un monument plus riche en architecture. C'est une profusion de sculptures incroyable et d'une perfection attestant qu'il a été construit à une époque où les arts étaient très-florissants. Tout près de ce temple, on remarque les ruines d'une petite église chrétienne.

Sous la terrasse sont d'immenses corridors souterrains voûtés, dont l'un va de l'est à l'ouest, et un autre du nord au sud. Ces corridors mesurent plus de cent trente mètres de longueur sur environ cinq de largeur. Près de la sortie sont des chambres ornées de belles sculptures.

Après ce court exposé, disons un mot de l'impression que produit, sur le voyageur, l'aspect de ces grandes ruines. Quand on arrive et qu'on les embrasse d'un seul coup d'œil, on est saisi d'étonnement ; on se sent si petit qu'on ose à peine les parcourir. Je n'ai pas le courage d'essayer même de les décrire ; tant de savants qui viennent de toutes les parties du monde, n'ont pu, malgré leur talent, en donner qu'une faible idée. C'est un travail effrayant, inexplicable, de générations successives et inconnues ; c'est le plus beau, le plus gigantesque, le plus admirable que l'homme ait jamais exécuté ; tellement qu'on serait tenté de croire qu'il a été l'ouvrage de ces géants de la fable qui entassaient montagnes sur montagnes. Les pyramides sont des masses qui attestent la folie des hommes ; les temples de Baalbeck sont une œuvre qui semble dépasser toutes les forces humaines et qui réunissent la beauté de l'art au gigantesque. Jamais les hommes ne tenteront un pareil effort ; jamais peut-être ils ne pourront expliquer les moyens employés par ces architectes inconnus pour tailler, remuer et placer avec une précision irréprochable de semblables masses. On reste stupéfait, quand on est au pied de ces colonnes, de ces chapiteaux, de ces entablements, de ces bases dont le volume et la pesanteur dépassent tellement la limite des forces humaines, qu'on est réduit à avouer que les moyens employés sont une énigme inextricable. Que l'homme est petit devant de pareils monuments ! Il a fallu plusieurs tremblements de terre pour en renverser une partie, et on peut porter un défi solennel à l'esprit de barbarie et de destruction qu'il n'achèvera pas l'œuvre commencée. Je doute même qu'un nouveau tremblement de terre, quelque violent qu'on le suppose, pût renverser entièrement les murailles qu'on appelle cyclopéennes. Nous avons vu des pierres placées à dix mètres de hauteur qui mesuraient près de cinq cents mètres cubes, pesant, sans exagération, un million cinq cent mille kilogrammes, et que les forces réunies de quarante mille hommes pourraient à peine remuer ; et ces pierres, parfaitement taillées, sont si bien liées, sans ciment, que vous ne passeriez pas la lame d'un couteau dans les jointures. Nous avons vu gisant sur le sol du grand temple, des troncs de colonnes ayant plus de deux mètres de diamètre, sur une longueur de huit à dix mètres. Les entablements et les chapiteaux, d'une seule pièce, et finement taillés et sculptés, sont des masses si énormes que l'on douterait qu'ils eussent couronnés les fûts, si l'on n'en voyait encore plusieurs restés à leur place. Je n'en pouvais croire mes yeux, et je mesurai les colonnes demeurées debout que je trouvai parfaitement semblables à celles qui ont été renversées.

On reconnaît facilement que ces monuments ont été construits à trois époques différentes. Les murailles qu'on appelle cyclopéennes sont les plus anciennes. Leurs assises sont composées de pierres d'une dimension extraordinaire, parmi lesquelles on en remarque trois, véritables monstres, auprès desquels les autres ne sont rien. Ces blocs mesurent chacun vingt mètres de longueur sur cinq de hauteur et autant de largeur, ce qui fait, comme nous l'avons dit, cinq cents mètres cubes. Ils sont placés dans la muraille ouest qui se relie avec celle du nord, formée aussi de blocs monstres superposés, mais de moindre dimension. Dans les passages souterrains, on remarque aussi des matériaux tellement gigantesques qu'on doit attribuer à la même époque, au moins, les bases de ces constructions qui, dans leurs parties les plus élevées, attestent l'époque romaine. M. de Saulcy y a reconnu l'appareil romain ; il y a vu même et nous y avons vu après lui quelques inscriptions latines et des bustes de divinités ; mais le savant voyageur a reconnu sous ces voûtes les traces d'une construction bien plus ancienne : « En sorte, dit-il, que les temples d'Héliopolis, dont nous admirons aujourd'hui les ruines, ont été élevés sur les restes d'un temple bien plus antique et bien autrement important par l'énormité des matériaux qui y furent mis en œuvre. »

Les constructions de la troisième époque furent élevées par les Sarrasins qui voulurent convertir cette magnifique acropole en une forteresse. Ces derniers venus furent plutôt des vandales que de vrais architectes. Ils détruisirent tout ce qu'ils purent et se servirent des matériaux pour accomplir leur œuvre bizarre qui figure si mal à côté des chefs-d'œuvre du passé, malgré quelques détails intéressants.

Quels sont les architectes qui ont conçu et exécuté les monuments si merveilleux de la première époque ? L'histoire n'a pas daigné recueillir leurs noms, et ils resteront probablement ensevelis dans un oubli éternel. L'Ecriture, au IIIe livre des Rois, nous dit bien que Salomon bâtit Palmyre et Balaat dans la solitude ; mais ce simple mot ne suffit pas pour qu'il soit permis de lui attribuer de pareils édifices. On croit qu'Antonin le Pieux a construit ou restauré le grand temple, et que le petit a été achevé sous Septime-Sévère et Caracalla ; mais il n'y a rien de certain, et le doute planera toujours sur un fait si extraordinaire. Quant aux construction arabes, elles n'ont rien que de commun ; on voit même avec peine qu'ils se sont servis, en guise de moëllons, de pierres taillées et sculptées par des mains habiles. Si les grands architectes, les hommes de génie qui ont construit les monuments de Baalbeck sont inconnus, les moyens dont ils se sont servis pour transporter et poser les blocs énormes qu'on y admire ne sont pas moins ignorés. C'est un grand problème, et je ne comprends pas comment tant de savants, qui en ont mesuré la difficulté, ont pu passer si légèrement sur un sujet tellement intéressant, ou donner des solutions qu'ils trouvent eux-mêmes insignifiantes sinon ridicules.

Examinons attentivement la carrière d'où ces énormes blocs monolithes ont été extraits. On y voit encore plusieurs pierres entièrement semblables à celles qui entrent dans la construction des murailles cyclopéennes. Une, entre autres, se fait remarquer par ses dimensions considérables. Sa longueur est de vingt-trois mètres environ, sa largeur de cinq mètres sept centimètres, et sa hauteur de cinq mètres trente centimètres, ce qui donne un cube d'environ six cents mètres. Elle est étendue sur le sol; elle touche par une de ses extrémités, et de l'autre, elle est un peu soulevée et repose sur une pierre.

A la vue de ces géants créés par la main des hommes, je me suis adressé plusieurs questions: 1° Comment a-t-on pu tailler à arêtes vives et détacher de la montagne ces blocs étranges? L'inspection des lieux m'a paru indiquer la manière dont on procédait à cette opération. On dressait d'abord la surface du bloc, et ensuite, suivant les lignes tracées, des ouvriers munis de bons instruments en fer (et à cette époque on n'en manquait pas), à force de coups et de patience, finissaient par se tracer un chemin sur les quatre faces latérales, afin de l'isoler. Ils travaillaient de la même manière sous le bloc, afin de le détacher de la masse. Ils introduisaient de place à autre une pierre pour le soutenir et continuaient de la sorte jusqu'à ce qu'il fût entièrement coupé et qu'il reposât uniquement sur les pierres introduites pour lui servir d'appui. Il y a encore un bloc tout taillé et tout prêt à emporter, et un autre plus massif encore qui est aux trois quarts détaché.

La seconde question que je me suis adressée est la plus difficile à résoudre: 2° Par quels moyens ces pierres ont-elles été transportées et placées? De la carrière je tourne mes regards vers les ruines. Les plus grandes pierres étaient en face et semblaient me porter, comme à tous les voyageurs, un défi. La distance à parcourir est d'environ un kilomètre. Le terrain forme une pente assez uniforme, et sous la faible couche qui le recouvre, c'est une pierre dure semblable à celle de la carrière. Pensif et rêveur, j'examine attentivement ces lieux; je repasse dans ma mémoire les moyens indiqués jusque-là par ceux qui se sont occupés de cette question. L'opinion des gens du pays qui croient que ce travail inconcevable est dû à des génies qui l'exécutaient sous les ordres du grand roi Salomon doit être rangée au nombre des fables. L'opinion de quelques modernes qui attribuent ces travaux à une race d'hommes anté-diluviens ou aux premiers descendants de Noé n'est guère plus soutenable. Et M. de Lamartine, malgré tout son talent, ne donne pas des raisons capables de convaincre un homme raisonnable. La plupart des savants voyageurs glissent légèrement sur ce sujet et finissent presque tous par convenir que les architectes inconnus de Baalbeck avaient trouvé des procédés que nous ignorons. Il faut avouer cependant que, dans notre siècle, la science mécanique a fait de grands progrès. On voit, dans nos ports, des machines qui montent facilement des masses énormes. On a trouvé, même avant notre siècle, les moyens d'élever à Rome, à Venise, à Paris, etc., des monolithes d'un poids effrayant; mais toutes ces colonnes, ces obélisques ne sont que des jouets d'enfants à côté des pierres de Baalbeck. J'ose à peine émettre une opinion, je sens combien c'est téméraire. Je veux seulement faire connaître une idée qui m'est venue sur les lieux mêmes.

Plus une entreprise est grande et difficile, plus le moyen dont on se sert pour l'accomplir doit être simple. Les pierres de Baalbeck, détachées comme nous l'avons dit, et devant être conduites à un kilomètre de distance sur un plan solide et légèrement incliné, devaient recevoir une impulsion proportionnée à leur masse. On pouvait les faire glisser sur de solides madriers en bois dur, oints d'huile ou de graisse; des rouleaux eussent été écrasés, quand même ils eussent été en fer. Si l'on croit que les madriers en bois n'offrent pas assez de solidité, qui empêche de supposer qu'on les ait remplacés par le fer? Lorsque la pierre était disposée pour voyager sur cette voie, des ouvriers brisaient les pierres qui lui servaient de soutien et elle s'appuyait doucement sur les madriers en bois ou en fer. Pour la faire glisser, on attachait de fortes cordes aux nombreux crampons scellés dans la pierre, dont on voit encore les entailles. Des centaines d'hommes, peut-être même des chevaux attelés sur ces cordes, tiraient avec ensemble pour la mettre en mouvement. Chacun sait que, sur un plan incliné, on traîne facilement des fardeaux qui, sur un plan droit, offriraient une grande résistance. A ces moyens, il fallait en ajouter encore un autre plus efficace et qui ne pouvait être négligé, c'est la force du levier. Avec des pierres d'une dimension aussi considérable, combien de leviers ne pouvait-on point placer, et ces leviers avaient un point d'appui solide. C'est aux savants à calculer si toutes ces forces combinées pouvaient soulever de pareilles masses et les mettre en mouvement; je le crois, et il serait difficile de prouver le contraire. On me dira, sans doute, comment les pierres arrivées auprès de la muraille ont-elles été placées? Par un moyen tout aussi simple. Le plan incliné étant dressé de manière à arriver sur la muraille, alors il suffisait de détruire les appuis qui supportaient la pierre, et elle tombait d'elle-même à sa place. Toutes les grosses pierres sont sur le même plan, ce qui vient à l'appui de ce système et lui donne un haut degré de probabilité. Quant aux blocs supérieurs, il y a tant de différence que la difficulté s'évanouit. Et quand on aurait été forcé d'enterrer la construction à mesure qu'elle s'élevait pour établir de nouveaux plans et arriver à la muraille, je n'en serais pas surpris. Les architectes ne manquaient pas de pierres dures pour se faire un chemin solide, et lorsqu'on considère quelle patience il a fallu pour tailler ces pierres, on ne s'étonnera pas des travaux entrepris pour les transporter et les placer. Je laisse aux hommes compétents l'appréciation de ce moyen qui, du moins, a le mérite de ne pas choquer la raison, comme ceux que nous avons exposés plus haut.

C'est à Baalbeck surtout qu'on peut dire que les extrêmes se touchent. De la contemplation de ces merveilleux monuments, de ces chefs-d'œuvre inexplicables, nous descendons bien bas. Rentrés à notre hôtellerie, nous trouvons que les arts y sont dans leur première enfance.

Le besoin de prendre un peu de nourriture se faisait vivement sentir, et nous ne voyions pas plus de préparatifs que la veille. Point de table pour manger, point de cuillères ni de fourchettes, point de verres pour boire, point de chaises pour s'asseoir, et en effet, pourquoi tous ces objets de luxe, puisqu'on ne pouvait nous présenter que quelques petits pains arabes? J'essaie de faire disposer quelque chose; je vais à une soi-disant cuisine et je parviens à faire bouillir de l'eau. On y jette huit œufs; mais comment les retirer? Pas un seul instrument propre à cette opération. Les personnes présentes essayaient avec leurs doigts, et je me contenais fortement pour ne pas éclater de rire. J'aperçois, dans un coin, un quartier d'assiette, je le saisis; à leur grand étonnement, j'en tire quatre du premier coup. Je dus m'acquérir à leurs yeux une certaine réputation d'habileté. Nous voilà donc installés pour dîner. Nous avions du pain arabe, des œufs et de l'eau. Je manifestai le désir d'avoir une bouteille de vin; on courut la ville, et on finit par nous en apporter. Ce vin du pays nous parut excellent, et nous achevâmes avec joie et contentement notre frugal repas. Nous étions environnés de toute la famille composée d'une veuve et de sept enfants et aussi de tous les enfants du voisinage. Nous étions pour tous un objet de curiosité; mais nous remarquions avec plaisir que tous les visages étaient souriants. Nous étions entourés de chrétiens qui respectent les prêtres. On nous demandait par signes des objets de piété. Combien je regrettai de n'avoir rien à leur distribuer. Je leur fis dire par le drogmann que j'étais très-content d'eux, et ils me répondirent par les témoignages les plus expressifs de dévouement. Que ces pauvres gens m'ont intéressé! Qu'ils m'ont paru bons dans leur simplicité! C'était avec regret que je les quittais. La plupart des voyageurs représentent les habitants de Baalbeck comme des gens de la pire espèce; pour nous, nous n'avons reçu aucune insulte de la part des Métualis, et les chrétiens nous ont accueillis comme des frères.

Nous partons de Baalbeck vers deux heures. Il était encore trop tard pour nous rendre à Stora, et nous prîmes la résolution de coucher à Malloâka. La fatigue de la veille, l'extrême chaleur, l'incommodité de nos montures avaient épuisé nos forces. A chaque fontaine, à chaque ruisseau que nous rencontrions, nous nous arrêtions pour boire et nous ne pouvions étancher notre soif. Si nous eussions été au milieu d'un désert aride, que serions-nous devenus! Heureusement la plaine de Baalbeck est favorisée. Enfermée entre les hautes montagnes du Liban et de l'anti-Liban dont les sommets les plus élevés sont toujours couverts de neiges, elle reçoit plusieurs ruisseaux qui la sillonnent en tous sens, et le voyageur, à des distances assez rapprochées, trouve de l'eau limpide pour se désaltérer. Malgré tous nos efforts, nous ne pûmes arriver à Malloâka qu'à neuf heures et demie. Toutes les portes étaient fermées. Je me lasse de frapper et rôde de côté et d'autre. Cherchant quelque lieu un peu abrité, bien résolu de coucher à la belle étoile; mais mon confrère, plus persévérant que moi, continue à frapper, et après plus d'un quart d'heure, la parole de l'Evangile s'accomplit : « *Frappez, et l'on vous ouvrira.* » Si ce n'est pas par charité, ce sera à cause de *l'importunité.*

Le lendemain nous regagnons Stora, et la voiture nous transporte à Beyrouth, heureux de rentrer dans cet asile de la paix et du repos. Les Pères Lazaristes nous conseillèrent d'abandonner notre projet d'excursion aux vieux cèdres de la montagne, nous affirmant que tous ceux qui avaient fait ce voyage disaient, au retour, que la vue de ces vieux arbres ne compensait pas la peine d'aller les visiter.

CHAPITRE V

Antourah et le Liban.

De Beyrouth à Antourah. — Le consul français dans le Liban.
Collége d'Antourah. — Patriarcat maronite.

Le 3 mai, nous partons de Beyrouth, pour aller visiter Antourah, village situé dans les montagnes du Liban. Pendant trois heures, nous suivons le bord de la mer; il n'y a pas d'autre chemin que le sable du rivage, tantôt dur, tantôt mouvant. Rien de plus agréable que cette course; c'est un spectacle ravissant. D'un côté, les vagues qui viennent en écumant se briser sous les pieds de nos chevaux; de l'autre, une plaine fertile et bien cultivée et, un peu plus loin, la chaîne des hautes montagnes du Liban. A chaque instant, on rencontre de jolis ruisseaux qui se jettent dans la mer, après avoir fécondé les vallées et le flanc des montagnes où ils ont pris leur source. Nous arrivons à des rochers infranchissables qui interceptent la route. Il faut quitter les bords enchantés de la mer pour gravir des pentes escarpées, par un chemin taillé dans le roc. Ce passage que franchirent autrefois des armées entières, que suivirent les divers peuples de l'Orient, nous paraîtrait impraticable en France, et l'on nous affirme que c'est le meilleur de tout le Liban. Ce sont, en divers endroits, comme des escaliers en pierre, où nos chevaux français se briseraient, s'ils consentaient à y faire quelques pas; mais les chevaux et les mulets arabes y sont tellement habitués, qu'ils y marchent avec la même facilité que dans la plaine.

Bientôt nous redescendons sur le bord de la mer et, à nos pieds, est l'embouchure du fleuve du Chien, l'ancien Lycus. Ce fleuve célèbre n'a que quelques lieues de cours. Il sort d'une caverne qui a la forme d'une voûte, et coule constamment entre des montagnes escarpées et des vallons boisés, où il entretient la fraîcheur. En descendant, nous remarquons plusieurs inscriptions anciennes, une entre autres qui indique que ce chemin a été tracé par Antonin le Pieux. Les parois des rochers portent différentes sculptures antiques et remarquables, des figures hiéroglyphiques, des caractères cunéiformes, qui ont exercé la sagacité des savants. Dans le petit delta sablonneux formé entre la mer et les rochers qui bordent le corps du fleuve, nous apercevons une escouade de soldats turcs, qui faisait son repas et prenait un peu de repos, avant de franchir le passage et de se rendre à Beyrouth. Ce lieu pittoresque offre un des points les plus intéressants de toute cette côte.

Après avoir traversé le fleuve, nous continuons notre course à travers les montagnes que cultive le pauvre maronite, avec une ardeur incroyable. Partout où il y a quelques pouces de terre et un peu d'eau, on voit de jolis plants de mûriers entremêlés de blés et autres céréales. Le mûrier est la ressource principale du Liban, qui n'a d'autre commerce que la soie. Quelle patience! quel travail pour former ces terrasses soutenues par des murs en pierres sèches! Enfin, après bien des détours, après avoir traversé plusieurs cours d'eau qu'on fait circuler sur le penchant des montagnes, pour arroser les vignes, les mûriers, les concombres, nous apercevons le petit village d'Antourah, attaché au flanc de la montagne, et plus bas, sur un tertre, l'établissement des religieuses, et, un peu plus loin à côté, sur une autre élévation, le patriarcat maronite.

Au moment où nous approchions d'Antourah, beaucoup de maronites en habit de fête, la plupart armés d'un fusil, circulaient par tous les sentiers des montagnes. Le consul français de Beyrouth faisait sa visite au patriarche et aux principaux établissements de la montagne, et c'était un jour de fête pour les maronites. Ils aiment tant la France; c'est pour eux une seconde patrie. Après ses malheurs, ils semblent l'aimer encore d'avantage. Aussi notre consul était-il reçu parmi eux comme un protecteur et un père. Tout ce bon peuple était en mouvement, et partout lui faisait cortége. C'était une marche triomphale; de fréquentes décharges avaient lieu en son honneur, et toutes ces joyeuses détonations étaient répétées par tous les échos des montagnes. Nous ne rencontrions partout que des visages souriants, épanouis, heureux de témoigner à la France leur attachement, dans la personne de son représentant. Cet amour séculaire des Maronites pour la France, s'est montré plus vif que jamais, au moment de nos derniers désastres. Une multitude d'hommes était descendue à Beyrouth, pour attendre l'arrivée du paquebot français, et avoir les dernières nouvelles. Quand ils apprirent que la France avait succombé, un immense cri de douleur se fit entendre, et on ouvrit immédiatement une souscription qui, eu égard à la pauvreté de ce bon peuple, se trouva considérable. Des Français qui étaient présents m'ont raconté à ce sujet les détails les plus touchants. Ils ont été témoins des scènes les plus émouvantes. C'était une désolation générale. Ces bons Maronites versaient des larmes sur les malheurs de la France, tous, en regagnant tristement leurs montagnes, pleuraient. Ce spectacle fit une profonde impression sur nos compatriotes établis en Syrie. Le souvenir s'en conservera longtemps.

C'est donc au moment où toute la montagne était en fête que nous arrivons à Antourah, chez les Pères Lazaristes, où nous fûmes accueillis, comme à Beyrouth. A Antourah, il existe depuis longtemps un collège dirigé par cette savante et modeste congrégation. Là, dans ce lieu solitaire, loin du bruit et du tumulte des villes, les Pères donnent une belle et solide éducation, à plus de cent vingt jeunes gens maronites, grecs, métualis, druses et même mahométans. Damas leur fournit un fort contingent; les Européens de Beyrouth et même les juifs leur envoient des élèves. Tous suivent le même règlement; tous s'attachent à leurs pieux instituteurs et montrent une docilité que l'on rencontre rarement dans nos collèges de France. On ne violente la conscience de personne, pourvu que la règle soit observée; mais la plupart des élèves sont catholiques de différents rites, tout en suivant au collège le rite latin. Rien de plus édifiant que la tenue des élèves, leur recueillement dans le lieu saint, leur empressement à fréquenter les sacrements. Les Pères m'ont affirmé que, loin d'être obligés d'exciter leur zèle, il leur fallait le modérer. J'ai passé plusieurs jours dans ce collège; j'ai, un dimanche, assisté aux offices chantés par les Pères et les élèves, et, nulle part, je n'ai rencontré une piété plus simple, plus douce, plus aimable. Tous chérissent cette solitude, tous paraissent contents; les visages sont épanouis; la joie brille sur tous les fronts, et l'étranger, en se mêlant à leurs récréations, serait tenté de se fixer dans ce délicieux séjour. Les études sont soigneusement cultivées. Là, on apprend le grec, le latin, le français, l'anglais, l'italien, l'arabe et toutes les langues en usage dans l'Orient. Le français est la langue du collège, et c'est pour cela qu'en Syrie on trouve aujourd'hui tant de personnes qui parlent le français. Bénis soient ces dignes enfants de saint Vincent qui propagent dans tout l'Orient l'amour de l'Eglise et de la France.

Non loin d'Antourah est le patriarcat maronite. Il semble qu'il n'y ait que quelques pas, et cependant il nous fallut une heure et demie, par des chemins affreux que les indigènes trouvent excellents, tant ils sont peu gâtés. Nous désirions faire une visite au patriarche, et un Père lazariste voulut bien nous accompagner. Le siége du patriarcat n'est pas une ville, pas même un village; il apparaît sur une hauteur presque inabordable, comme une véritable forteresse où l'on jouit d'une vue magnifique. D'un côté, la mer semble se briser à ses pieds et, de l'autre, les montagnes déploient gracieusement leurs pentes cultivées et leurs sommets dénudés. Ce palais patriarcal ne brillerait pas dans une ville d'Europe; ce n'est pas une construction riche, élégante; c'est une simple maison très-vaste, mais à un seul étage, avec terrasse. Du côté de la cour est une petite chapelle qui ne se fait remarquer ni par son style, ni par ses ornements. Tout cet ensemble convient parfaitement à ces lieux sauvages et aux habitudes de ce bon peuple maronite qui, à chaque instant, vient sans façon au patriarcat, comme si c'était une propriété commune, tant la simplicité des mœurs antiques règne encore dans ces heureuses contrées.

Un vaste divan, à l'orientale, sans aucun luxe, sert pour les réceptions. Le patriarche est toujours entouré de deux évêques, dont l'un remplit les fonctions de vicaire-général pour le spirituel, et l'autre de procureur pour le temporel. Le Liban compte environ 300,000 habitants, et il est divisé en huit ou neuf diocèses; mais un usage ancien exige qu'il y ait toujours douze évêques à l'imitation du collége apostolique. Ceux qui n'ont pas d'évêché sont destinés à remplacer ceux qui disparaissent. Le patriarche a toujours soin de compléter le nombre mystérieux consacré par l'usage. Depuis plusieurs années, l'instruction a fait de grands progrès parmi le clergé maronite. Plusieurs ont fait leurs études à Antourah ou chez les Jésuites, quelques-uns à la Propagande de Rome. L'évêque procureur parle cinq à six langues. Les deux secrétaires, jeunes encore, parlent très-bien le français et sont des prêtres vraiment distingués. Le patriarche est un vénérable vieillard dont la figure ridée, les cheveux rares, la longue barbe blanche, le maintient grave et modeste inspirent le plus profond respect. Notre audience ne fut pas difficile à obtenir, et nous nous trouvâmes parfaitement à l'aise au milieu de cette réunion d'évêques et de prêtres étrangers. La conversation s'anima. L'Eglise et la France en firent naturellement les frais. Le bon patriarche ne tarissait pas quand il parlait de la France et du Saint-Père. Un de ses secrétaires nous traduisait immédiatement ses paroles; car le patriarche comprend le français, mais ne le parle pas. Que de questions il m'adressa, et quand les réponses étaient dans son sens, il laissait échapper un sourire approbateur qui semblait rajeunir sa figure de vieillard.

Nous nous sommes retirés comblés des bénédictions de ces vénérables évêques, enchantés de cette belle simplicité, de ces mœurs primitives qui se sont conservées dans les montagnes, malgré tant de révolutions et de malheurs. Un des secrétaires, jeune prêtre d'un caractère doux et bienveillant, vint nous reconduire, nous retint longtemps sur la montagne et nous témoigna un si vif intérêt que nous ne pourrions l'oublier.

Le lendemain, nous entrons à Beyrouth et nous faisons nos préparatifs de départ. Le *Niémen* est en rade.

QUATRIÈME PARTIE

Smyrne et Constantinople.

CHAPITRE I

De Beyrouth à Smyrne.

Départ à bord d'un paquebot français. — Tripoli. — Latakié (Laodicée). Alexandrette. — Mersina. — Rhodes.

Nous faisons nos adieux à Beyrouth ; ce n'est pas sans regret que nous nous séparons de ces bons Pères Lazaristes qui nous ont prodigué les plus tendres soins. Nous allons reprendre la mer que nous ne quitterons que par intervalles, et parcourir toutes les côtes de l'Asie mineure jusqu'à Constantinople. En arrivant sur le *Niémen*, bateau des Messageries, nous apercevons le pont couvert d'Arabes, d'Arméniens, de Grecs, etc., et littéralement encombré. Ce n'est plus assurément l'horrible et dégoûtante saleté que nous avions trouvée sur le bateau russe. Le Français sait partout et en toute circonstance établir, même parmi les étrangers, un peu d'ordre et de propreté ; mais ce n'est pas moins un spectacle étrange, et que nous aurons sous les yeux jusqu'à Smyrne et même Constantinople. Les Arabes, me disaient les officiers, sont indisciplinables ; il faut un peu les abandonner à eux-mêmes. Et en effet, j'ai remarqué que tout ce peuple se distinguait par son insouciance et le désordre dans tout ce qui l'entoure. Sur le pont, ce sont de vrais ménages. Chacun repose sur ses bagages, quelques-uns sur une sorte de matelas qui les suit dans tous leurs voyages. Ils sont là étendus nonchalamment, presque immobiles, fumant leurs pipes ou leurs cigares ; se faisant à eux-mêmes la plus simple et la plus sobre des cuisines. Un peu de pain, quelques oignons ou concombres, des oranges et de l'eau, rarement un peu de viande : les têtes ou les pieds des animaux tués à la cantine, voilà leur confortable. Ils vivent, pour ainsi dire, de rien, et on a de la peine à comprendre une pareille sobriété.

Couchés, presque toute la journée, exposés aux ardeurs du soleil dans ces climats brûlants, auprès de la machine ou sur l'avant, tous, hommes, femmes, enfants même des plus petits, supportent une pareille épreuve avec une patience stoïque ou plutôt avec une apathie inconcevable. Chaque fois que nous voulons arriver sur la dunette qui nous est réservée, il nous faut passer entre deux haies d'êtres humains. Ici s'étend le corps d'un homme, là le pied d'une femme s'avance dans le passage; plus loin c'est un petit enfant qui crie: ailleurs, c'est un mari qui cherche à travers les cheveux de sa femme si quelque étranger n'y a point fait élection de domicile; ailleurs, c'est une femme qui cherche et tue les insectes importuns qui la piquent et en envoie aux passants. Le costume est fort négligé, et cependant rien d'immodeste ne vient blesser les regards. Le spectacle n'est que dégoûtant. Les femmes ont les cheveux épars, sans aucun ordre, ce qui leur donne un aspect répugnant. En un mot, tous sont habitués à porter des vêtements couverts de poussière et de crasse. Quelques-uns cependant sont vêtus plus proprement, et l'on m'a assuré que tout ce peuple est plus victime de son insouciance que de la misère. Voilà le milieu où doivent vivre une centaine d'Européens. Heureusement, tout ce peuple est confiné sur une partie du bateau; il ne va jamais sur le grand pont; il ne pénètre pas dans les salles, ni dans les cabines.

Il ne faut que quelques heures de Beyrouth à Tripoli, et, le matin, de bonne heure, nous voyons apparaître, sur la plage, cette antique cité divisée en trois parties bien distinctes, comme l'indique son nom. Tripoli a joué un grand rôle dans l'histoire des Croisades. Elle est aujourd'hui bien déchue de son ancienne splendeur. Cependant, elle conserve encore une certaine importance; sa situation avantageuse, son commerce de blé, de coton, d'huile, de soie, attirent encore quelques navires étrangers dans son port. Nous sommes restés une partie de la journée devant Tripoli; nous avons eu le temps de la contempler, pendant que le vaisseau se chargeait d'une quantité énorme de marchandises. Ce n'est que le soir, bien tard, qu'on lève l'ancre. Le matin, nous sommes devant Lattakié.

Lattakié, l'ancienne Laodicée, est environnée de belles cultures et fait un commerce assez considérable; elle expédie les produits de Hamak et de la vallée supérieure de l'Oronte. Là, rien d'intéressant pour le voyageur. Pendant presque toute la journée, on entend continuellement le cri strident des machines et des poulies qui montent les marchandises. Pendant ce temps-là nous éprouvons une chaleur torride. Ces côtes de Syrie sont brûlantes. Avec des productions si variées, avec un ciel si pur, cette contrée, où, selon les poëtes arabes, chaque montagne porte l'hiver sur sa tête, le printemps sur ses épaules, l'automne dans son sein, tandis que l'été dort nonchalamment à ses pieds, cette contrée si favorisée du ciel, autrefois le rendez-vous de tous les peuples, ne présente plus aujourd'hui que des traces de dévastation et de ruines.

A chaque station, quelques Arabes descendent et d'autres passagers les remplacent. Une dame russe, dont le fils est gouverneur de Saint-Pétersbourg, vient souvent converser avec moi et aime à entamer des discussions religieuses. Sans avoir de grands préjugés contre les catholiques, elle est si entêtée dans le schisme, qu'elle voudrait que l'Eglise catholique aille à Saint-Pétersbourg. Je lui démontre jusqu'à l'évidence que c'est à la Russie à venir à Rome. Mais c'est temps perdu que discuter avec ces sectaires de mauvaise foi; je n'ai pas mieux réussi avec un Grec, rédacteur du journal *la Turquie*. Il paraît instruit; il étudie l'Ecriture; nous avons discuté, dans le Nouveau-Testament, les textes qui assurent la primauté à l'Eglise romaine. Il convient que les Latins ont raison; mais il manque d'énergie; l'esprit national le retient, et surtout l'intérêt; car il ne pourrait plus écrire dans son journal dévoué au schisme. Quel mélange de nations diverses parmi les passagers! Quelle diversité d'opinions et de rites! Là, les Américains, les Belges, les Français coudoient les Orientaux de toutes les contrées de l'Asie. On remarque surtout un patriarche de je ne sais quel rite; il est presque toujours seul, ne prenant pour ainsi dire aucune nourriture et ne parlant qu'à un prêtre qui l'accompagne. A côté est un derviche tourneur, jeune homme d'une charmante figure, d'un visage assez doux, affable envers les étrangers. Sur son habit blanc, il porte un manteau doublé d'hermine. Pauvre jeune homme, digne d'un meilleur sort! Il va à Constantinople pour déployer son habileté dans les danses des derviches tourneurs. Pendant que j'observais ces divers personnages, nous arrivions à Alexandrette.

De Lattakié à Alexandrette la traversée est courte; mais on reste longtemps en rade; car le bateau charge une grande quantité de marchandises, surtout de laine, de coton et de blé. Tous ces produits viennent de l'intérieur. Alexandrette est le port de la ville importante d'Alep. Bagdad suit aussi la même voie. Toutes ces marchandises sont apportées à dos de chameau. Ce port reçoit aussi toutes les marchandises qui viennent en partie de Beyrouth, en partie directement d'Europe pour être expédiées dans l'intérieur. Tout ce spectacle commercial ne nous offre rien d'intéressant, et nous quittons avec plaisir Alexandrette, nous dirigeant vers Mersina.

Le samedi, 11 mai, nous arrivons, le matin, à Mersina, petite ville située à l'extrémité de la Méditerranée, tout près du golfe de Séleucie. Nous apercevons les sommets du Taurus couverts de neige. La Cilicie est devant nous; c'est là que se trouve Tarse où naquit saint Paul et où il fut élevé par Gamaliel; Tarse qui devint la plus célèbre école littéraire de toute l'Asie. Tarse n'est qu'à trois lieues de Mersina; elle est traversée par le Cydnus si célèbre dans l'histoire d'Alexandre qui faillit y perdre la vie. Non loin de là est le Sélef où périt Frédéric Barberousse. Ces deux rivières versent l'une et l'autre leurs eaux fraîches et limpides à l'entrée du golfe, le Cydnus à deux lieues de Tarsous, et le Sélef, après avoir arrosé les ruines de l'ancien port de Séleucie. Nous avons passé le dimanche à Mersina où il y a une chapelle catholique desservie par deux Pères franciscains. L'air de Mersina est malsain; les fièvres y sont fréquentes et les chaleurs excessives. Aussi, dans l'été, Mersina est désert: les habitants quittent leurs demeures et vont passer quelques mois sur la montagne. Les bons Pères franciscains sont obligés de suivre leur troupeau; et pour lui continuer leurs soins, ils vont établir une petite chapelle dans ces montagnes où ils sont forcés de se réfugier. Nulle part, je n'ai ressenti une chaleur plus étouffante qu'à Mersina. Il fut un moment où le vent soufflant du désert échauffait tellement l'atmosphère qu'il était impossible de rester sur le pont du bateau, et qu'il fallait descendre dans les cabines. Nous avons hâte de quitter Mersina, et nous aspirons après Rhodes où nous devons descendre quelques heures.

L'île de Rhodes se présente d'abord, comme toutes les îles de cet archipel, sous une forme âpre, montagneuse, déserte; mais, quand on approche de la ville, tout change. Une belle et magnifique végétation forme comme un immense bouquet au-dessus des flots. L'aspect de la ville, avec ses vieilles et fortes murailles, ses minarets, ses villas, excite, au plus haut point, la curiosité du voyageur.

L'entrée du port rappelle naturellement le souvenir de ce fameux colosse de trente-cinq mètres de haut dont les pieds reposaient sur les môles de la passe, entre les jambes duquel passaient les plus gros vaisseaux. Qu'est-il devenu? Un demi-siècle après son élévation, un tremblement de terre le renversa. Relevé par Vespasien, il gisait de nouveau à terre quand les Sarrasins s'emparèrent de l'île. Au lieu de le relever, ils le vendirent à un Juif qui le mit en pièces. On désirerait du moins retrouver l'endroit où reposaient ses pieds. On m'en a indiqué plusieurs, et je crois qu'il n'y a rien de bien positif. Cette merveille du monde a complétement disparu. Les pyramides seules ont été respectées par les siècles.

Un autre souvenir bien autrement précieux se présente au voyageur chrétien, ce sont les glorieux exploits de ces généreux chevaliers qui, pendant deux siècles, tinrent en échec la puissance ottomane. Rhodes s'était rendue célèbre par son amour des sciences et des arts. Pendant plusieurs siècles, elle avait été le rendez-vous des philosophes, des poëtes et des sculpteurs. Caton, Cicéron, César et beaucoup d'autres étaient venus s'y perfectionner dans l'art de la parole.

Les sculpteurs y abondaient. Du temps de Pline, il y avait à Rhodes trois mille statues, parmi lesquelles trois colosses; mais c'est aux chevaliers qu'elle doit sa plus grande célébrité. Foulques de Villaret, chassé de la Palestine, vint y arborer l'étendard de la croix. L'île fut fortifiée sur tous ses points et devint, pendant deux siècles, le boulevard de la chrétienté contre la barbarie musulmane. On connaît l'héroïque défense de cette place par les chevaliers; on sait qu'ils ne furent vaincus que par la trahison. Ce ne fut pas, comme on l'a dit, la poudre qui leur manqua. On en a découvert, tout récemment, une quantité considérable dans les souterrains. Sous la célèbre église de Saint-Jean, qui était restée debout, existait une ancienne poudrière qui, en 1856, à l'occasion de fouilles que l'on pratiquait, fit explosion et renversa de fond en comble l'église et une partie de la ville. Nous avons visité ces ruines qui sont encore telles qu'au jour de l'explosion. La ville elle-même est encore à peu près dans le même état qu'au jour où elle fut prise. Les Turcs ne réparent pas; mais ils ne détruisent pas. Villiers de l'Ile-Adam s'y reconnaîtrait encore après trois siècles. Il retrouverait encore les mêmes rues désertes et obscures, des voûtes, d'immenses boulets en pierre, des canons sans affûts, des fenêtres en ogive, des croix, des armoiries des plus nobles familles d'Europe, des fleurs de lis, des inscriptions latines, des statues de saints. Vous ne feriez pas un pas dans la rue des Chevaliers, sans y rencontrer quelqu'un de ces pieux souvenirs. C'est un véritable musée chrétien. La population seule a changé. Dans les bazars et sur les quais se meut une foule bigarrée, mélange bizarre de toute nation. Les Grecs dominent dans l'île, mais sont exclus de l'intérieur de la ville.

Nous remontons sur le bateau, et, après avoir traversé une multitude d'îles, de rochers, de golfes, de caps et passé tout près de Pathmos où le disciple bien-aimé écrivit de si mystérieuses révélations, nous arrivons à cinq heures du matin devant Chio, ville importante, capitale de l'île.

Chio est la plus belle des Sporades, la plus riche et la plus brillante des îles de la mer. Elle produit encore aujourd'hui des vins excellents et des baumes répandus dans tout l'Orient. La ville de Chio est bâtie sur le bord de la mer; elle est entourée d'une végétation magnifique, à travers laquelle se détachent un grand nombre de maisons blanches qui ressemblent à des palais. Derrière la ville, à une certaine distance, s'élèvent de hautes montagnes grises, nues, déchaussées qui font encore mieux ressortir toute la fraîcheur des riants paysages qui s'étendent à leurs pieds. Quelques heures après avoir admiré cette île enchantée, nous entrons dans le golfe de Smyrne.

CHAPITRE II

Smyrne, et description de cette ville.

Pendant plusieurs lieues, notre vaisseau sillonne les eaux calmes et paisibles de ce golfe profond dont les rivages nous apparaissent couverts de verdure et semés de charmantes maisons. On dirait que nous allons entrer en triomphateurs dans la capitale de l'Ionie. Une multitude de petits bateaux que nous dépassons semblent nous porter envie. Devant nous se déploie, comme au bout d'une large et magnifique avenue, la reine des cités de l'Asie et la fleur du Levant, derrière une forêt de vaisseaux de toute nation qui sont échelonnés sur sa rade. A mesure que nous approchons, la vue de Smyrne nous séduit et nous enchante. Sa position admirable au fond de son golfe où elle est mollement étendue sur un lit de verdure, les montagnes qui l'entourent et forment autour d'elle une gracieuse ceinture qui la préserve des tempêtes, ses constructions qui suivent fidèlement les contours du rivage et vont s'élevant en amphithéâtre jusqu'au pied des montagnes, son port qui s'agrandit et s'embellit sous la direction des Européens, ses eaux calmes, paisibles qui ressemblent à un lac : tout contribue à faire de cette antique et glorieuse cité un séjour délicieux. Sans doute, quand on parcourt l'intérieur de la ville, l'illusion s'évanouit; mais il y a des parties vraiment remarquables. Le chemin de fer, dont la large voie est livrée au public, trace une ligne charmante qui sert de boulevard, et des deux côtes, s'élèvent de superbes plantations d'arbres qu'on ne trouve que dans ces climats fortunés.

Nous avons parcouru la promenade si célèbre du Pont des Caravanes qui ne mérite guère sa renommée. C'est un vieux pont d'une seule arche jeté sur un ruisseau presque à sec, ombragé de magnifiques cyprès. C'est, dit-on, le divin Melès, sur le bord duquel naquit Homère. A une petite distance de ce pont, environ deux kilomètres sur la côte, on voit encore les ruines de l'amphithéâtre où saint Polycarpe subit son glorieux martyr et où les fidèles déposèrent ses restes vénérés.

Smyrne est une des villes les plus anciennes et les plus célèbres de l'Asie Mineure. Du temps de Strabon, elle était déjà la plus belle de l'Orient. Aujourd'hui, sous l'empire des Turcs, elle conserve encore une grande importance. Sa population s'élève à environ 150,000 habitants. Les Musulmans sont en minorité. Les Grecs sont très-nombreux, près de 80,000; mais ils ne jouissent pas d'une grande confiance et vérifient, plus que partout ailleurs, le proverbe : Il ne faut pas se fier aux Grecs. *Græca fides, nulla fides.* Leurs églises sont richement ornées; ils ont même plusieurs clochers assez remarquables, qui donnent à la ville un coup d'œil agréable. Les catholiques aussi sont nombreux, environ 15 à 20,000. Mgr Spacca-Pietra a bâti une cathédrale qui n'est pas entièrement terminée. Elle est grande et belle, dans le goût italien. Les Lazaristes et les Sœurs de Charité jouissent d'une grande considération même auprès des dissidents et des Musulmans, dont plusieurs leur confient l'éducation de leurs enfants. Ils font là, comme dans tout l'Orient, un bien immense.

Nous avons eu l'honneur de dîner avec Mgr l'archevêque et de jouir longtemps de sa conversation. C'est un homme plein de zèle et de mérite, d'un caractère doux et conciliant. Italien d'origine, il parle très-bien le français, et porte un intérêt tout particulier à nos établissements de Smyrne. Il est très-attaché à son église et a refusé le patriarcat de Jérusalem que le Souverain-Pontife lui a offert après la mort de Mgr Valerga. Très-aimé de son troupeau, il a su se procurer les ressources nécessaires pour la construction de sa cathédrale. A Smyrne, les transports de matériaux ne se font pas comme dans nos grandes villes. Dans la plupart des rues, il est impossible de circuler en voiture. Quelques-unes seulement jouissent de ce privilége. Mgr Spacca-Pietra, ne sachant comment faire transporter les matériaux pour commencer la construction, fait un appel à son peuple et lui demande une corvée. Le jour fixé, l'archevêque se rend sur les lieux, met une pierre sur son épaule et la porte sur l'emplacement de sa cathédrale. Le peuple suit son exemple, et, en très-peu de temps, tous les matériaux sont sur place. Spectacle digne des premiers siècles et qui excita l'admiration de toute la ville. Voilà un trait qui peint le successeur de saint Polycarpe.

CHAPITRE III

De Smyrne à Constantinople.

Arrivée à Constantinople. — Le Bosphore. — Promenade sur le Bosphore.

Nous sortons de Smyrne avec le regret de n'avoir pu aller jusqu'à Ephèse, qui en est distante d'environ vingt lieues. Avec quel intérêt nous eussions visité ses ruines ou plutôt l'emplacement de ses ruines; car il y a longtemps que s'est accompli l'oracle de saint Jean à l'ange d'Ephèse : « *Si tu ne fais pénitence, je transporterai ta lumière à un autre lieu.* » Quelque désolés qu'ils soient, j'aurais voulu voir ces lieux mémorables qu'habita si longtemps l'apôtre bien-aimé, ces lieux où l'Eglise condamna Nestorius et proclama, aux applaudissements de tout le peuple, la maternité divine de Marie; mais le temps ne nous permet pas de faire cette course; le vaisseau part, et voilà que nous naviguons dans les eaux du golfe Eléatique. Bientôt nous apercevons la grande île de Métélin ou Lesbos, si célèbre dans l'antiquité. Lesbos n'est plus aussi riche, aussi florissante qu'autrefois; mais elle mériterait encore d'être chantée par les poëtes. Les commerçants de Smyrne y viennent passer les chaleurs de l'été. Les côtes présentent de belles cultures et sont peuplées de brillantes villas. Je n'ai pu admirer qu'en passant Métélin et les charmants villages qui l'environnent. Nous avançons, et voilà que nous côtoyons ces lieux immortalisés par les poëtes. Nous passons auprès de Ténédos, *insula dives opum*, cette île autrefois si riche et aujourd'hui si pauvre. Les souvenirs classiques se présentent ici en foule. C'est de Ténédos que Virgile fait sortir les deux serpents qui dévorèrent Laocoon et ses fils. C'est en face de Ténédos qu'est la plaine d'Ilion, *est in conspectu Tenedos.* Nous apercevons le mont Ida; nous voyons l'embouchure du Simoïs; le Scamandre coule devant nous. Sur le rivage sont des tumulus élevés aux mânes des héros d'Ilion. Je regrettais de ne pouvoir descendre et fouler cette terre dont le nom retentit partout depuis tant de siècles et que le charme de la poésie transmettra aux derniers âges du monde; mais la vapeur nous emporte, et les noms d'Achille, d'Hector, d'Ulysse, d'Enée, d'Homère et de Virgile que nous aimons à répéter deviennent le jouet des vents et expirent avec le bruit des vagues. Nous sommes dans la partie la plus étroite de l'Hellespont, et des souvenirs historiques se représentent à notre mémoire. C'est là que Xerxès jeta un pont fameux qui transporta d'Asie en Europe la plus nombreuse des armées, cette armée qui alla se fondre à Salamine et à Platée. Alexandre a aussi illustré ces contrées, et son nom, devant lequel la terre se tut, est encore répété par tous les échos de ces lieux. Nous nous enfonçons dans la Propontide ou mer de Marmara, et les ténèbres de la nuit enveloppent de leurs voiles épais tous les charmes de la poésie et de l'histoire.

Le matin, de bonne heure, nos regards plongent dans l'entrée du Bosphore. Les rayons d'un beau soleil levant resplendissent sur ses bords et donnent un nouveau charme à ce spectacle éblouissant, le plus beau qu'il soit donné à l'homme de contempler. Tous les voyageurs représentent le panorama de Constantinople comme le plus merveilleux du monde. Il n'y a rien d'exagéré dans leurs descriptions. La vue de Naples, quand on y arrive de la mer, a quelque chose de saisissant, c'est magnifique et l'on comprend ce dicton italien : *Voir Naples et mourir;* mais, quand on entre dans le Bosphore, on reste muet d'étonnement. La nature a sû réunir sur ces rivages tout ce qui peut flatter l'œil de l'homme. L'Europe et l'Asie semblent avoir conspiré pour étaler sur les deux rives leurs richesses et leur beauté; mais la rive européenne est bien supérieure à la rive asiatique. La presqu'île sur laquelle est bâtie Constantinople et qui se compose de sept collines, s'élève comme un immense bouquet au-dessus des flots, laissant apercevoir ses superbes mosquées avec leurs dômes et leurs minarets et, au-dessous, un vaste amphithéâtre de maisons et de palais entremêlés de hauts cyprès et de platanes gigantesques. Sur la côte d'Asie, on découvre l'ancienne Chalcédoine et puis Scutari, l'ancienne Chrysopolis. A mesure qu'on avance, l'admiration va croissant; la perspective s'étend, de nouvelles merveilles se déroulent : la tour de Galata, élevée par les Génois et dont la hauteur a été très-notablement diminuée, se montre avec une sorte d'orgueil aux navires étrangers et semble indiquer que la population chrétienne a pris possession de ces immenses faubourgs de Galata et de Péra qui forment une grande ville, séparée de Stamboul par la Corne-d'Or, mais reliée avec elle par un vaste pont de bateaux et plus bas par un pont en fer. La Corne-d'Or est une rade profonde qui abrite un grand nombre de navires de toutes nations. Le Bosphore ressemble à un large fleuve qui sépare l'Asie de l'Europe et relie la Propontide avec le Pont-Euxin, et la Corne-d'Or est un enfoncement qui partage Stamboul, la ville turque et Péra et Galata, le quartier chrétien. On appelle ainsi ce petit golfe, parce qu'il a la forme d'une corne et que c'est par là que toutes les richesses des deux continents arrivent à Constantinople.

Après avoir célébré la sainte messe chez les Pères Lazaristes, dans leur église de Saint-Benoît, nous nous rendons à Top-Hané, auprès de ce pont de bateaux dont j'ai parlé, et nous montons sur un vapeur pour visiter le Bosphore jusqu'à l'entrée de la mer Noire. Ces bateaux font une foule de stations qui permettent d'examiner attentivement tout ce qu'il y a de remarquable sur les deux rives. Rien ne saurait donner une idée des merveilles qui passent devant vous. Depuis Constantinople jusqu'à la mer Noire, sur un parcours de quatre à cinq lieues, on ne voit que palais, kiosques, bosquets, villages brillants, verdure et plantations, monticules parfaitement cultivés, et, sur le Bosphore, la flotte turque et une foule de navires qui vont et viennent et entretiennent l'animation, comme si la grande ville continuait son mouvement jusqu'à l'entrée du Pont-Euxin, et, au milieu de ce tumulte, une multitude d'oiseaux planant sans cesse sur les eaux et voltigeant jusqu'auprès des vaisseaux pour recueillir les épaves. Nous arrivons à Thérapia, que nous dépassons pour voir l'étroit canal qui va s'enfonçant dans la mer Noire.

Nous revenons à Thérapia, lieu charmant, habité par les ambassadeurs et les riches négociants grecs et arméniens. Nous nous présentons à la villa de l'ambassade française. M. le comte de Vogué était absent. Le lendemain, il m'envoya une invitation de déjeuner à laquelle je ne pus répondre; mais je revins à Thérapia pour lui faire une visite. M. le comte de Vogué me reçut avec une noble et digne simplicité dont je garde bon souvenir. Sans être expansif, il est ouvert, il est droit; il ne peut ni connaître, ni pratiquer les détours tortueux d'une politique machiavélique. Il est trop chrétien pour se soumettre à ces principes modernes qui sont l'absence de tout principe; mais je le regarde comme un homme prudent, énergique, persévérant. Personne ne connaît mieux que lui les choses de l'Orient. Puisse-t-il occuper longtemps le poste honorable dont il est si digne. La France ne peut avoir un meilleur représentant. La conversation tomba naturellement sur les événements de Bethléem qu'il connaissait à fond et qu'il caractérisa parfaitement en quelques mots.

Je rentre sur le vapeur et, de Thérapia à Constantinople, nous faisons continuellement des évolutions d'Europe en Asie et d'Asie en Europe. Cinq à six fois, nous changeons de continent sans débarquer.

CHAPITRE IV

Stamboul.

Monuments de Stamboul.

Il paraît que ce mot Stamboul signifie la *ville par excellence*, et qu'il est employé par les Turcs dans le même sens que *la ville urbs*, l'était par les Romains. Nous pénétrons dans cette vieille cité, bâtie par le grand Constantin pour en faire la rivale de Rome. Le lieu ne pouvait être mieux choisi. De là, on pouvait dominer l'Europe et l'Asie et commander à l'univers. Constantinople a dû bien déchoir de son ancienne splendeur, depuis la domination ottomane. Du Bosphore, quand j'ai vu de loin Constantinople, j'ai dit : Voilà la plus belle ville du monde; quand j'ai parcouru ses rues tortueuses et sales, rien ne m'a paru plus affreux. La capitale des sultans ne doit être vue que de loin ; c'est, disait avec raison un voyageur, un camp magnifique dressé sur la limite des deux mondes. Quand on examine de près les ouvrages exécutés par les Turcs, on ne trouve rien de solide et de durable ; ce sont des décorations de théâtre. On voit que ce peuple se considère comme campé sur le Bosphore et qu'il s'attend que le christianisme le refoulera dans les régions désertes de l'Asie. Les Turcs sont si indifférents qu'ils n'ont pas encore réparé les brèches faites par eux aux murailles lorsqu'ils prirent la ville, il y a quatre siècles. Tous les murs sont dans le même état, sauf les dégradations causées par les injures du temps. Il serait à désirer qu'ils eussent agi de la sorte à l'égard des églises et qu'ils ne les eussent pas dégradées pour en faire des mosquées. Pour que Stamboul ressemblât à nos capitales de l'Occident, il faudrait presque entièrement la raser et la reconstruire à neuf. Telle qu'elle est, elle ne laisse pas d'avoir beaucoup de choses remarquables. Elle a un caractère tout particulier conforme aux mœurs turques. Entrons d'abord dans les bazars; rien de plus pittoresque. C'est une seconde ville dont les rues sont couvertes, riches, animées. J'ai vu les bazars des principales villes de l'Orient. Ceux de Damas qui jouissent d'une célébrité universelle, n'ont pas répondu à mon attente; mais ceux de Constantinople m'ont frappé. Presque tous sont spacieux, propres, bien garnis, fréquentés par une foule qui se renouvelle sans cesse. Là, du moins, on rencontre un certain nombre de femmes turques auxquelles on permet de sortir pour acheter; mais, par une anomalie bizarre, pas une seule femme n'a le droit de siéger dans un magasin pour vendre. En Orient, ou plutôt, chez les Musulmans, la femme ne compte pas. Les acheteurs se tiennent toujours en dehors du magasin; la marchandise est en vue et le vendeur présente ce qu'on lui demande. Chaque état, chaque marchandise a son quartier. Tout est calme, presque silencieux sous ces voûtes immenses qui se divisent en mille et mille détours, en sorte qu'il faut les avoir fréquentés pour les parcourir sans guide.

Au sortir des bazars, nous nous rendons sur une grande place située dans le lieu le plus élevé. Je n'en connais pas d'aussi vaste à Paris. Elle domine toute la ville et est entourée de brillantes constructions où sont installés les ministères; plus loin, une seconde place et de superbes mosquées. De temps à autre, on rencontre d'énormes platanes dont l'ombrage répand une douce fraîcheur qui contraste agréablement avec les ardeurs d'un soleil brûlant. Dans toutes les rues, surtout auprès des étaux des bouchers, vous voyez étendus sur la voie publique une foule de chiens qui ne se dérangent pas pour les passants et que les passants doivent prendre garde de déranger. Les voitures, assez rares, ne circulent que dans un petit nombre de rues. Pas de voitures publiques, sinon un service d'omnibus installé sur un chemin de fer américain, parcourant un assez long trajet et aboutissant au pont de Top-Hané. On peut se promener dans Stamboul en toute sécurité; nous avons parcouru seuls ses rues tortueuses et, nulle part, l'attitude des Turcs ne nous a paru hostile. Notre soutane ne nous a attiré aucune avanie; il semble, au contraire, qu'elle inspirait le respect. D'ailleurs, tant de costumes divers traversent les rues de Stamboul qu'aucun ne doit paraître étrange. La population est nombreuse, mais, si l'on en excepte les bazars, ce n'est pas, comme à Paris, cette foule affairée qui court, va et vient avec un empressement frénétique. On n'est pas sans cesse coudoyé par des portefaix ou repoussé par un flot de voitures. Tout est calme et paisible. Le Turc se plaît dans sa nonchalante indifférence, et la physionomie de sa grande ville se ressent de cette molle existence.

Ce jour là, nous profitons des autorisations de l'ambassade pour visiter les monuments de Stamboul, où, sans cela, les infidèles (les chrétiens) n'ont pas le droit de pénétrer. Précédés d'un drogman et d'un cavas, nous nous présentons successivement aux mosquées de Soleyman, d'Akmet, de Sainte-Sophie, etc.

Les grandes mosquées s'élèvent sur les hauteurs de Stamboul et occupent de vastes emplacements. Elles sont flanquées de deux, de quatre ou de six minarets; entourées de fontaines, d'écoles, d'établissements de charité, ornées de colonnes enlevées aux temples païens et aux églises; de galeries, d'une tribune grillée pour le sultan, et d'une quantité de lampes. Nous nous sommes bornés à visiter les plus belles.

Dans la mosquée de Soleyman, j'ai surtout remarqué quatre colonnes monolithes d'environ neuf mètres de hauteur. Celles d'Akmet et de Bajazet sont aussi très-belles, mais n'offrent rien de particulier. Celle de Sainte-Sophie mérite une attention spéciale.

« La grande basilique de Sainte-Sophie, dit M. de Lamartine, bâtie par Constantin, est un des plus vastes édifices que le génie de la religion chrétienne ait fait sortir de terre. » M. de Lamartine, qui fait de belles phrases, n'aurait pas dû oublier que Sainte-Sophie a été construite, en 532, par l'empereur Justinien. Sainte-Sophie est assurément le plus beau et le plus précieux monument du VIe siècle. Le Panthéon d'Agrippa est plus ancien, mais il n'est pas plus hardi. Il est fâcheux que Sainte-Sophie ait été défigurée à l'extérieur. De sales maisons, d'ignobles murs de soutènement la masquent et la déparent. Je ferais volontiers grâce des quatre grands minarets; ils sont le signe d'une religion en l'air, sans corps et sans vie, et ils ressemblent trop à ces longs tuyaux de cheminées qui s'élèvent au-dessus de nos grandes usines. Sainte-Sophie, quoique placée au sommet de la colline, est défigurée à l'extérieur. On ne la distingue que par sa majestueuse coupole. Qui a vu le dôme de Saint-Pierre de Rome peut facilement se faire une idée de celui de Sainte-Sophie. Autrefois l'entrée, qui sans doute n'était pas masquée comme aujourd'hui, devait avoir un aspect imposant et grandiose. C'est une grande galerie percée de neuf portes, fermées à l'extérieur et vides du côté de la basilique. Nos guides étaient encore sous la galerie, et déjà j'étais seul sous le dôme, dans l'attitude de la stupéfaction, lorsque deux gardiens s'élancent vers moi d'un air menaçant; c'était pour eux un profane qui pénétrait sans permission dans leur sainte mosquée. Je reste immobile à ma place; ils approchent et se disposent à m'appréhender pour me chasser, lorsque je leur montre du doigt le cavas qui nous accompagnait, et alors ils reculent respectueusement, me laissant contempler à loisir les vastes proportions et la majestueuse simplicité de cet étonnant édifice. En vérité, les architectes de Justinien avaient de hautes et sublimes idées, et ils ont su les transmettre à la postérité.

L'église est carrée, et, au milieu, elle est fermée par une immense coupole de soixante-sept mètres d'élévation sur trente-cinq de diamètre. Elle n'atteint pas la hauteur de celle de Saint-Pierre de Rome, et c'est sans doute parce qu'elle est plus basse qu'elle paraît plus vaste. Au fond est un rond-point ayant servi de sanctuaire, selon l'usage des Grecs. Comme l'édifice est carré, d'immenses galeries règnent sur les quatre faces autour de la coupole. C'est une forêt de colonnes, surtout aux quatre angles, qui soutiennent tout l'édifice. Les musulmans avaient recouvert d'un ignoble badigeon les voûtes et les murailles décorées de mosaïques sur fond d'or. On a enlevé la majeure partie de ce badigeon, mais les figures proscrites par le Coran restent encore cachées.

Pour fixer le mihrab dans la direction de la Mecque, les musulmans ont placé obliquement les nattes et tapis qui recouvrent le pavé, ce qui est du plus mauvais effet, et ferait d'abord croire que l'église avait été mal disposée, illusion qui se dissipe promptement.

Les matériaux les plus précieux entrèrent dans la construction de ce bel édifice. On sait que Justinien avait rassemblé là, comme dans un musée, des colonnes antiques de brèche verte, de porphyre, de granit égyptien, etc., empruntées à divers temples. On en montre quatre qui proviennent du fameux temple de Diane à Ephèse. C'était une belle et grande idée de l'empereur chrétien de faire servir au triomphe de la vérité les chefs-d'œuvre de l'erreur, et, quand on voit cet édifice sacré défiguré, profané de nouveau depuis plus de quatre siècles par les sectateurs de Mahomet, le cœur est serré et laisse échapper involontairement des regrets.

Après avoir exploré dans tous les sens ce majestueux édifice, nous montons aux galeries. On y accède par un large escalier sans marche, et assez doux pour être parcouru par un cheval, et même une voiture. Les empereurs de Byzance pouvaient donc entrer dans leur tribune sans avoir mis pied à terre. De ces galeries élevées, le coup d'œil embrasse encore mieux tout l'ensemble de la basilique; l'admiration redouble et l'on se retire en disant : quand donc cette église sera-t-elle rendue à sa destination première ?

Parcourons rapidement les autres monuments de Stamboul. Sainte-Irène, autrefois église, est aujourd'hui une véritable salle d'armes dans le genre de celle de Cherbourg. Beaucoup d'armes antiques, de vieilles cuirasses, de cottes-de-mailles, de poignards, de lances, d'épées, de casse-têtes, de crochets, de casques, en un mot, tout ce que les anciens avaient inventé pour l'art de la guerre, pour la destruction des hommes, se trouve réuni, mis en ordre et présente un coup d'œil charmant.

La mosquée d'Akmet est entourée de beaux arbres, et dominée par six minarets. Auprès de cette mosquée est l'ancien hippodrome, où l'on voit encore l'obélisque de Théodose, beau monolithe rose, chargé d'hiéroglyphes; la colonne serpentine en bronze formée de serpents enroulés. Près de là est la Colonne brûlée; c'est une colonne de porphyre, noircie par le feu des incendies.

Entrons aussi dans le vieux seraskié. C'est un musée oriental où l'on admire de magnifiques tapis, des étoffes précieuses, des objets d'art en or et en métaux finement travaillés. De là, on passe dans des cours et des jardins admirablement situés, dans des kiosques décorés avec luxe, et auprès desquels se trouve la petite mosquée où le sultan seul a le droit d'entrer.

La journée était remplie ; on se lasse de contempler et d'admirer des monuments et des merveilles. Nous nous hâtons de retourner à bord. Le départ est fixé à six heures.

CHAPITRE V

De Constantinople à Marseille.

Nous quittons Constantinople, et nous pouvons encore jouir de la sortie du Bosphore. Nous passons devant Chalcédoine où fut célébré le concile qui condamna Eutychès, où cinq cents évêques poussèrent ces immortelles acclamations : « Pierre ne ment pas ! Pierre a parlé par la bouche de Léon ! » Nous saluons aussi Nicomédie, où mourut Annibal. Nous saluons surtout les ruines de Nicée, ville chère à tout catholique, où se tinrent deux conciles généraux. Mais voilà que les ténèbres de la nuit nous enveloppent et nous nous demandons comment nous pourrons célébrer la sainte messe le lendemain, qui est le jour de l'Ascencion. Un lieutenant nous tire d'embarras.

Le 22 au matin, nous sommes à Dardanelles. Le lieutenant désigné pour aller chercher les dépêches, veut bien nous recevoir dans sa barque et nous accorder le temps nécessaire pour célébrer une messe. On est heureux dans tous les ports de l'Orient, de trouver au moins une chapelle catholique. Dardanelles est une très-petite ville qui jouit de cet avantage. Nous nous présentons ; le prêtre est absent ; sa vieille domestique nous livre les clefs sans faire trop de grimaces ; nous parvenons à trouver le strict nécessaire. Mon confrère célèbre la messe que je lui réponds, et nous retournons à bord, heureux d'avoir pu, en pareille circonstance, honorer ce grand jour où Notre-Seigneur monta aux cieux. Nous repartons immédiatement pour Smyrne où nous arrivons à dix heures du soir.

Après être restés longtemps devant Smyrne, pour embarquer les marchandises à destination de Marseille, nous partons le 23 mai, vers quatre heures du soir, et, le 24 au matin, nous sommes devant Syra qui doit à sa position géographique l'importance commerciale dont elle jouit. La ville de Syra est bâtie sur une montagne conique, dont la cathédrale catholique occupe le sommet. Autour sont groupés les établissements religieux et toute la population catholique. Au pied de la montagne et au bord de la mer, est la nouvelle ville beaucoup plus importante et habitée, en grande partie, par des Grecs non unis. La Russie y a fait construire de belles églises. Syra présente, de la mer, un coup d'œil gracieux. Ses charmantes maisons en amphithéâtre, ses églises, ses clochers, ses établissements contrastent singulièrement avec les montagnes qui l'environnent et qui sont d'une nudité complète, sans aucune verdure. Il paraît que la côte seule est stérile et que, dans l'intérieur de l'île, on trouve des plaines fertiles où l'on cultive le tabac qui jouit d'une réputation bien méritée.

Voilà que nous touchons au terme de notre long pèlerinage. De Syra nous revenons directement à Marseille où nous arrivons le 29 mai au matin, après une heureuse navigation.

A peine étions-nous débarqués que je m'achemine vers le sanctuaire de Notre-Dame de la Garde. J'offre le cierge que j'avais promis à mon départ et je célèbre une messe d'actions de grâces, heureux de revoir la terre de France, après une absence de trois mois.

FIN

TABLE

PREMIÈRE PARTIE

Égypte.

DEUXIÈME PARTIE

Palestine.

TROISIÈME PARTIE

Syrie.

QUATRIÈME PARTIE

Smyrne et Constantinople.

— Lille. Typ. J. Lefort. 1875 —

www.ingramcontent.com/pod-product-compliance
Ingram Content Group UK Ltd.
Pitfield, Milton Keynes, MK11 3LW, UK
UKHW031838260826
14628UKWH00001B/454